Hallo lezer,

Mensen leren het meeste van kijken. Kijken hoe iets moet, in plaats van het te lezen. Tijdens het schrijven van dit boek realiseerde ik me dat het heel erg moeilijk is om aan mensen uit te leggen hoe ze hun dromen en ambities vorm moeten geven.

Ga maar gewoon eens met me mee, en kijk over mijn schouder. Kijk hoe ik het doe. En doe dan maar na.

Wekenlang had ik daarom een cameraman achter me lopen die mijn activiteiten vastlegde, over mijn schouder. De foto's die dit boek illustreren, zijn geknipt uit al die uren film.

En het boek? Dat probeert je met voorbeelden en inspiratie op weg te helpen. Maar je moet het wel zelf doen.

Ik wens je bijzonder veel succes en plezier met je plannen.

Hartelijke groet,

Leen

Uitgeverij Business Contact stelt alles in het werk om op milieuvriendelijke en duurzame wijze met natuurlijke bronnen om te gaan. Dit boek is CO2 neutraal geproduceerd.

Colofon

Eindredactie:
Qlientz - Bram Donkers

Vormgeving en productie:
Barnyard Creative Powerhouse - Marcel Boshuizen, Frans Mooren, Peter Schlumpf, Dirk Jasper

Filmbeelden:
Dirk Jasper, Jethro Jefferson

Met bijdragen van:
Jerre Lubberts, Willem Overbosch

Druk:
Chevalier International (FSC en ISO 14001 gecertificeerd)

Van dezelfde auteur verschenen eerder:
- En nu laat ik mijn baard staan
- Is het nog ver - met kinderen op wereldreis

isbn 978-90-470-0282-6
D/2009/0108/046
nur 808, 801

'T IS GROEN

EN GROENER WORDT HET NIET

Leen Zevenbergen

Business Contact

Kijkt u allen even mee?

Inhoud

Waar komt dit boek nou weer vandaan?

Groen is de kleur van frisse ideeën, duurzame ontwikkeling en natuurlijke groeikracht. Groen hebben we heel erg nodig. We moeten die kant
uit (sprak de leider).

Leiderschap verandert vaak in lijderschap als het managers aan
ondernemerschap en creativiteit ontbreekt. Dat wordt pijnlijk duidelijk
ten tijde van crisis. Maar wat is creativiteit en ondernemerschap? En
begrijpen mensen die nooit iets ondernomen hebben eigenlijk wel
wat het is? Er wordt wel om gevraagd, maar tegelijkertijd worden er
dagelijks talloze nieuwe regels bedacht die moeten zorgen voor een
soort schijnzekerheid. Dat is het dilemma van de 21e eeuw: aan de ene
kant de behoefte aan gedrevenheid, aan de andere kant een zucht naar
zekerheid. Chaos versus orde.

Nadat ik mijn boek 'En nu laat ik mijn baard staan' had gepubliceerd,
werd ik overvloedig uitgenodigd voor het geven van lezingen en
workshops. Inmiddels honderden. Grote groepen van honderden
mensen en kleine groepen leden van de Raad van Bestuur. Soms
dacht ik: "Wat doe ik hier?" Maar altijd probeerde ik de aanwezigen te
inspireren. Inspireren om te komen tot grootse daden. Inspireren om te
gaan doen wat je eigenlijk echt wilt. Inspireren om *je baard te laten staan*.
Niets is onmogelijk. *Just do it.*

De energie die ik erin stopte, spatte er vanaf. Meestal lukte het me wel
om de zalen de energie te geven die nodig is om het eerste kleine stapje
te gaan zetten. Natuurlijk kreeg ik dan ook de vraag "waarom doe je dit,
wat is dan eigenlijk jouw droom?" Ik antwoordde altijd dat ik Nederland ondernemender wilde maken, maar dat vond mijn publiek een
onduidelijk verhaal. Niet concreet genoeg. Mmm... typisch. Nederland
ondernemender maken, is dat niet duidelijk dan? Of is die ambitie te
breed? Ik denk het, het is te groot, te ver weg en dus weten mensen niet
wat ze ermee moeten. Mijn lezers hebben behoefte aan concreetheid.

"Hoe moeten we het aanpakken, hoe moeten we onze organisatie creatiever en sprankelender maken?" Blijkbaar is het lastig om die knop om te zetten.

Waarom wil iedereen "zijn baard wel laten staan", wil iedereen anders, leuker en creatiever worden, maar doen ze het niet? Mij is duidelijk geworden dat men mijn verhaal erg leuk vindt, maar… toch maar even niet. Wat een frustratie. Niet alleen voor mij, maar ook voor iedereen die wel wil.

Wel willen, maar niet doen… De stappen die ik beschrijf zijn te groot voor mensen die keurig werken, intelligent zijn en anders willen. De stappen zijn dermate groot dat ze daardoor te eng zijn. En dus daardoor niet gezet worden. Dat is een tamelijk makkelijke conclusie. Maar hoe dan wel? Hoe nu verder?

Allereerst moet ik nog veel concreter en praktischer zijn in het aangeven van de stappen die genomen moeten worden. Misschien moet ik ook wel een keurmerk invoeren, zoiets als "Gecertificeerd Leuk Bedrijf". Of gaat dat te ver? Ik, met mijn oneindige drift tegen regels en wetten. Maar toch, een logo met "Leuk Bedrijf" is een idee dat ik niet zomaar moet weggooien. APG, met 2500 medewerkers een van de grootste uitvoerders van collectieve pensioenen ter wereld, heb ik na mijn interviews en lezingen zover gekregen dat ze een heus project startten om het "leuk te maken". Dat is wat! Precies dat project bracht me op het idee om aan dat keurmerk te gaan werken. Want stel je voor dat mensen op zo'n keurmerk gaan letten. En dat een organisatie daardoor betere en getalenteerdere mensen binnen kan halen… en binnen kan houden. Dan gaat het iets betekenen. En dan gaan andere organisaties denken en voelen (want dat is eigenlijk nog belangrijker) dat een leuke, inspirerende, sprankelende werkomgeving tot beter resultaat leidt. Wat dat resultaat dan ook is. Dat keurmerk, daar kom ik vast nog wel op terug.

Bij mijn vorige boek werd ik gevraagd een aantal hoofdstukken toe te voegen met een handleiding. Bij die vraag bekroop me eerst een gevoel van onbehagen. Want moet je dan echt inspiratie en ondernemerschap in stappen gaan beschrijven? Blijkbaar wel, heb ik gemerkt. Mensen willen duidelijke stappen zien voordat ze het enge terrein instappen van het waarmaken van dromen en ambities. De wil is er bij iedereen, maar de eerste stap is te moeilijk. En wellicht te groot. Dus ik moet zulke kleine stappen gaan beschrijven, dat die voor mijzelf niets meer voorstellen. Die voor mij klein zijn, maar voor anderen wellicht heel erg groot.

Hoe heb ik die denkfout kunnen maken! Het is als leren lopen. Als een kind geboren wordt, kan het niet lopen. Lopen is een oneindig moeilijk proces. Eerst moet je gaan staan, dan val je om, je gaat weer staan en valt weer om. Verdorie, moeilijk zeg, dat staan. Maar ik had het toch over lopen? Ja, maar lopen kun je pas als je kunt staan. En als je dan eindelijk kunt staan en je bent in balans, dan moet je je een beetje voorover laten vallen. En net voordat je valt, zet je een voet vooruit. Als ik het zo beschrijf, val ik al om bij de gedachte. Als je dus wilt lopen, moet je jezelf een klein beetje uit balans brengen. De balans die je net na vele, vele maanden bereikt hebt. Als je van tevoren had geweten hoe moeilijk dit allemaal was, zou je er zeker niet aan begonnen zijn. Maar ja, kruipend naar je werk gaan als je twintig bent is ook een beetje raar. "Ja, ik had geen zin om te leren lopen, het was zo ingewikkeld". Ook geen aanbeveling voor een leuke baan, overigens.

Dus, als we kunnen staan, een beetje onzeker nog en wiebelig, dan moeten we vooruit. Je staat dan zelfs even op een been. Hup naar voren ermee, en snel het andere erachteraan. Boem, op je neus. Niemand herinnert zich dat nog. Terwijl het een van de allermoeilijkste handelingen is die we als kind leren. Door ouders en grootouders niet voor niks vaak vastgelegd op foto en film. "Kijk, hij/zij loopt!" Gauw even bellen met allerlei vrienden en bekenden. Feestje ertegenaan gooien. Het kind kan lopen. Niemand realiseert zich nog hoe moeilijk dat was, want inmiddels is het een automatisme geworden. Daar hebben we het dan… het allermoeilijkste dat er is, in stappen uiteengezet.

Maar we vergeten nog wel de eerste stap. Waarom willen we eigenlijk gaan lopen? Om sneller ergens te zijn, terwijl we nog geen begrip van snelheid hebben? Omdat het handiger is, voor later? Nee, ook niet. Waarom gaan we lopen? Omdat we zien dat dat zo hoort… we apen gewoon na. Want ik garandeer je een ding; als de ouders, grootouders en broers en zusjes allemaal kruipen en nooit hebben leren lopen, dan gaat de baby echt niet lopen. En als je dan die ene unieke baby bent die wel gaat lopen, dan zul je zien dat de hele familie jou gaat nadoen nota bene. Gaan ze allemaal lopen. 't Is wat.

Waar gaat dit proces van lopen over? Wat leer ik ervan? Ik leer ervan dat het onwaarschijnlijk moeilijk is om los te breken uit de gewoontes waar we allemaal in zitten. Er zijn honderden boeken geschreven over DROMEN en DOEN, maar het blijft vaak bij theorie. Het is gewoon te moeilijk en te eng. De stappen worden beschreven door mensen die er zo goed in zijn dat ze de kleine stapjes overslaan. Of ze worden beschreven door goedwillende theoretici die er wel over schrijven, maar het zelf nog nooit hebben meegemaakt. Je kent ze wel, de schrijvers en sprekers die leuk en interessant zijn, maar waarbij je voelt dat ze niet weten waar ze het over hebben. En ook daar kun je dus niet van verwachten dat ze je kunnen helpen.

Maar zal ik dan in staat zijn om mijn inspirerende energie om creatief te gaan ondernemen om te zetten in zulke kleine stapjes dat het na te doen is? Nadoen! Dat is dus de eerste stap van het leren lopen. Nadoen, nadat je het ziet. Je krijgt inspiratie om te gaan lopen. Je krijgt energie om te gaan lopen. Want het kost ongelooflijk veel energie om dat te leren. Met vallen en opstaan. Met pijn en teleurstelling. Doorgaan.

Onlangs werd ik voor de zoveelste maal gevraagd of ik een bedrijf ondernemender kon maken. En voor het eerst was mijn antwoord: "Nee". Daar schrok de vraagsteller wel even van. Hoezo nee? Omdat de persoon die mij dit vroeg zijn hele leven nog nooit een onderneming geleid had. Hoe kun je van zo iemand verwachten dat hij zich realiseert wat hij vraagt? Politici willen Nederland creatiever en ondernemender maken. Maar ook zij weten niet wat ze vragen, want het gros heeft nooit zelf iets ondernomen. Laat staan dat ze creatief zijn.

Hoewel ik vaak een enorme bewondering heb voor ervaren en degelijke managers, verwacht ik van hen nooit ondernemerschap. Dat zit bij anderen, de chaoten zo u wilt. Maar het noodzakelijke element dat ondernemerschap brengt bij bedrijven (en zelfs een heel land) moet nooit onderschat worden. Zonder ondernemers geen bedrijven. Zonder bedrijven geen economie (en dus een overheid zonder geld). Ondernemers zijn de bron. Die bron is buiten. Ondernemers zoeken het altijd buiten, want binnen is niets te halen.

Dit boek gaat (opnieuw) over creativiteit en ondernemerschap. Als essentiële elementen in een economie. Vooral essentieel als die economie in een crisis verkeert. Dit boek tracht op allerlei manieren voorbeelden te geven hoe verandering tot stand kan worden gebracht. Probeert aan te zetten tot grote daden. Het is mijn ambitie om op uiteenlopende manieren, waar dit boek er een van is, organisaties te stimuleren tot het zetten van een eerste kleine stap in de richting van ondernemerschap. En omdat ondernemerschap en creativiteit bij iedereen in enige mate aanwezig is, is dit een boek voor iedereen. Hopelijk wordt het dus niet gezien als managementboek, want als de inspiratie alleen maar doordringt tot de managers, gaat mij dat niet ver genoeg. Massaal zal de energie zich van binnen naar buiten moeten verplaatsen en iedereen moet meedoen. Alleen dan is er een kleine kans dat de stap richting ondernemerschap gezet wordt.

Pak dit boek en ga het maar gewoon doen. Ga maar gewoon nadoen. Met vallen en opstaan beweeg je dan de goede richting op. Wel doorzetten, hoor! Het licht staat immers op groen.

Pak dit boek en ga het maar gewoon doen.

Ik wil gaan staan

Ik hoor en vergeet
Ik zie en onthoud
Ik doe en begrijp

(Chinees gezegde)

Boeken over ondernemerschap, boeken over leidinggeven, boeken over creativiteit, over dromen en denken, over baarden en zo. Al die boeken worden geschreven door mensen die veel van het betreffende onderwerp afweten. Zoals de schrijvers over creativiteit en de vele schrijvers over ondernemerschap, de schrijvers over leidinggeven en de schrijvers over inspireren. Al die schrijvers redeneren vanuit hun eigen kader. En proberen met behulp van een boek duidelijk te maken aan anderen hoe iets zou moeten. Of niet. Of proberen ze alleen maar te inspireren?

Hoe kan een professor die nooit een onderneming heeft opgezet een ander iets leren over ondernemerschap? Het is alsof een hardloper aan een baby vertelt hoe die moet hardlopen. Alsof een gepromoveerd wiskundige aan een basisschoolleerling vertelt hoe simpel breuken eigenlijk zijn. Weet die hardloper nog hoe moeilijk het was om te leren lopen? Nee, dat is hij vergeten, dat is een automatisme geworden. En breuken zijn voor de gepromoveerde ook een automatisme. Waar ze niet meer over na hoeven te denken. Dus het wordt niet meer verklaard.

En dan lezen goedwillende mensen ineens in een boek dat je eerst moet denken en daarna doen. Wat zou daarmee bedoeld worden? Moet je eerst gaan zitten nadenken voordat je iets doet? En wat is dat doen dan? Is dat makkelijk? En waarom zou je eigenlijk niet eerst doen en daarna pas denken, zoals ene Leen Zevenbergen zegt. Ik snap er niks meer van. Toen mensen na het lezen van mijn Baard-boek massaal kwamen vragen hoe ze mijn inspiratie in daden konden omzetten, begreep ik eerst niet wat ze bedoelden. Het boek staat toch vol met voorbeelden? Lees het eerst nog maar eens. Nooit meer wat gehoord verder.

Een startende ondernemer wil bij de hand genomen worden. Wil horen welke stapjes hij moet nemen en welke liever niet. Wil complimenten krijgen en kunnen praten over zijn onzekerheden en de risico's die hij ziet. Managers die hun bedrijf ondernemender willen maken, willen eerst weten wat ondernemerschap eigenlijk is. Willen weten wat ze dan precies moeten zeggen tegen hun medewerkers. Hoe ze het moeten organiseren en welke bronnen van buiten de organisatie ze erbij moeten halen. Duizenden kleine stapjes moeten genomen worden die door de ervaren ondernemer al lang niet meer onderscheiden worden.

Hardloopdroom

Leren lopen is een mooie analogie, zoals in de inleiding besproken. Dit boek gaat een poging wagen om in minuscule stapjes ondernemers, startende ondernemers en ondernemende managers mee te nemen in het verbeteren van hun organisaties of in het starten van hun organisatie.

Je ligt op de grond en ziet iedereen om je heen lopen, springen en rennen. Die komen overal sneller dan jij, kunnen overal bij en hebben controle over zichzelf. Jij ziet af en toe een been voorbij komen en vraagt je af wat dat nu weer is. Je herkent $%*Á¥ nog niet eens je eigen benen, laat staan dat je ermee kunt lopen. Frustrerend zeg. Als je niet uitkijkt, krijg je er nog een minderwaardigheidscomplex van. Je kijkt en je kijkt, bekijkt alles om je heen, dagen, wekenlang en neemt een stoer besluit. Je besluit dat je wilt gaan lopen, rennen en springen. Je wilt erbij horen en het wordt een doel in je leven, misschien wel een droom. Met je ogen dicht en een verse luier om lig je in je wieg te dromen van een carrière als hardloper of verspringer. Je hebt uit een boek van een zekere Zevenbergen geleerd dat een droom waarmaken opofferingen kost, maar dat neem je voor lief. Je besluit staat vast. Vanaf morgen gaat het gebeuren. Je gaat beginnen met het waarmaken van je droom als loper. Rustig slaap je in met een glimlach om je mond en een denkbeeldige gouden medaille om je nek. De haan kraait en je wordt wakker. Alles is net zoals gisteren. Je hebt honger en begint te huilen. Die vieze luier moet ook af en je wilt weleens gewassen worden. Waar is die wens tot lopen gebleven. Die is weg, want het is wel zo comfortabel om lekker verzorgd te worden. Flesje erin, schoon luiertje om, beetje mijmeren over de toestand in de wereld. Heerlijk. Weer een dag om.

Vanaf morgen gaat het gebeuren.

Midden in de nacht schrik je wakker. Weer die droom die telkens maar terugkomt. Die droom waarin je als hardloper de Oympische Spelen wint. Je wordt telkens weer wakker van het aanhoudende applaus van het publiek. En weer neem je een besluit om te gaan lopen. Morgen, maar nu echt. Tja, zo kan dat weken doorgaan. Maar zoals iedereen weet (die loopt tenminste) gaat het op een dag gebeuren. Je staat op… en valt weer om.

Je had een droom, je hebt een wil en je gaat tot actie over. Makkelijk toch. Daar doen ze in managementboeken nog niet een zin over. Maar dat *gaan staan*, dat is me wat. Dat gebeurt echt niet zomaar. Dat gaan staan, staat synoniem met het eerste doen. Vertalen we dat even naar startende ondernemers dan is het Gaan Staan synoniem met het oprichten van een bedrijf, het inschrijven bij de Kamer van Koophandel, het indienen van je ontslag, het verkopen van een huis om aan geld te komen, het drukken van visitekaartjes en het weggeven van het eerste kaartje, het inschrijven voor een beurs, het kopen van een plaats op de markt, het stoppen met je studie omdat je een groots idee hebt.

En weer omvallen

Voor iemand met een droom is het Gaan Staan synoniem met het vertellen over je droom aan anderen, het boeken van een ticket naar een ontwikkelingsland waar je wilt gaan helpen, het binnenlopen bij een makelaar die boerderijen verkoopt, het verzamelen van informatie over alle lange bruggen in de wereld, het kopen van papier waarop je je mode-ontwerpen kunt gaan tekenen, het indienen van ontslag omdat je wilt gaan wandelen over de wereld.

Voor mensen die binnen hun bedrijf met iets nieuws willen beginnen gelden dezelfde soort van acties. We hebben besloten te Gaan Staan… en we Gaan Staan! We doen het. En we vallen vervolgens weer om. Het gaat mis. De baas biedt gewoon een hoger salaris als je blijft, je huis blijkt onverkoopbaar omdat de huizenmarkt net is ingestort, de Kamer van Koophandel is gesloten, de kaartjes zijn mislukt, de makelaar heeft geen boerderijen en ga zo maar door. Want je zult zien, het is net zoals bij opstaan: je valt gelijk weer om. Want je kunt niet staan. Want staan is moeilijk.

Dit klinkt allemaal sukkelig, maar deze basale dingen gebeuren. Het ideaalplaatje dat alles vanaf het begin gelijk lukt, is slechts aan heel weinigen voorbehouden. De natuurtalenten. En dan nog met een forse dosis geluk. Je schijnt ook baby's te hebben die gaan staan en gelijk lopen. Heb ik weleens gehoord. Maar bijna iedereen behoort tot de categorie mensen voor wie Gaan Staan moeilijk is. En die daar dus bij geholpen moeten worden. Die opgehesen moeten worden, die vervolgens weer instorten. Maar die blijven proberen. En dat doet uiteindelijk elk kind.

We hebben een eerste poging gedaan om te gaan staan en dat is mislukt. Dan gaan we weer staan. Grote kans dat het weer mislukt. Eerst was het huis onverkoopbaar en toen het uiteindelijk verkocht kon worden, was mijn unieke idee al door anderen ingepikt. En toen ik weer een goed idee had voor mijn eigen bedrijf, liep mijn vrouw bij me weg en konden we de opbrengst van het huis delen. Ik val keer op keer weer om. Herken je je een beetje in dit proces en het gevoel dat erbij hoort? Want zo gaat het altijd bij het starten van een bedrijf. En zo gaat het ook bij het waarmaken van je droom. En ook bij het opzetten van een creatieve afdeling in je bedrijf. Gaan Staan, de eerste daad, is moeilijk en gaat pas na een tijdje goed. Maar het goede nieuws van het Gaan Staan is dat je al aan het doen bent. Je bent bezig met iets en je hebt de fase van het denken al achter je gelaten.

Verbrand schepen

Je hebt om een of andere reden een einde gemaakt aan je droom en al je voorbereidingen en je gaat het nu echt doen. Businessplannen helpen nu niet meer, mooie praatjes en goede voornemens ook niet. Je gaat voor het echie. Je gooit jezelf voor de leeuwen. Je verbrandt in zekere zin de schepen achter je, want dat gebeurt in deze fase ook, zeker als je je ontslag indient. Weg is weg, op is op en er is maar een weg. Dat is doorgaan. De energie die je in de eerdere fases hebt opgedaan komt nu goed van pas, want stoppen zit er niet meer in. Je springt in het diepe en moet gaan. Alles onmiddellijk aanpakken wat mis gaat, want er gaat altijd van alles mis. Hard werken, want je hebt geen geld voor secretaresses, administrateurs, verkopers, directeuren. Je bent dat allemaal zelf. Dus als je hiervoor bij een groot bedrijf werkte, *be prepared*. Want je bent helemaal alleen. En dat is eenzaam. Zoek snel iemand met ervaring waarmee je kunt sparren. Belangrijker dan geld. Geef zo iemand vijf procent van je start-up zodat hij betrokken is. En omdat het zo eng is, is het vreselijk spannend. En kicken. Daar krijg je adrenaline van en dat geeft heel veel energie. Die je snel opmaakt aan het uitvoeren van al die functies naast elkaar. En aan het oplossen van je problemen. Problemen die nergens in je businessplan voorkwamen, verdorie. Markten die verschuiven of helemaal verdwijnen. Jij er flexibel achteraan rennen, op zoek naar omzet. Bijna failliet gaan en andersoortige ellende. Andere mensen die je aanklagen omdat je hun idee gepikt hebt. Bedrijven die je schrijven dat je je naam moet veranderen, waar je net zo trots op was. Vallen en opstaan. Opstaan, want je loopt nog steeds niet. Dit is de eerste fase.

Stoppen zit er niet meer in.

Voor de droommaker die geen eigen bedrijf wil beginnen. Wat doen die als ze Gaan Staan? De eerste stap daar is het uitgebreid opschrijven en omschrijven van de droom op een zodanige manier dat hij vertaalbaar wordt in tientallen of honderden kleine stapjes, waarvan je er een paar kunt nemen. Mijn droom is niet op te schrijven. En zeker niet te splitsen in kleine stukjes. Het is een massief beeld, waar ik geen begin en eind aan kan maken. Bijna zou ik zeggen: *dream on*, want elke droom is op te schrijven en uit te splitsen. Maar misschien betekent dit dat je nog niet ver genoeg bent en moet je meer moeite doen om van de roze wolk af te komen en er iets echts van te maken. Want daar gaat het hier over. Hoe kom je van de droomwereld in de echte wereld. Je gaat staan, je maakt de vertaling van wens naar daad. Je brengt het van de relatief makkelijke wereld naar de tamelijk enge echte wereld. Als je dat niet wilt, als je dat nooit wilt, dan is het in mijn ogen geen echte droom, maar een vage fantasie. En ben je te lui om de opoffering aan te gaan die ervoor nodig is om te gaan presteren. Dus het gaan staan als het om je droom gaat betekent dat de mannen zich onderscheiden van de jongetjes, zoals dat heet. Het uur van de waarheid. Overigens, als je dan gaat staan, val je ook weer om. Je schrijft je droom uit en het lijkt nergens op. Je denkt serieuze kleine stukjes te maken, maar die kun je ook weer niet uitvoeren. Hopeloos.

Dat telkens weer vallen maakt je boos en geeft je dus energie. Want je zult staan. Het gaat gebeuren. Zet 'm op!

De weg uit de crisis

Iedereen die weleens een krant leest, heeft gehoord dat er in 2008 een financiële wereldcrisis is ontstaan. Iemand kocht namelijk lege hulzen op en probeerde die te verkopen. Anderen kochten rotte tomaten en dachten daar nog een volle prijs voor te kunnen krijgen. Terwijl weer anderen er brood in zagen rotte eieren te gaan aanbieden.

Tja, slimmeriken, die ondernemers. Dat mislukte natuurlijk allemaal. Wenend en steunend kwamen ze op hun knieën bij de overheid aan, die hun verliezen moest dekken. En ja, die overheid vond het zo zielig voor die ondernemers dat ze snel geld kregen. Anders zou er een wereldwijde crisis ontstaan in de handel van hulzen, eieren en tomaten. Dus krachtig ingrijpen leek de overheid wel op zijn plaats. Vetgemest door deze royale injectie van de overheid trokken de handelaren van hulzen, eieren en tomaten de wereld in om eens een gesprekje te gaan voeren met hun klanten. Want hun dramatische tegenvallers moesten toch ook nog wel vergoed worden door hun klanten. En zonder met hun ogen te knipperen deelden ze aan hun klanten mee dat de prijzen die ze voortaan zouden berekenen echt wel omhoog moesten, want anders zouden ze er niets meer mee verdienen. Naast die arme overheid moesten dus ook hun klanten lijden onder de domme acties van deze ondernemers. En zo begon er een hele hoop ellende die zich snel over de wereld verspreidde.

Kent u deze geschiedenis? Waarschijnlijk niet, want het is tamelijk onlogisch allemaal. Wat wel merkwaardig is bij elke crisis, is dat zo goed als alle managers denken een crisis te kunnen bestrijden door de kosten te verlagen. Het bezuinigingswapen is blijkbaar uitgebreid doorgenomen tijdens hun opleiding. Hoe komt het toch dat ondernemers weliswaar ook op de kosten gaan letten, maar onmiddellijk hun creatieve brein aanzetten om omzet te gaan genereren en dat managers exact andersom reageren?

Ik heb ooit eens ernstig ruzie gehad met een ervaren manager die ik erop wees dat hij tijdens een crisis juist meer aandacht aan zijn klanten moest gaan besteden in plaats van minder. Woedend haalde hij naar me uit dat dat niet de oplossing was, maar dat de kosten omlaag moesten. Natuurlijk, doe iets aan je kosten en doe dat wellicht nog drastisch ook, maar vergeet niet dat als je heel drastisch je kosten verlaagt, bijvoorbeeld tot nul, je dan geen bedrijf meer hebt. Klinkt simpel. De sleutel in elke crisis ligt in de markt. De sleutel ligt buiten en niet binnen.

Fijn: crisis

Ondernemers willen van geen crisis weten en worden door menig manager argwanend bekeken. Want elke crisis draagt een cruciaal psychologisch element in zich. Een element dat eigenlijk iedereen kent, want iedereen weet dat in onzekere periodes de markt stagneert. Er komt een kopersstaking, omdat mensen de kat uit de boom willen kijken. Willen en moeten wennen aan de nieuwe toestand. En zodra ze daaraan gewend zijn, komt de markt langzaam maar zeker weer in beweging. Menig expert, en dat zijn dan vaak financiële mensen, voorspelt tijdens een crisis hoe lang het nog gaat duren, maar dezelfde mensen hadden vaak geen idee dat diezelfde crisis eraan kwam. Dus het is goed om weinig waarde te hechten aan de zogenaamde achteraf-deskundigen.

Het is een feit dat de crisis van 2008, zoals ik hem hier maar noem want wie weet wanneer u dit leest, tot grote paniek leidde bij tal van mensen die ik hogelijk waardeer. Ik heb verbaasd gestaan van de onzin die ervaren commissarissen en ervaren zakelijke leiders uitkraamden. Alsof er totale paniek was uitgebroken. De echte goede leiders houden hun hoofd koel, maar het was beangstigend om te zien hoe grote organisaties het ravijn in gesleurd dreigden te worden door hun leiders.

Graag een complete mening.

Lees de financiële bladen in detail door en je ziet precies in interviews of columns wanneer je met een ondernemer te maken hebt. Uit die artikelen spreekt een optimistische ondertoon, waar je rustiger van wordt, terwijl uit de overige en helaas meeste stukjes paniek spreekt. Natuurlijk is dat laatste ook het leukst voor de vaak onbegrijpende journalist die je het ook niet kwalijk kan nemen dat hij geen kennis van zaken heeft. Want wie heeft dat wel? Opvallend zijn ook de vele discussies over de rol die de media speelt en gespeeld heeft in het aanwakkeren van de crisis. Ik denk dat iedereen het wel over eens is dat de macht van de media hier danig is misbruikt. De *run on the bank* kan wel een duwtje in de rug gebruiken van de pers en dat is dan ook naar hartenlust gebeurd. En maar verschuilen achter de vrijheid van meningsuiting. Graag een complete mening dan en niet alleen de negatieve. Zijn er geen positieve meningen dan? O nee. Verder zoeken, jongens.

De crisis is als elke crisis; vervelend, onaangekondigd, onvoorspelbaar, maar zeer louterend. Het ontvetten van menig organisatie kan nu

21

Ik denk te weten welke kant het op moet

eindelijk plaatsvinden, salarissen worden weer realistisch, het wordt weer betaalbaar om te bouwen en er is weer bouwpersoneel beschikbaar, onroerend goed speculanten worden eindelijk op hun vingers getikt voor hun ongecontroleerde bouwlust (want er staan wat panden onnodig leeg zeg), banken leren eindelijk dat ze geen echte bedrijven zijn maar beheerders van andermans geld, overheden denken na over hun overschatting van het marktmechanisme, ondernemers zien hun kansen, *cash is king* en de beurs verdwijnt. O ja?

Onlangs vroeg iemand mij of ik ook aandelen op de beurs had, waarop ik antwoordde dat ik had geleerd niet te gokken. Want de beurs is verworden tot een veredeld casino. Niet dat de bedrijven die beursgenoteerd zijn casino's zijn, want voor die bedrijven heb ik alle respect. Maar de tijd dat de waarde van een bedrijf nog berekend kon worden en dat die waarde vervolgens omgezet werd in de waarde van zijn aandelen is al lang voorbij. Ik denk dat in de jaren 2000 tot 2002 die link tussen werkelijke waarde en beurswaarde verlaten is. Op dat moment heb ik ook mijn interesse in de beurs verloren. Maar ja, als je van een gokje houdt en denkt dat je een beetje voorspellend vermogen in je hebt is het wel een leuke tijdsbesteding.

Aandelen koop ik wel, maar alleen in bedrijven die ik ken. Bedrijven die niet beursgenoteerd zijn en meestal bedrijven waar ik zelf bij betrokken ben op een of andere manier. Daar heb ik invloed op de waarde en die niet-beursgenoteerde bedrijven, waar er heel veel van zijn, kennen nog wel een directe link tussen presteren en waarderen. Dus wellicht luidt de crisis van 2008 wel het einde in van de beurs zoals we die kennen. Wie weet.

Op de kleintjes letten

Even wat positievere geluiden nu. Hoe bestrijden we de crisis dan wel? Ik wil in dat kader toch nog wat stellen over kostenbeheersing. Ik heb het gevoel dat echte ondernemers veel meer op de kleintjes letten dan wordt aangenomen. En dat komt omdat ze voelen alsof het hun eigen geld is, dat ze met bloed zweet en tranen verdiend hebben. Daar zijn ze zuinig op. Dus aan ondernemers hoef je niet uit te leggen dat ze op de kosten moeten letten. Ik verwacht dat bedrijven met echte ondernemers aan de top een veel beter kostenplaatje kennen dan de *managerial* geleide organisaties.

De kosten, het makkelijke stuk, daar hebben we het dus over gehad. Waarom makkelijk, omdat de kosten scherp te definiëren zijn en over kostenverlagingen heel makkelijk gesprekken te voeren zijn. Kosten staan vast en daar kun je in gaan schrappen. Dat betekent dat je mensen gaat ontslaan, arbeidstijdverkorting gaat doorvoeren, productiekosten gaat verlagen, slimmer gaat transporteren, misschien wel salarissen gaat verlagen hoewel dat misschien een beetje al te creatief is, salarissen verlagen van het management wel te verstaan.

Wat misschien opvalt, is dat ik een aantal kosten niet verlaag. Sterker, ik kan me voorstellen dat ik een aantal kosten verhoog. En per saldo toch bespaar. Kosten die ik zou gaan verhogen hebben te maken met alles dat om klanten gaat, zoals marketing, productlanceringen, klantbijeenkomsten, dineren met klanten, sales meetings, training van medewerkers op commercieel gebied. Want ik wil een beweging in gang zetten naar buiten toe. Liefst zou ik iedere medewerker inzetten om geld te gaan halen uit de markt. Maar in de afgelopen jaren hebben we onze organisaties daar niet voor ingericht. Financiële mensen vragen zich onmiddellijk af wat zij met klanten hebben. Nou niks, zij versturen alleen maar facturen en bellen als de klant niet op tijd betaalt. Daarvoor gaan we vanaf nu de klanten bezoeken. We gaan het geld fysiek ophalen. Alles, maar dan ook alles dat leidt tot meer en beter klantcontact, gaan we stimuleren. Op het overdrevene af.

Liefst zou ik iedere medewerker inzetten om geld te gaan halen.

O ja, ik noemde ook salarisverlaging. Je kunt je voorstellen dat er mensen zijn die het prettiger vinden om te werken dan om thuis te zitten. Ik kan me voorstellen dat er dus ruimte is om misschien tijdelijk salarissen te verlagen. Behoud van de baan, maar met tijdelijke verlaging van salaris. Dat niet betaald salaris wordt keurig op een rekening gezet en gebruikt om het bedrijf overeind te houden. Mocht het later weer beter gaan, dan wordt dit ingehouden salaris weer uitbetaald. In mijn organisatie hebben we dit bij de bestuurders al ingevoerd. Zonder enige weerstand. Want mijn bestuurders zijn ook ondernemers, dus dat is nogal makkelijk. Dit is overigens een hele stap, want het woord 'salaris-verlaging' kon zelfs ik moeilijk meer schrijven, zo weinig wordt en werd het gehanteerd. Inhouden van bonussen, zeker bonussen die niets te maken hebben met de *performance* van het bedrijf.

Maar als je een order scoort dan krijg je direct een premie. We gaan op jacht, we worden creatief, want het moet. Samhoud e.a. beschrijven deze mogelijkheid ook in hun boek "Plezier en prestatie", daar waar ze praten over Pleziermanagement in economisch slechte tijden. Ze beschrijven daar een combinatie van forse salarisverlaging, controle van de bedrijfsuitgaven door medewerkers en een verhoging van de winstde-ling totdat een herstel van de salarissen weer mogelijk is. Het blijkt vaker voorgekomen te zijn en het is dus mogelijk om hiervoor instemming van de medewerkers te krijgen. Zoals Samhoud beschrijft, zit de sleutel in openheid. Openheid noemt hij een van de pijlers van Pleziermanage-ment.

Kom in beweging

Ook daar hebben we weer een voordeel van de crisis. Creativiteit zit in bijna geen enkele organisatie. We hebben het afgeleerd en het mocht niet. Dus we deden het niet meer. Ieder mens is creatief en onderne-mend als het moet. En het leuke van de crisis is dat het moet. Anders ga je ten onder, althans dat lees je zo in de kranten. Een konijn dat in de koplampen van een auto gevangen wordt, moet snel wegwezen. Want anders gaat hij eraan. Dat weten we allemaal. Maar net zoals bij het konijntje, dat verstijft van schrik, zie je ook in het begin van een crisis een zelfde reflex bij mensen; ze verstijven van schrik en bewegen niet. Beleggen niet meer, kopen niets meer, eten en drinken minder, gaan niet meer op reis, et cetera. Blijf je verstijfd van schrik maar lang genoeg zitten, dan word je overreden. Maar beweeg je snel mee, dan zou het zelfs weleens kunnen dat je voorligt op de anderen.

Tijdens mijn studie in Rotterdam tekende ik deze wijze woorden van een marktkoopman op: "Zolang er beweging is, valt er geld te verdienen, het maakt niet uit of die beweging omhoog of omlaag is, zolang het maar beweegt. Als het stilstaat, valt er geen geld te maken." Ik begreep toen niet precies wat hij bedoelde, want ik zag nog niet direct hoe je geld kon verdienen in een dalende markt, in een crisis. Maar inmiddels zie ik dat wel. Want tussen al die verstijfde medemensen heeft een bewegende

Als het stilstaat, valt er geen geld te maken.

het rijk alleen. Dus stiekem hoop ik dat de verstijving nog even doorzet. Daar gebeurt in ieder geval niets. Klanten worden daar massaal vergeten, creativiteit is totaal verdwenen, het is er niet leuk meer.

Een bekend automerk realiseerde zich terdege dat er een crisis was. Het deed vreselijk pijn. Daar was geen ontkomen aan, want de parkeerplaatsen stonden vol met auto's. Maar het merk ontdekte alras dat dat niet beperkt was tot zijn merk, maar dat eigenlijk iedereen er last van had. Verstijfd van schrik verlaagden die andere merken al hun budgetten, zonder precies te kijken waar die budgetten nou precies voor waren. Dat noemen we de kaasschaaf, een geliefde methode voor een domme manager die een uitweg uit de crisis zoekt. In mijn leven heb ik vaak te maken gehad met mensen die de kaaschaafmethode hanteren en integraal op alle posten met 10 of 20% bezuinigen. "Alle externen eruit", hoort ook bij deze ongenuanceerdheid. Het automerk zag dit gebeuren en riep al zijn dealers bij elkaar. Gezamenlijk bedachten ze hoe ze hun eveneens geschrokken klanten nog veel beter konden gaan behandelen. Hoe ze hun klanten overdreven goed konden gaan behandelen. Want daar hadden ze wel de juiste mensen voor, goede monteurs, leuke verkopers en prettige telefonistes en receptionistes. Dus ze gingen heel erg bezuinigen op productie, maar overdreven inzetten op klanten. Klanten herkenden dat, werden er wel vrolijk van en vergaten nooit meer hoe hun automerk zelfs ten tijde van crisis nog aandacht voor hen had. Het leek wel of hun automerk geen last had van de crisis. Stiekem had dat automerk dat wel natuurlijk, maar de klant... de klant merkte er eigenlijk niks van. Sprookje?

Kom, we gaan echt wat doen

We gaan op jacht, we worden creatief, want het moet.

Waarom begin je niet?

Hoe vaak vergader je niet? Zittend in een keurig zaaltje met een team van mensen. In je eentje vergaderen zou een stuk sneller gaan. Dan zit er bovendien nog iemand bij die aantekeningen maakt. Notulen, heet dat. Waarom eigenlijk, iedereen was er toch bij? Of misten we iemand? Tja, dan heeft die pech gehad. En zoveel missen de mensen die er niet bij waren toch ook niet. Hoor je tot het sneue groepje mensen die notulen gaan corrigeren? Waarom? Zodat je later kunt zeggen hoe het is geweest? Om je in te dekken dus. Ook weer zonde van de tijd. Notulen zijn niet nodig en kosten onnodig veel energie. Ze moeten geschreven worden, gecorrigeerd worden en weer besproken worden in de volgende vergadering. Ik vraag me werkelijk af wie dit proces bedacht heeft.

Uiteindelijk dook er een slimmerik op die notulen ook maar verspilde energie vond en die bedacht actielijstjes. Waarop staat wie wat moet doen. Lijkt wel een stuk efficiënter, zeker als niemand zich aan zijn afspraken houdt. Want als iedereen zich aan zijn afspraken houdt, is een actielijst eigenlijk ook weer overbodig. Want ook die lijst moet door iemand opgesteld worden, gecorrigeerd worden en wederom behandeld in de volgende vergadering. Stel dat de gemaakte werkafspraken nou eens door iedereen zelf worden opgeschreven. Dus jij schrijft in je schriftje wat je hebt beloofd te gaan doen. Dan weet jij wat jou te doen staat en je doet wat je beloofd hebt. Geen actielijst nodig.

Dus, notulen zijn ervoor om ons in te dekken en actielijstjes zijn er omdat we meestal niet doen wat we beloven. Als de wereld simpel en betrouwbaar in elkaar zat, dan had je beide niet nodig. Streef er dus naar om dit soort kantoorklerkenterreur af te schaffen in je organisatie. Bespaart enorm veel tijd en energie en creëert heel veel vertrouwen in elkaar. En dat wil je toch?

Heeft vergaderen dan wel zin? Ik denk van wel, omdat af en toe afstemmen met elkaar hoe het werk verdeeld wordt wel nuttig is. Maar zorg ervoor dat de actie erin blijft. Zo zat ik ooit eens met tien mensen te praten over creativiteit en allerlei ideeën die iedereen had om het leuker en klantvriendelijker te gaan maken. Ik dacht, weet je wat, ik ga eens een experiment doen met de groep. Een soort wedstrijdje. Wie had het meest creatieve idee? En wat was het beste idee? Een goed idee is een idee dat NU kan worden uitgevoerd. Want als het idee NU kan worden uitgevoerd zijn er geen obstakels meer. We weten wie het gaat doen, we hebben een budget of we hebben geen budget nodig en we hebben geen toestemming nodig, althans dat denken we. Toestemming voor een goed idee moet je trouwens toch nooit vragen. Dat houdt alleen maar op.

Sta op en doe

In het experiment kwamen er allerlei ideeën voorbij en we selecteerden. We hadden dus al heel snel een werkbaar lijstje. En dan? Daar maken we dan een lijstje van, misschien zelfs een actielijstje en we beëindigen tevreden de vergadering. Iedereen gaat weer aan het werk. Werk? Was dat vergaderen dan geen werk? Nou, heel vaak hoor je mensen aan het einde van een vergadering zeggen "vooruit, weer aan het werk". Typisch. Dus bepakt en bezakt met goede werkbare ideeën ging iedereen weer aan het werk. Waarmee? Niet met het uitvoeren van de goede ideeën in ieder geval. Gelukkig stonden ze wel op een mooi actielijstje. Dat moet toch echt anders.

Ik had gezegd, een goed idee is een idee dat je NU kunt gaan uitvoeren. En DAT moet je eens in een vergadering zeggen. "Goed idee zeg, ga maar doen!" En dan wachten. Ik wed dat er niks gebeurt. Ik wed dat de persoon met dat geweldig goede idee niet zegt: "OK, dan ga ik dat nu meteen doen", opstaat, de vergadering verlaat en het idee gaat uitvoeren. Dat zou toch echt te gek voor woorden zijn. Want we zitten toch te vergaderen? Zelfs in dit voorbeeld, waarin overduidelijk is wat er moet gebeuren en door wie, is het vreselijk moeilijk om tot actie over te gaan. Het lijkt wel of we verleerd zijn dingen te gaan doen.

Een goede vriend van me heeft een reclamebureau en hij is bijna het tegenovergestelde. Een doener. Die hoort niet tot de categorie reclamebureaus die eerst visiedocumenten schrijven en allerlei andere onzin, waar ik altijd heel erg moe van word. Nee, hij luistert naar de klant, rent naar zijn kantoor, maakt iets en komt de volgende dag terug. "Is dit wat je bedoelt?" Vaak is dat dan inderdaad wat je bedoelt en dan ben je klaar. Wat een verademing. "Moet ik het ook nog even ophangen?" Hup, op een laddertje en dan hangt-ie het ook nog even voor je op. Doen, doen en nog eens doen.

Dit hoofdstuk gaat dus niet over mijn reclamevriend, want die doet al. Maar het stelt de vraag centraal waarom mensen zo moeilijk zijn aan te zetten tot actie. Vooruit te branden. Niet alleen binnen bedrijven,

Vooruit, weer aan het werk.

maar ook als ze een eigen bedrijf willen beginnen of als ze hun droom willen gaan waarmaken. De immense creativiteit waarmee mensen voor zichzelf drempels opwerpen, is verbijsterend. De redenen die mensen bedenken om niet te hoeven DOEN zijn zo talrijk, dat je in ieder geval weet dat ze iets van creativiteit in zich hebben. Dat is dan ook het enige goede nieuws.

Tijdens een sessie die ik regelmatig met groepen managers in Frankrijk houd, waarbij mensen op zichzelf worden teruggeworpen en tot de essentie van zichzelf proberen te komen, worden vaak grote voornemens geformuleerd. Worden grote besluiten genomen. Weg van de harde wereld besluiten mensen dat ze nu toch echt van baan gaan veranderen, nu toch echt in Italië een Bed & Breakfast beginnen, nu toch echt meer tijd met de kinderen gaan doorbrengen, nu toch echt gaan solliciteren naar die positie in de Raad van Bestuur, nu toch echt...

En... actie!

Maar terug in Nederland, een paar dagen later, duurt het nooit lang voordat die voornemens verdwenen zijn. Nou ja, ze zijn niet verdwenen, maar ze worden in ieder geval niet uitgevoerd. Omdat... En ja, dan komt er altijd wel een goed reden. Een onzinnige reden, wel te verstaan, maar toch een goede. Goed en onzinnig, hoe zit dat? Nou ja, de reden is ongetwijfeld goed in de ogen van de bedenker, maar in mijn ogen of de ogen van de buitenstaander is het absolute onzin. Nonsens! Klinkt hard, hè? En dat is nou ook precies de bedoeling. In ieder geval een poging om door te dringen tot jouw brein. Want ook jij hebt dit gedrag. En ook ik, *mind you*. Ik ben echt niet anders en ook ik bedenk allerlei redenen om talloze dingen niet te doen. Ik houd me voor dat ik dat ietsepietsje minder heb dan de meeste andere mensen. Ik ga sneller tot actie over. Ik voer altijd mijn dromen uit, wat er ook gebeurt. Kan soms iets langer duren, maar het gebeurt. Ik word namelijk ongelukkig als ik het niet zou doen. En jij ook!

Hoe kan ik je helpen om de drempels weg te nemen, die je verhinderen om te gaan doen? Want soms zijn het inderdaad een hele serie drempels, de een na de ander. Je hebt de eerste weggewerkt en dan is er alweer een. Wen daar alvast maar aan, dan schrik je niet als je de volgende drempel ziet die je zelf hebt opgeworpen. Want één ding is duidelijk, de drempels om niet tot actie over te gaan worden door jezelf bedacht. Door het poppetje in je hoofd zoals dat heet. Het poppetje dat je vertelt dat het allemaal niet kan, te moeilijk is, teveel geld kost, niet mag van je vrouw of ouders, niet mag van je baas en zo maar verder. Heb jij zo'n poppetje niet? Denk jij van "waar heeft hij het over... een stemmetje?" Nou, dat is dan precies het stemmetje dat ik bedoel. Gelukkig zeg, heb jij het toch ook!

Het goede idee, dat ga ik niet uitvoeren, want we zitten nu te vergaderen. Ik heb uitgelegd dat vergaderen een bedenkelijke activiteit is, dus

Ik voer altijd mijn dromen uit, wat er ook gebeurt.

Het bos in, mag dat?

eruit weglopen om te gaan doen wat je NU kunt doen, is zo gek nog niet. Als je de vergadering leidt, zou je zoiets eens een keertje moeten proberen. Je zegt dan: "Goed idee zeg, ga maar doen." En dan wachten, wachten, wachten, totdat de betreffende persoon opstaat, de zaal verlaat en het gaat doen. Ik kan je zeggen dat dat bijna tot het onmogelijke behoort.

Voorbeeld: als SER-commissie zaten we weer eens te vergaderen in Den Haag. Het was de zoveelste saaie en uiterst onproductieve vergadering. De voorzitter had mij van tevoren gevraagd hoe hij de vergadering wat leven kon inblazen, want ook hij had er een beetje de schurft in dat er werkelijk niks gebeurde. Alleen maar gezeur over "achterbannen". Mijn suggestie was om de vergadering te verplaatsen naar buiten, het was tenslotte een schitterende dag en achter het SER-gebouw ligt een mooi park. Buitengewoon creatief vond hij dat, dus zodra iedereen zat stelde de voorzitter voor om de vergadering naar buiten te verplaatsen. Lacherig werd daar in eerste instantie op gereageerd door de groep serieuze (en dan moet je op gaan passen) vergaderaars. Maar toen de voorzitter vasthoudend was en zelf het goede voorbeeld gaf door op te staan werden de eerste mensen boos. Dat kon toch niet. Hoe moest dat dan. Hoe moest dat dan met de spreekmicrofoons. Kwaad bleven ze zitten, maar er waren er gelukkig ook die inzagen dat daarmee weleens de noodzakelijke creatieve impuls gegeven zou kunnen worden aan de nutteloze bijeenkomsten. Die stonden op en volgden de voorzitter naar buiten. En daar werd voor het eerst een doorbraak bereikt. Op dat moment heb ik het me niet zo gerealiseerd, maar ook dit was een voorbeeld van een goed idee, waarvan de NU-uitvoering bijna onmogelijk was. Het was beter geweest als de voorzitter had voorgesteld om de volgende vergadering buiten te doen en als dat voorstel dan na overleg met de achterban was aangenomen en op de actielijst gezet. Hè hè, gelukkig, dat hoeven we ook niet te doen.

Maak de enorme drempel voorzichtig kleiner.

Nu jouw goede plannetje. En dat poppetje, dat maar blijft zeggen waarom het niet moet of kan. Ik zou niet tegen dat poppetje gaan vechten, maar ik zou het plan of idee zo makkelijk gaan maken dat het net lijkt alsof je het niet doet. Wil je een Bed & Breakfast gaan openen? Ga daar dan eerst eens heen op vakantie. Praat met de eigenaars over hoe zij het hebben gedaan en wat ze er leuk en niet leuk aan vinden. Onschuldig tot zover. Plaats eens een advertentie, waarin je jouw Bed & Breakfast aankondigt. Kijk eens wie daarop reageren en praat met die mensen. "Nee, het is in die periode vol", want je hebt natuurlijk helemaal geen Bed & Breakfast. Doe net alsof. Vadertje en moedertje spelen was vroeger toch ook veel makkelijker dan nu. Ja, want nu is het echt. Maak de enorme drempel voorzichtig kleiner. Zo voorzichtig dat het poppetje het niet merkt.

"Ik kan de wereldreis niet betalen", is een drempel die je ervan weer- houdt om de droom van een wereldreis waar te maken. Lees dan het boek "Een werkweek van 4 uur", van Timothy Ferriss en dan ben je van dat tegenargument ook genezen. De kosten van een wereldreis zijn vele malen lager dan de kosten van thuisblijven. Nooit zo bekeken, maak dan eens een lijstje van je kosten en vergelijk dat. En ga je schamen, poppetje!

Verras het poppetje

"Ja maar, als ik dan terugkom van die wereldreis, dan heb ik geen baan meer." Heb je al eens gesproken met je baas over je idee van de wereldreis? Meestal niet, want dat is al een enge stap. Stel hem voor dat je zes maanden onbetaald weg wilt en daarna weer terug wilt komen. Grote kans dat dat bespreekbaar is, als ze je tenminste goed vinden op het werk. De drempels en de oplossingen daarvoor kun je het beste bespreken met een ander. En dan echt met een ander, niet je partner of familie. Maar een volslagen buitenstaander. Die jou en je poppetje niet kent, maar die onbevangen een mening geeft. Dus, pak de schaaf en snijd hele dunne plakjes af van de drempel.

Je kunt natuurlijk jezelf ook voor een voldongen feit stellen. Dat is een beetje mijn methode. Daarom zeg ik vaak dat ik eerst doe en daarna denk. Mijn manier om langs mijn poppetje heen te komen, is hem te verrassen. Ik doe het heel snel. Toen wij besloten een wereldreis te gaan maken met het hele gezin, vertelde ik dat direct de volgende dag aan de directeur van de lagere school. We gaan op 25 juni weg, zei ik. En daarmee stond het vast, want het was op dat moment al eind januari. Ik verraste de directeur, maar ik verraste ook het poppetje. En daarna maar doorzetten…

Mijn suggestie was om de vergadering te verplaatsen naar buiten.

Revitaliseer je organisatie

Zitten jullie ook zo in de put? Bezuinigen, besparen, ontslaan, wel vervelend. Vroeger was het nog wel zo leuk. Hadden we af en toe feestjes en salarisverhogingen. Gingen we met de afdeling af en toe barbecueën of naar het strand. Maar nu, niets meer van dat alles. Het schijnt slecht te gaan, zegt de baas. Ja, we merken dat inderdaad. Met een chagrijnig gezicht komt hij elke dag naar zijn werk. Om ons op te vrolijken. Klanten, die schijnen er ook al niet meer te zijn. En de kranten maken ons er niet vrolijker op. Nee, het is een en al treurnis. Zou het nog ooit goed komen, vragen we ons vaak af. Misschien wel met de economie, maar zeker niet meer met ons bedrijf. De leuke mensen zijn ontslagen, want die schenen nergens voor te dienen.

Partypillen?

Onlangs kwam ik bij een bedrijf en daar was het een dolle boel. Mensen zongen en floten. Dansten over de gang. "Het is een crisis, yeah yeah yeah", op de melodie van een oud Beatleslied. Alhoewel ik het wel leuk vond, zat er toch iets raars aan. Toen ik de receptioniste vroeg of ik even naar toilet kon, voordat ik bij de directeur op bezoek ging, wees ze me met een kushand de weg. Ook een beetje raar. En ja hoor, de oplossing stond op het toilet. Naast de zeep stond een prachtige schaal met blauwe pilletjes erin. Stiekem stak ik er eentje in mijn zak. Bleek later gewoon een partypil te zijn. Met relatief geringe middelen was de directeur bezig zijn bedrijf te revitaliseren. Moeilijk woord eigenlijk. Nieuw leven in te blazen. Hoewel dat leven met behulp van die pilletjes wel van korte duur is. Daarna stort de boel definitief in.

Geloof je dat van die pillen? Ik praat wel meer onzin, maar dit was toch echt niet waar. Zou het kunnen? Misschien als een laatste wanhoopsdaad om er nog iets van te maken. Met het laatste stukje marketingbudget gooien we alle remmen los. En dan feestend het faillissement in. Nu even serieus. Een organisatie nieuw leven inblazen. Dat is nu al bij een aantal bedrijven nodig en ik voorspel dat het aantal bedrijven dat wat pep kan gebruiken in de komende kwartalen zal exploderen. Bedrijven raken collectief in een depressie. Eerst even kijken hoe dat komt en dan kijken hoe we dat kunnen voorkomen. Of hoe we er weer uit kunnen komen.

De reflex die toeslaat bij een crisis van deze omvang is massaal de verkeerde kant op. Allereerst treedt verlamming op. Kijk om je heen en zie massaal de managers die niet weten wat hen overkomt, en die dus niet weten wat ze moeten doen. Gaan stilletjes in een hoek zitten, trekken hun badmuts diep over hun oren en wachten af. Ziehier het eerste onderscheid met de ondernemers. Die zien de crisis ook, maar gaan ten aanval. Denken alles aan te kunnen. Dat valt nog te bezien, maar de mentaliteit is een goede.

Na de verlamming en het wachten op betere tijden komt er toch beweging, zodra blijkt dat het allemaal echt is en weleens wat langer kan gaan duren. Dan slaat de verlamming om in pure, wilde paniek en treedt de bezuinigingsreflex in werking. Het geld raakt op en de markt stort in. Dan onmiddellijk minder uitgeven. Op alle vlakken.

Vervolgens, en soms zelfs tijdens deze reflex, komt een conservatief calvinisme bovendrijven. Braafheid. We moeten vooral aan iedereen laten zien dat we zuinig zijn. Ook aan onze medewerkers en klanten. En in het kader van deze zogenaamde braafheid zie je dat we ons terugtrekken van onze klanten, geen reisjes meer maken naar het buitenland en dat eigenlijk niets meer leuk mag zijn. Feestjes en feesten worden gecancelled, omdat het te duur is en omdat we denken dat niet te kunnen maken. We mogen geen geld over de balk smijten. We zijn blijkbaar niet meer in staat om helder te denken. We kunnen geen onderscheid meer maken tussen zin en onzin en we mogen het niet meer leuk hebben. Precies, dat is een bijna onbegrijpelijk trekje dat hier toeslaat; leuk mag niet meer. Alsof leuk een exponent van welvaart is. In mijn vorige boek heb ik uitgebreid en in wel acht hoofdstukken geschreven dat sprankeling het belangrijkste element is van elke organisatie. Daar leek iedereen het mee eens te zijn. Het is makkelijk en goedkoop om sprankeling te veroorzaken. Maar zodra de crisis en de braafheid toeslaat, verdwijnt dit element als sneeuw voor de zon. Merkwaardig.

We moeten vooral aan iedereen laten zien dat we zuinig zijn.

Verlamming, Bezuiniging en Braafheid

Vaak komt na braafheid ook nog boosheid of frustratie, want dit werkt zo dus niet. Als het inzicht doordringt dat dit niet de weg is die gegaan moet worden is er wellicht een basis gelegd voor het revitaliseren. Is dat revitaliseren, dat nieuw leven inblazen, dan nodig? Wel als de fase van Verlamming, Bezuiniging en Braafheid lang genoeg duurt en de hele organisatie heeft besmet. Let wel, ik zeg niet dat besparen en bezuinigen niet goed is. Maar het moet slim gebeuren en in samenhang met stimuleren en motiveren van de medewerkers.

Nu al zijn heel erg veel bedrijven toe aan een injectie van nieuw leven. En ik voorspel dat dat eind 2009 in een nog grotere mate het geval zal zijn. Mensen worden overal bestookt met slecht nieuws en hetzelfde fenomeen wat je hierboven ziet doet zich bij de meeste mensen ook voor. De verlamming zorgt ervoor dat mensen, ook al hebben ze een hogere koopkracht, toch even wachten met uitgeven.

De basis van elke organisatie is een tevreden en gemotiveerde groep mensen. Dat weten we allemaal. En dat geldt nu dus des te meer. En we weten ook dat een leuke werkomgeving gratis is en bovendien veel opbrengt. Dus het eerste dat we moeten creëren in deze tijd is een geweldige werksfeer. Dat dat wat moeilijker is, terwijl we omringd worden met duizenden negativistische journalisten, dat begrijp ik.

Revitaliseren, nieuw leven inblazen. We beginnen door alle medewerkers bij elkaar te laten komen. Of in groepen, als je er heel veel hebt. Ik sprak pas een directeur en die had iedereen verboden om over de crisis te praten. Want dat het voor een deel een *self-fulfilling prophecy* is, dat is wel duidelijk. Is het kortzichtig dat die directeur dat deed? Nee, ik vind van niet. Hangt een beetje van de bedrijfstak en van je medewerkers af. Begrijpen die waarom je dit doet en wat je van ze vraagt? Je doet dat om mensen zich weer te laten concentreren op hun werk. Je wilt tenslotte niet dat de verlamming ook bij hen toeslaat. Want dan ben je al je slagkracht kwijt. Als je zelf verlamd bent, dan lees je waarschijnlijk ook dit boek niet. Maar mocht deze tekst je toch onder ogen komen, laat dan vanaf morgen je verlamdheid thuis. Dat hoort niet bij de leider die in deze tijd nodig is. Die moet actief zijn, veel actiever dan voorheen. Je bedenkt het revitaliseringsplan samen met al je medewerkers. Dat doe je niet alleen, want het is bovendien leuk om te bedenken. Laat iedereen meedenken en vertel erbij dat er geen budget voor is. Kan het dan niet? Nee, het wordt zelfs leuker!

Laat iedereen meedenken en vertel erbij dat er geen budget voor is.

Sfeer maken

Bijvoorbeeld, elke woensdag aan het einde van de dag dineren we met elkaar. Iedereen neemt wat mee, zoals je wel ziet bij American BBQ's. De een maakt het voorgerecht, de ander het hoofdgerecht et cetera. Samen doen we dingen. Ooit heb ik in een crisissituatie bij een van mijn bedrijven het management opdracht gegeven om de maandelijkse Europese bijeenkomsten zo goedkoop te doen dat we maximaal 1000 euro kwijt waren met het hele team van acht personen. Hoewel dat allereerst belachelijk gevonden werd en onmogelijk, hebben we daarna een heel jaar lang de meest geweldige bijeenkomsten gehad in de meest leuke en eenvoudige hotelletjes. Eigenlijk veel gezelliger dan normaal. De sfeer zat er goed in.

We gaan ook extra feesten, bijeenkomsten, rally's en dergelijke organiseren. Allemaal voor niks. Vervolgens gaan we iedereen, let wel, echt iedereen dus, mee laten denken over acties in de richting van klanten. Daarvoor organiseren we wekelijks per afdeling een bijeenkomst. We kiezen daar het beste idee uit en gaan dat uitvoeren. Daarnaast krijgt ook iedereen de opdracht om omzet te bedenken op andere manieren dan we gewend zijn. Alles mag, behalve denken in hetzelfde stramien. Dus vergeet onze core business. Over onze kernactiviteiten wordt genoeg nagedacht door de mensen die daarvoor verantwoordelijk zijn. Maar iedereen mag denken over hoe we onze productiemiddelen, onze panden, onze medewerkers en zelfs onze klanten zodanig kunnen inzetten dat we meer omzet gaan maken op terreinen waar we eerst nog helemaal niet zaten. Leuk hè? Ik noem dit soort van dwarse acties altijd "ijs verkopen".

We hebben een gezamenlijke vijand en dat is de economische situatie. Een nieuwe vijand creëren kan heel erg helpen om een geweldige groepsgeest te krijgen. Sportief gedrag vertonen is ook een hele goede. Die zie je overigens steeds meer opduiken. Gezamenlijk sport beoefenen. Samen trainen voor de marathon, samen een voetbalteam vormen en spelen tegen concurrenten. Het bedrijf wordt dan fit. Als mijn vrouw hoofdpijn heeft en even het werk uit haar hoofd wil verwijderen, gaat ze 10 kilometer hardlopen. Als we de ellende van de crisis uit ons hoofd, ons lichaam, ons bedrijf, willen wegwerken, gaan we met z'n allen sporten. Simpel, goedkoop, gezond en zeer effectief.

Gezamenlijk een maatschappelijk verantwoord doel aanpakken. Misschien hebben we zelfs wel capaciteit van mensen of machines over en kunnen we die inzetten voor het opknappen van de buurt, het bezorgen van boodschappen bij ouden van dagen of zelfs het aanpakken van doelen in het buitenland. Iedereen weet dat duurzaamheid en maatschappelijk verantwoord ondernemen geweldig motiverend is voor medewerkers van een bedrijf. Je ziet de trots bij de TNT-medewerker over hun inzet bij het World Food Programme. Trots creëren is wat we willen. We willen niet in de put zitten.

Er zijn dus nogal wat mogelijkheden die we kunnen gebruiken om de aandacht van het bedrijf te richten op zaken waar we wat mee opschieten. Want dat is waar we hier mee bezig zijn. We vergeten de crisis en denken aan leuke dingen. Waar wij en onze omgeving beter van worden.

"Een mens lijdt dikwijls het meest door het lijden dat hij vreest... doch dat nooit op zal dagen," schreef Nicolaas Beets al. Vergeet vooral dat laatste niet. Want omdat deze crisis een verklede zegening is, komen we er met z'n allen beter uit. Nou, dat is nog eens goed nieuws. We denken dat de crisis oneindig lang zal duren, maar dat is ook al niet zo. Ga lekker naar bed, rust uit, zodat je morgen beter in staat bent om de wereld aan te pakken. Althans, dat zei mijn vader altijd tegen me. En dat doe ik nog steeds.

Wees uitgerust, opgewekt, energiek en inspireer daarmee je omgeving tot daden waar iedereen blij van wordt. Blaas jezelf en je organisatie nieuw leven in.

Shapers, followers en losers

Iemand vertelde mij over de indeling van shapers, followers en losers en dat boeide me mateloos. Zeker in de huidige tijd, waarin het lijkt alsof we allemaal op de shapers zitten te wachten. Alles lijkt nu sneller te gaan, mensen zoeken hun plek. Wordt het allemaal anders in de wereld, of wordt het allemaal anders bij onszelf?

Mensen worden allemaal zelfstandig en moeten hun eigen verant-woordelijkheid nemen. En dat lijkt in te gaan tegen de toenemende overheidsbemoeienis. Hierdoor hebben mensen geen enkele noodzaak meer om verantwoordelijk te zijn voor hun eigen daden. Want als het bedrijf of de sector failliet gaat, dan springt de overheid toch bij. Een nieuw fenomeen dat massaal zijn intrede deed rond het einde van 2008. Zodat we overeind houden wat om zou vallen als het eigen verantwoordelijkheid moest dragen. Willen we dan echt onszelf tegen elk onheil beschermen? Willen we echt iedereen waarschuwen en

behoeden voor elke regenbui, ijzel op snelwegen, bananenschillen op de stoep? Waar ligt de grens? Waar moet je het zelf doen en waar kun je terugvallen op je omgeving, overheid, bedrijf, vrienden en familie?

De shapers geven vorm aan de wereld, maken de wereld. Creëren de banen, de bedrijven, de producten, de landen, de schilderijen, de muziekstukken en zo kan ik een hele lange lijst maken. Shapers die iets maken vanuit het niets, zijn het knapst in mijn ogen. Bent u een shaper?

De followers volgen en kunnen hun lot niet of nauwelijks bepalen. Zij hebben daar vaak problemen mee. En tot slot zijn er de losers, dat klinkt al niet goed en misschien wel erg hard. Dat zijn de mensen die niet vormgeven en niet volgen. Zij doen niets. Ze wachten op het wachten. Zouden er veel losers zijn, denk ik weleens. Het is natuurlijk een woord dat je met enige voorzichtigheid moet hanteren.

Geef vorm

Een jonge ondernemer, Robert Gaal, mede-eigenaar van Wakoopa, schreef onlangs een column in Het Financieele Dagblad over ideeën en genieën. De shapers, zoals ik het noem, hebben allemaal hun volstrekt eigen manier om ideeën te genereren. Zoals in die column stond, nam Steve Jobs LSD om creatief te worden, trok Roald Dahl zich terug in een schuurtje achter in zijn tuin en betrap ik me erop dat bij mij ideeën komen als ik helemaal alleen 's avonds laat een sigaartje rook. Inspiratie en de genius. De genius, altijd de schuld van slechte en de creator van goede ideeën.

Maar zoals de ondernemer Robert Gaal en de vele medeondernemers zijn de meeste mensen niet. Omdat er nou eenmaal niet zo heel erg veel echte ondernemers zijn. Erg? Nee hoor, want in mijn ogen hoef je niet per se ondernemer te zijn om ideeën te genereren. En een idee is nog niets zolang als het niet geïmplementeerd is.

De shapers kunnen het niet alleen laten bij een idee, maar ze moeten het ook nog maken. Het woord shaper doet denken aan beeldhouwen. Vormgeven van iets. Michelangelo zag het beeld al voor zich, maar hoefde alleen nog maar de marmeren omhulling weg te halen. Hij was een shaper, of was die shape er al? In de ogen van Michelangelo was hij eigenlijk maar een follower, maar neemt u maar van mij aan dat hij een shaper in hart en nieren was. Opvallend is dat shapers zichzelf vaak niet als zodanig betitelen. Om uit een economische crisis van welke omvang dan ook te komen hebben we shapers heel erg hard nodig. Uw organisatie dus ook. Waar zitten ze binnen uw organisatie, die shapers?

Ze zitten overal

Het is belangrijk om vast te stellen dat shapers op elk niveau zitten, in elke beroepsgroep, in elk onderdeel van de maatschappij. Ze zijn van alle bevolkingsgroepen, mannen vrouwen, oud en jong. Dus de shapers zijn zeker niet per definitie de topmannen en -vrouwen van organisaties. Onlangs sprak de rasondernemer Hennie van der Most in een toespraak tot topmanagers van grote Nederlandse ondernemingen dat zij in zijn ogen de oppasmanagers zijn. Beledigend? Nou, dat werd zeker wel zo gevoeld. Wat haalde die eigenwijze Van der Most in zijn hoofd, zo zag je de managers in de zaal denken. Wat Hennie bedoelde, was dat er heel veel managers rondlopen die voortzetten wat er al is. Dat besturen en in goede banen leiden. Die oppassers doen over het algemeen niet meer dan dat. Ze zetten voort wat er al is en creëren niets nieuws. Dat zijn dus geen shapers, dat staat vast. We kunnen dus met grote zekerheid vaststellen dat er behoorlijk wat zogenaamde leiders zitten in allerlei organisaties, die niet meer toevoegen dan de status quo. En dat is in deze tijd heel erg vervelend. Van die mensen moeten we niet veel verwachten. Zolang het schip maar vaart en lekker rechtdoor kan gaan, heb je de zogenaamde leiders en managers die dat aanvoeren. Waarom eigenlijk? Tja, omdat we dat systeem nu eenmaal zo bedacht hebben. Maar zodra er een storm opsteekt en het schip dreigt te kapseizen dan raakt deze manager in paniek en kan hij zelfs verlamd raken van schrik. Waar was dat mooie rechte pad toch?

Waar was dat mooie rechte pad toch?

Waar zitten de shapers dan wel, als ze overal kunnen zijn? Het is wel belangrijk dat we erover eens zijn dat de shapers overal zitten. Dat we ze niet alleen in de hogere regionen van bedrijf of maatschappij hoeven te zoeken. Het vinden van de shapers is erg makkelijk. Namelijk, shapers willen graag vormgeven, hebben meningen en sterker nog, ze willen graag iets doen. Voelt u die sensatie ook bij uzelf, dan bent u ook een shaper.

Even de definitie, dat kan helpen: "Een shaper is een persoon die uit eigen initiatief iets gaat bedenken, vormgeven en uitvoeren". Belangrijk is dat "eigen initiatief". Ze zijn *self propelling*, ze zetten zichzelf in beweging. Op basis van signalen die ze aangereikt krijgen of denken op te vangen. Belangrijk dus dat iemand die signalen uitzendt. Shapers zijn niet alleen de denkers die met een slimme opinie aan de zijlijn commentaar staan te leveren, maar het zijn de mensen die in actie komen bij een ramp. Die als eerste slachtoffers uit een neergestort vliegtuig gaan halen. Die het verkeer gaan regelen bij een ongeluk. Shapers zijn doeners, praters zijn er al genoeg. Dus van alle analisten die je op tv ziet bij een crisis zijn er maar heel weinig shapers. Die hebben waarschijnlijk geen tijd om commentaar te gaan leveren, want ze zijn bezig. Het is daarom vaak in mijn ogen een pijnlijk verschijnsel dat bij een crisis van enige omvang de verkeerde mensen worden benaderd of ingezet. In elke organisatie zitten de doeners.

Maar hoewel het makkelijk lijkt om die te vinden moeten we ons terdege bewust zijn van de tegenwerking door de followers, die zichzelf shaper vinden bovendien. Dat is de beruchte lemen laag, of het glazen plafond, of hoe je het maar wilt noemen. De enorme bedreiging van elke verandering of verbetering. Die lemen laag moet als eerste gedetecteerd worden en vervolgens verwijderd. Zeker als we een crisis van fenomenale omvang hebben. Dan moet echt de hakbijl in de lemen laag gezet worden. Kijk dus heel goed uit dat je bij ontslagrondes de juiste mensen weghaalt. Want de shapers op alle niveaus moeten natuurlijk blijven zitten. Zij gaan het voor je doen.

Die lemen laag moet als eerste gedetecteerd worden en vervolgens verwijderd.

Misselijke mannetjes en vrouwtjes

Nog even die lemen laag. In mijn tijd bij Origin moest er heel erg veel veranderen. Na anderhalf jaar had ik in de gaten dat 10% een groot voorstander was van de veranderingen en dat als een verbetering zag. Die 10% waren overduidelijk shapers. Daarnaast hadden we naar schatting 80% die wel meebewoog, want die zaten er nou eenmaal toch. En 10% stond met de hakken diep in het zand en probeerde de boel te frustreren. Ik denk dat dit bij elke verandering wel ongeveer zo zou zijn. Dat zou betekenen dat we in Nederland ook zo'n verhouding hebben. De massa beweegt gewoon mee. Maar die lemen laag zit toch in die 80%. De fout die ik destijds maakte, was dat ik de lemen laag niet hard genoeg aanpakte. Of dat ik dacht dat die 10% shapers dat wel zelf konden. Nou, daar hebben we ons toch mooi in vergist. Want de lemen laag is taai. Misschien moeten we het gewoon de rubberen laag noemen. Het verraderlijke van deze laag is dat ze ogenschijnlijk meebewegen met de verbetering, maar dat ze, zodra je niet meer kijkt, snel weer terugbewegen naar de oude stand. Vandaar dat rubber. In mijn ogen een verraderlijke groep. Misselijke mannetjes en vrouwtjes zijn het eigenlijk gewoon. Hard roepen dat ze meedoen en dan stiekem alles terugdraaien achter je rug.

Verbijsterend om te zien hoe de rubberen laag terug kan slaan.

Tijdens een revolutionair project dat wij uitvoerden bij het Ministerie van Justitie hadden we last van hetzelfde fenomeen. De uitdaging die we daar aangingen was het productief inzetten van gevangenen. Er bestaat een groot percentage gevangenen die overdag wel willen werken. Daar zijn in elke gevangenis fabrieken voor opgezet, met soms de meest moderne machinerie. Door dat optimaal in te zetten en commercieel aan de markt aan te bieden, kunnen de budgetten die Justitie uitgeeft aan gevangenissen (en dat zijn de grootste budgetten) substantieel verlaagd worden. Van oneerlijke concurrentie geen sprake, want nu wordt productiewerk al massaal uitbesteed aan Oostbloklanden en China. Dus met het inzetten van de fabrieken in de gevangenissen houden we erg veel lagelonenwerk in Nederland. Slim en leuk voor de gevangenen. Daar zou een aantal sluwe ambtenaren wel eens eventjes een stokje voor steken. En ondanks het enthousiasme bij de mensen in het veld en bij vele gevangenissen lukte het deze sluwe ambtenaren toch om al-lereerst mee te bewegen met de flow van het project, maar bij de eerste tegenslag verschenen "uit alle holen en gaten" de followers met hun kapmessen. Het was verbijsterend om te zien hoe de rubberen laag terug kan slaan. Onderschat dat dus niet, want de belangen bij de rubberen laag zijn erg groot. Hun posities gaan namelijk verloren als de shapers eenmaal op snelheid raken.

De rubberen followers zitten veelal in het midden- en hogere manage-ment, dan weet je waar je moet zoeken. Shapers gaan aan de slag zodra je ze daartoe de ruimte geeft. Wil je niet meehelpen met… is de simpele vraag die het doet. Vraag hulp en kijk wie gaat bewegen. De doeners. De vormers die het vervolgens ook gaan doen. Vaak zijn de hardcore shapers overigens al aan de slag, want die hebben geen signaal om te beginnen nodig. Die hoef je niet aan te zetten, dat doen ze gewoon zelf. Daarom noemen we die mensen *self propelling*.

Creëer een beweging

Ben je een bank en wil je meer doen voor je klanten? Vraag wie wil meehelpen klanten te gaan bezoeken en kijk wie beweegt. Ben je een autofabrikant en wil je meer voor je klanten doen, doe een beroep op de werknemers die arbeidstijdverkorting hebben en kijk wie willen helpen. Doe openlijk een beroep op de doeners en zie snel waar de shapers zitten. Binnen en buiten je bedrijf, want je moet je niet beperken tot het binnenste van je organisatie. Appelleer ook aan je klanten en kijk wie daar mee gaat doen. Creëer een beweging van shapers. Dat is leuk hoor. En in een tijd van crisis: het kost ook nog eens niks!

De followers, waar zitten die en wat kunnen we daar nog mee? Nou ja, om te beginnen moeten de followers wel volgen en niet tegenovergesteld gaan bewegen. Het is dus heel erg belangrijk om de followers van de juiste informatie te voorzien. Kunnen followers ook nog shapers worden? Ik denk dat een klein percentage followers wel degelijk het leuke kan gaan inzien van het shapen en mee zal gaan doen. Laat dat nou eens 10% zijn van de followers. Daarnaast zitten zoals gezegd, in de groep followers ook de obstructanten. De rubberen poppetjes. Misschien ken je er al een paar. Herkenbaar aan het constante "ja maar" en opwerpen van bezwaren, leeuwen en beren op de weg. Praters die niet willen beginnen. Mensen die van notulen en actielijsten houden en niet willen beginnen, niet willen doen. Als je zelf een shaper bent, is de rubberen laag tamelijk makkelijk te detecteren. In een zware crisis moet je daar als eerste van af, jammer eigenlijk dat je ze hebt. Maar ze zitten eigenlijk overal in het midden- en grootbedrijf.

Samenvattend: stel dus vast wie je shapers zijn. Benoem die en zet ze op een voetstuk. Zonder dat je daarvoor overigens de organisatiestructuur hoeft te veranderen. Maar benoem ze wel en maak er een netwerk van. Laat elke shaper zich ontfermen over een paar followers. Het is niet gek om de shapers en de followers te benoemen en er een schaduworganisatie van te maken. Niet erg. Is je opgevallen dat we het in dit hoofdstuk eigenlijk niet hebben over de losers?

Maak er een netwerk van.

Van Spelend naar Werkend Netwerk

Ik ben nu weer
helemaal in
contact.

Netwerken, een veelgebruikt woord in vele betekenissen, maar vaak niet veel voorstellend. Onlangs kwam ik tijdens een lezing een man tegen die zichzelf De Netwerker van Nederland noemde. Misschien had hij daar ook nog een prijs voor gekregen, want die schijnt te bestaan. In ieder geval liep hij met visitekaartjes in zijn handen rond en deelde driftig uit. Nam er ook veel in ontvangst. Maar wat mij opviel, was dat hij eigenlijk niemand aankeek. Ook mijn kaartje nam hij in ontvangst. Toen mijn gesprekspartner hem iets over mij wilde vertellen, was hij alweer verdwenen. Op naar het volgende kaartje. Een typische netwerker. Misschien weet hij iets dat ik niet weet. Misschien is netwerken wel simpeler dan ik altijd gedacht heb. Misschien is het wel gewoon kaartjes verzamelen en daar dan later mailtjes heen sturen of zoiets. Of aan Jan en Alleman vragen of ze deelgenoot willen worden van jouw LinkedIn-netwerk, niet wetende waarom, of wat daar dan later mee moet gebeuren. In mijn ogen is netwerken net ietsje moeilijker en ik geloof dan ook niet in de kracht van *online social networks*. Overigens denk ik wel dat die webnetwerken een functie hebben. Toen ik zeventien jaar oud was, heb ik een jaar in Dallas, Texas doorgebracht op de highschool. Vijftien jaar later was ik alle adressen en telefoonnummers van vrienden en familie aldaar kwijtgeraakt. Wat ik ook deed, ik kon ze niet meer terugvinden. En daar heeft Classmates.com dus wel degelijk een functie. Ik ben nu weer helemaal in contact. Handig, maar verder niet.

Netwerken is tegenwoordig van levensbelang. Daar ben ik van overtuigd. Maar netwerken opbouwen kost tijd. Heel veel tijd. Bij mijn eerste bedrijf ben ik daarmee begonnen, vijfentwintig jaar geleden dus. Mensen bezoeken zonder dat je direct een opdracht wilt. Mensen of klanten iets geven, zonder daar iets voor terug te vragen. Vaker kreeg ik te horen dat men het prettig vond dat ik niet alleen langs kwam om iets te verkopen. Overigens zat ik toen in een business waarin helaas niet veel te verkopen was. Heel langzaam, maar wel zeker, bouwde zich een netwerk op. Al wist ik toen nog niet wat dat was en waarom het weleens belangrijk zou kunnen worden. Ik vond het gewoon prettig en leerzaam bovendien om met zoveel mogelijk mensen te praten. Want al snel had ik geleerd dat ik omzet maakte als ik maar vaak genoeg bij klanten zat. Soms had ik niet eens een vooropgezet doel met het bezoeken van klanten. Ik ging gewoon.

Ook ik verzamelde de visitekaartjes en dat waren er al gauw duizenden. Kaartjes van mensen die ik leuk vond en die mij ook wel mochten en die eigenlijk allemaal op posities zaten waar ze iets te vertellen hadden. Ik besteedde aandacht aan ze. Voerde hele gesprekken met ze, over andere dingen dan zaken. Dat schiep een band. In de loop van de afgelopen vijfentwintig jaar heb ik zo een netwerk opgebouwd van mensen die ik soms tien jaar of langer ken en die inmiddels allemaal ergens anders zitten dan toen ik ze voor het eerst sprak.

Netwerk geeft toegang

Netwerken is een kwestie van geven en nemen. En kan nooit alleen nemen zijn. Dus je kunt bij mensen niet alleen omzet komen halen. Je moet ze ook iets teruggeven. Waarom? Omdat mensen nu eenmaal zo in elkaar zitten dat ze dat leuk vinden. Of het nou een etentje, een leuk boek, een leuk berichtje, een contact of wat dan ook is. Het gaat erom dat je mensen het gevoel geeft dat je ze niet alleen maar ziet als klanten. Maar dat je ook geïnteresseerd bent in de mens daarachter. Dat is weleens lastig, zeker als je ongeduldig om omzet zit te springen. Maar als je dan een goede persoonlijke band hebt, kun je daar zelfs om vragen. Zo heb ik in het verleden weleens met mensen uit mijn netwerk gebeld met de concrete vraag "ik heb nog omzet nodig, kun jij mij wat geven". Dat soort vragen vind ik wel gênant, dus dat moet je niet al te vaak doen. En als dergelijke klanten je dan nog omzet geven ook, dan bouw je een mentale schuld op. De mentale bankrekening, heet dat. Je voelt dat je iemand iets verschuldigd bent, of iemand is jou iets verschuldigd. Dat staat niet op papier, maar dat voel je aan. En als je daar met zevenmijlslaarzen overheen loopt, dan verlies je het contact. Dan voelt de ander dat jij hem of haar niet echt interessant vindt. Dat van die mentale bankrekening moeten heel veel mensen nog leren. Daar heb je een bijzonder gevoel voor nodig. Goede verkopers beschikken daar overigens wel over. Want goede verkopers weten dat ze het beste verkopen als ze dat zogenaamd niet willen.

Netwerken groeien en het kost veel tijd om een groot netwerk op te bouwen. Maar als je dat eenmaal hebt, en het nog goed onderhoudt ook, dan heb je een immense *asset* in het zakendoen. Ik streef ernaar om altijd *one phonecall* away te zijn van iedereen. Dat betekent dat mijn netwerk zo groot is dat ik altijd via een telefoontje kan komen waar ik wil zijn. Of dat nou de CEO van een beursgenoteerd bedrijf is, een popzanger of de minister-president. Niet iedereen hoeft in je netwerk te zitten. Dat kan bovendien niet, want dan is onderhouden ervan onmo-gelijk. Maar het is fijn als je netwerk bestaat uit mensen die je willen helpen om een persoon verder te komen.

Dat soort vragen vind ik wel gênant.

Vriendenclub speelt beter

Een vraag die ik erg veel krijg, is: hoe je netwerken opbouwt. Door hard te werken en niet per se door netwerkbijeenkomsten te bezoeken. Dat kan wel een beetje helpen als je nog niks hebt, maar in mijn optiek voegen dat soort samenkomsten niet veel meer toe dan het leggen van een eerste contact. Toen netwerkbijeenkomsten nog niet bestonden, had je natuurlijk de jaarlijkse recepties. Maar ik voel me op dat soort van evenementen altijd een beetje verloren. Bovendien houd ik niet zo van *smalltalk*. Praatjes die vaak nergens over gaan. Ik voel me het meest op mijn gemak als ik tegenover iemand zit en contact kan maken in iets langer dan vijf minuten.

Netwerkbijeenkomsten. Daar komt dan rijp en groen heen en met een beetje geluk zit er iemand tussen waar je wat mee kunt of wilt. Want tussen kunnen en willen bestaat nog een verschil. Ik ga nooit uit eten met mensen waar ik eigenlijk geen zaken mee wil doen. Zonde van de kostbare tijd en een etentje moet toch altijd iets feestelijks hebben, nietwaar? Om dat rijp-en-groen-probleem een beetje op te lossen, heb je bedrijven die speednetworking doen. Dan wordt het al een beetje zin-voller. Je wordt op basis van een profiel actief gekoppeld aan potentieel interessante mensen. En daar praat je dan even mee. Mmm, wel aardig. Maar als je nu gaat zitten met een velletje papier voor je en je schrijft daar namen op van mensen die voor jouw business interessant zijn om te ontmoeten, dan is zo'n lijst toch vaak anders dan de bezoekers van de networking events. Wat let je overigens om de mensen van die lijst gewoon maar eens te gaan bellen of mailen. Bellen is wel beter hoor. En vooral zelf doen en niet je secretaresse opdracht geven. Want jij wilt die mensen ontmoeten en je hoopt dat zij jou ook willen ontmoeten. Dus desinteresse tonen door je secretaresse te laten bellen geeft al meteen het verkeerde signaal af.

Ben Verwaayen gaf in zijn tijd bij British Telecom al het goede signaal af door zelf op zijn Blackberry berichtjes te beantwoorden. Een keer belde hij mij en sprak hij eerst met mijn secretaresse. "Misschien heeft Leen het nu te druk, maar anders zou ik even met hem willen spreken." Hij belde zelf en liet dat niet aan zijn secretaresse over. Natuurlijk kwam ik onmiddellijk aan de lijn. Later heb ik over zijn telefoontje nog vaak nagedacht en ook op mijn secretaresse maakte het veel indruk. Zo hoort het dus, snap je? Maar nu zijn we in een andere periode geraakt, een periode van crisis, van zware economie. Waarin we hard moeten werken om te overleven. En in zo'n periode zijn netwerken als nooit tevoren superbelangrijk. Hopelijk heb je daar dus in geïnvesteerd in de goede tijden. Zo niet, dan is daar ook nog wel een oplossing voor.

Horen bij je vrienden

Negen jaar geleden heb ik samen met vier andere jongens een bedrijf opgericht dat een netwerk op zichzelf is. Klanten komen erbij omdat er andere klanten zitten. Klanten trekken elkaar aan. En zo is in de afgelopen jaren een heel erg krachtig netwerk ontstaan. Dat bedrijf heet

Made in Scotland en het netwerk is een Spelend Netwerk. Het netwerk is ontstaan uit passie. Passie voor de golfsport, nota bene de grootste sport ter wereld. Maar zonder dat de klanten het wisten, is onbewust een gevoel van vriendschap opgebouwd. Tussen de oprichters van het bedrijf en de klanten, maar ook tussen de klanten onderling. En zelfs tussen de klanten en hun klanten, want die mochten ook meedoen. Omdat de vier oprichters van het bedrijf als slogan "For the love of the game" hebben, is die sfeer uitgestraald op alle deelnemers. En zo kan het gebeuren dat klanten, zelfs als ze al met pensioen zijn gegaan, nog steeds bij het netwerk willen horen. Ze willen bij hun vrienden horen. Ze willen het leuk hebben. Niet voor niets heten de klanten van Made in Scotland dan ook *clan members*. Het woord klant wordt eigenlijk niet gebruikt. Alle klanten zijn lid van de Clan, en dat betekent voor Schotten heel erg veel meer dan gewoon een klant. Een clan member is een vriend, is familie. Als je dus dat gevoel uitstraalt naar een klant, dan voelt die klant zich dus een vriend of een familielid. En dat gaat dus nooit meer over.

En dat gaat dus nooit meer over.

Netwerken waar dat gevoel heerst, zijn tamelijk schaars. Dat gaat vele malen dieper dan gewoon een groep klanten, laat staan een networking event. Het lijkt wellicht op de sociëteiten van vroeger, waar je je vrienden ontmoette en over van alles sprak. Omdat golf een belangrijke rol speelde, werd het netwerk van Made in Scotland een Spelend Netwerk genoemd. Je speelt en doet daardoor waanzinnig veel business. Spelenderwijs, zoals het eigenlijk hoort. Je doet zaken met diegene die je het beste ligt. Niet per se met de laagste prijs. Daarom kunnen de meeste aanbestedingsregels wat mij betreft gewoon in de prullenbak, want die gaan volledig voorbij aan het feit dat je zaken wilt doen met je vrienden, met mensen die je mag.

Het Spelende Netwerk is goed in tijden van voorspoed, maar noodzakelijk in slechtere tijden. Dan verandert het van een Spelend Netwerk in een Werkend Netwerk. En tussen beiden bestaat een subtiel verschil. Een Spelend Netwerk bestaat spelenderwijs. Alsof je er niets aan hoeft te doen. Maar als de nood aan de man komt, moet je actief met je familie en vrienden aan tafel en moet je plannen smeden met elkaar. Het min of meer passieve netwerk, dat weliswaar heel veel oplevert, dient actief te gaan worden. Golf verandert van hoofdzaak in bijzaak en we gaan aan de slag. Want of dat netwerk nou door golf of iets anders geïnitieerd is, dat doet er niet zoveel toe, zolang de kracht van familie en vrienden er maar in zit. Want die kracht heb je nodig om door de crisis heen te komen. Al was het alleen maar door er met elkaar over te kunnen praten. Dat helpt al. Veel beter is natuurlijk als je elkaar ook nog zaken kunt toeschuiven.

Overgang naar werken werkt

Made in Scotland pakt haar clan dus op en breidt die uit met allerlei bedrijven die er ook bij willen horen. De kern van het netwerk, circa vijftig sterke bedrijven, bestaat al en kent elkaar door en door. Maar nu mogen ook nieuwe bedrijven erbij komen. De clan groeit en dat is goed voor de bestaande clan members, en voor de nieuwe toetreders. De clan gaat over van Spelen naar Werken. En je merkt dat het ook nog werkt. De bijeenkomsten hebben nog steeds een golfelement, want dat is leuk. Maar daarnaast en bovendien centraal staan actieve ontmoetingen om business op te bouwen. Om klanten en potentiële klanten te ontmoeten. Dus elk onderdeel van het netwerk wordt uitgedaagd om het zakelijke deel centraal te stellen. In een entourage die leuk is. Dat is eigenlijk hetzelfde als met een klant voor de open haard zitten om zaken te doen, in plaats van aan een zakelijk bureau dat afstand schept. *For the love of the game*, brengt partijen bij elkaar op een emotioneel niveau. Niets is makkelijker dan om in een dergelijke omgeving zakelijke relaties op te bouwen. Made in Scotland daagt haar familieleden en vrienden uit om iets meer van zichzelf te laten zien tijdens de bijeenkomsten. Zich iets meer bloot te geven in een veilige omgeving. Zodat anderen daar op kunnen inhaken. Het bedrijf benadert actief haar clan members met ideeën om koppelingen met anderen tot stand te brengen. Zakendoen, werken, staat centraal. Of het nou op een kantoor is of op een golfbaan. Waarbij duidelijk mag zijn dat dat laatste een veel betere voedingsbodem is.

Dergelijke netwerken zijn schaars als ze Spelen. Maar dergelijke netwerken zijn helemaal schaars als ze Spelen én Werken. Hup, aan de slag ermee!

Spelen én Werken.
Hup, aan de slag ermee!

Dromen zijn belangrijk, want ze geven inspiratie. Ik heb altijd heel veel dromen gehad. Als kind al droomde ik ervan dat ik Ivanhoe was of Prins Valiant. Die dromen gingen al snel over in allerlei andere dromen. Als ik naar bed ging, verstopte ik me onder de dekens en maakte ik een kleine opening waar mijn neus doorheen stak. Zodat ik nog een beetje kon ademen. En dan lag ik in een veilig holletje en konden mijn dromen hun gang gaan. Ik was in een andere wereld. Het aparte was wel dat ik bij mijn volle bewustzijn en nog wakker begon met het aanzetten van die droom. Ik begon na te denken over wat ik graag wilde worden of zijn. Dus ik liet de droom niet zomaar over mee heenkomen. Nee, ik probeerde een droomwereld te creëren, ik fantaseerde, waardoor ik eigenlijk altijd prettig en tevreden in slaap viel. Daarna kwamen er de echte dromen, zoals beschreven in het leuke boekje "Gras onder mijn voeten" van psychotherapeut Bruno-Paul De Roeck.

De inspirerende
kracht van de droom

In zijn boek over Gestalttherapie las ik dat die twee werelden belangrijk zijn, maar dat je moet oppassen niet in een van de twee te blijven hangen. De dromenwereld alleen is niet echt, maar de echte wereld zonder dromen is ook niet bijster leuk. Je kunt zo ver wegzinken in je droomwereld dat je gaat denken dat die wereld echt is. Dat kan tot hele rare situaties leiden. Mensen die denken dat ze God zijn en anderen die dat dan weer geloven (want het zal maar eens waar zijn). Mensen die denken dat ze een heel belangrijke internationale politicus zijn en daar dan met iedereen over praten, maar in werkelijkheid bijvoorbeeld postbode zijn. Dat kan ver doorgevoerd worden. Ik heb eens zo iemand meegemaakt en die loog de boel compleet aan elkaar. Woonde in het buitenland en deed daar onbelangrijk werk, maar vertelde in Nederland aan vrienden en familie welk een belangrijk buitenlands diplomaat hij wel niet was. Vrienden trots, familie trots, maar er was niets van waar. Je kunt je verliezen in je dromen.

Je kunt je verliezen in je dromen.

Maar je kunt ook een gebrek aan dromen hebben of geen dromen. In mijn lezingen vertel ik vaak over de inspiratie en energie die dromen geven. Ik vraag dan altijd of mensen voorbeelden kunnen geven van hun dromen. Het is verbazingwekkend hoe weinig mensen daarop reageren. Ik denk dan maar dat ze niet durven opstaan en vertellen over hun dromen. Omdat ze denken dat die dromen niets voorstellen of dat ze zich ervoor schamen. Maar het zal toch niet zo zijn dat er mensen bestaan zonder dromen. Als jongetje met heel veel dromen kan ik me daar niets bij voorstellen.

Mensen sturen mij wel eens mailtjes met de vraag of ik hen kan helpen hun dromen te definiëren. Zou het dan zo moeilijk zijn om dat zelf te doen? Of proberen mensen er een te groot probleem van te maken? Dromen liggen soms zo dicht bij je dat je ze niet meer ziet, denk ik dan. Wat is eigenlijk het verschil tussen een droom en een fantasie? Je fantaseert er maar wat op los. Dit is een soort van denken en denken is doen in het klein. Fantaserend denken, aldus De Roeck, is een soort ervaren op een laag pitje. Het kost weinig energie en kan bovendien handig zijn om later, als je het echt gaat doen, efficiënter tot actie over te gaan.

Welke dromen?

De droom van een vrachtwagenchauffeur is dat hij een klein hotelletje heeft in Bulgarije. De droom van de toiletjuffrouw is dat ze kleding ontwerpt en maakt. De droom van de directeur is dat hij in de bergen kan wandelen. De droom van administratief medewerkster is dat zij een eigen bloemenzaak heeft. De droom van de beleidsmedewerker in het ziekenhuis is dat hij een eigen privékliniek heeft. De droom van de management trainee is dat hij voorzitter is van de Raad van Bestuur. De droom van de directeur van het ziekenhuis is dat hij een wijnboerderij heeft in Italië. De droom van de personeelsmedewerkster is dat zij een kindertehuis heeft. De droom van de postbode is dat hij een complete postzegelverzameling heeft. De droom van de metselaar is dat hij over alle grote bruggen van de wereld gewandeld heeft. De droom van de secretaresse is dat zij een bekende schrijfster wordt. De droom van de vuilnisman is dat hij de allerhoogste zonnebloemen heeft van de hele straat. De droom van de werkloze is dat hij een baan vindt. De droom van de verlamde is dat hij kan lopen. De droom van de kantinejuffrouw is dat ze kan schilderen. De droom van de medewerker van Rijkswaterstaat is dat hij Nederlands kampioen darten wordt. De droom van de golfprofessional is dat hij ooit een Ferrari heeft. De droom van de ondernemer is dat hij doorbreekt in de Verenigde Staten. De droom van de schrijver is dat hij een bestseller schrijft. De droom van de politicus is dat hij ooit een eigen bedrijf heeft. De droom van de minister-president is dat er ooit nog iemand naar hem luistert. De droom van de slager is dat hij meer tijd voor zijn kleinkinderen heeft. De droom van de onderwijzer is dat hij met zijn familie een wereldreis maakt. En zo kan ik nog uren doorgaan. Bovendien een leuke exercitie.

En zo kan ik nog uren doorgaan.

De reden dat ik zoveel voorbeelden geef van daadwerkelijke dromen die ik in de afgelopen jaren ben tegengekomen, is dat het rijp en groen is. Dat het lang niet altijd verheven dromen zijn en dat het lang niet altijd dromen zijn die met je werk te maken hebben, noch dat het altijd dromen zijn die niet humoristisch zijn. Een dergelijke droom kan zeer hardnekkig zijn en soms vele jaren, tientallen jaren door je hoofd blijven spoken. Echter, dromen kunnen ook weer plaats maken voor nieuwe. Dat kan doordat je er gewoon geen zin meer in hebt of doordat je de droom hebt uitgevoerd. Tijdens en na mijn studie was mijn ultieme droom om een vervallen ruïne te kopen in Frankrijk en die te gaan opbouwen. Nadat ik dat had uitgevoerd, verdween die droom en kwamen er andere voor in de plaats. Een oude wijze Indiaan zei ooit over dromen eens tegen mij: "Dromen zijn een geschenk van de schepper. Het zou onbeleefd en ondankbaar zijn ze niet uit te voeren." Dus blijkbaar gaan Indianen wel altijd hun dromen achterna. Terwijl ik vele, vele mensen tegenkom die wel een droom hebben, maar daar dan vervolgens niets mee doen. Om allerlei redenen die ze zelf bedenken.

Richting en structuur

Ieder mens heeft zijn of haar dromen. En als ze even in die wereld van die dromen verkeren zijn ze blij. Het geeft energie. Het is iets dat ze willen doen in het leven. Soms geeft het zelfs een doel aan het leven. Dromen geven inspiratie. Zowel aan jezelf als ook aan anderen. Vertellen over jouw dromen aan anderen is bijna altijd leuk. Ik laat mensen in zalen vaak vertellen over hun dromen, als ze dat durven. En ik merk dat de anderen dan wel geboeid luisteren. En dat waarschijnlijk onmiddellijk vertalen naar hun eigen dromen.

Dromen geven je een richting, althans bij mij is dat wel zo. Alleen zit ik zo in elkaar dat ik, net zoals die Indiaan, onmiddellijk wil gaan werken aan de totstandkoming van die droom. Ik wil gaan doen. En dat doe ik vaak erg ongestructureerd, omdat ik het gevoel heb dat ik anders niet op gang kom. Ik ga dus gewoon maar beginnen. Ik probeer vooruit te komen. En kijk dan later hoe het me helpt mijn droom te bereiken. De meeste mensen gaan veel gestructureerder te werk. Die bedenken strategieën, voors en tegens, kosten en opbrengsten, leuke en slechte dingen. Denken zolang er niets gebeurt. Opvallend, de stap van droom naar bereiken van die droom is fenomenaal groot. Hoe komt dat? Hoe komt het dat veel mensen er zelfs helemaal niet aan beginnen? En hoe kun je ervoor zorgen dat de stap van droom naar bereiken van de droom makkelijker wordt?

Om te beginnen verschilt dit allemaal van persoon tot persoon. Maar neem nou die man of vrouw die een eigen bedrijf wil beginnen. Misschien wel een van de meest voorkomende dromen. Een eigen bedrijf, vrijheid van handelen, economische onafhankelijkheid. Herken je het? Dat is een angstaanjagende stap als je het nog nooit gedaan hebt. Als je erin getraind bent, is het een fluitje van een cent. Eerste advies: praat

De stap van droom naar bereiken van die droom is fenomenaal groot.

veel met mensen die deze stap al eerder gemaakt hebben. Bijna-starters zijn meer geholpen met de steun van een ervaren ondernemer dan met geld. De drempel die bijna-starters over moeten, is vaak ondraaglijk hoog. Om allerlei redenen: hoe moet ik mijn ontslag indienen, als ik mislukt wat dan, hoe kom ik aan geld, is mijn idee wel goed genoeg, hoe schrijf ik een businessplan, wat vinden mijn ouders ervan, en mijn partner, wat als de markt instort, misschien kunnen we hier niet blijven wonen en zo verder. Ik zou uren kunnen blijven opschrijven wat ik allemaal al heb gehoord als redenen om niet te beginnen. Bestaan die redenen omdat iemand eigenlijk niet echt een eigen bedrijf wil starten? Soms wel ja, dan lijkt het stoer, maar ben je er gewoon niet geschikt voor. Niet iedereen is als ondernemer in de wieg gelegd. De meesten niet, zou ik wel durven stellen. Maar als het kriebelt en je wilt echt zelf iets doen, dan moet je je een ding heel goed realiseren: het kost vaak enorme opofferingen. Succesvol ondernemen gaat zelden van een leien dakje. Het doet pijn, kost oneindig veel energie en je moet er andere dingen voor aan de kant zetten. Maar omdat ondernemen ook zoveel energie geeft, merk je het vorige eigenlijk zelden. Je vindt het niet erg om bijvoorbeeld wat privé leven aan de kant te zetten, omdat je vurig gedreven wordt door het starten van je bedrijf. En dit geldt eigenlijk ook allemaal voor dromen. Logisch, want het starten van een eigen bedrijf is het uitvoeren van een droom.

Boerderij in Italië?

Je eigen bedrijf beginnen is een sprong in het diepe en dan maar goed je best doen. Snel reageren op alles wat je ziet en op alle belemmeringen en kansen. Het vereist veel van al je zintuigen en het is hard werken. De kans dat het mislukt neem je op de koop toe.

We maken even een stap terug. De droom is er, je hebt hem ontdekt. En de droom is hardnekkig en blijft maar terugkomen. Je weet zeker dat dit is wat je wilt. Dat dit heel belangrijk is in en voor je leven. Wat het dan ook is. Je weet zeker dat je dit moet gaan uitvoeren. Schrijf hem op en kijk of het simpel en duidelijk is, dan nog steeds. Schrijf de droom zoveel als mogelijk uit en kijk waar de elementen zitten waar je nu al iets mee kunt. Maak er een groot verhaal van. Bijvoorbeeld bij de boerderij in Italië zijn er nogal wat elementen waar je iets mee kunt, namelijk Italiaans praten, andere duizenden mensen die ook een boerderij in Italië willen of hebben, Bed & Breakfast, boerderijen en ga zo maar door. Afhankelijk van hoe uitgebreid je over je droom kunt vertellen, zul je allerlei elementen zien waar je nu al iets mee kunt gaan doen. Je kunt Italiaans gaan leren en zo bijvoorbeeld in contact komen met de leraar Italiaans die toevallig ook handelt in oude boerderijen in Italië. Wat een toeval, zul je zeggen. Maar dat is nou net het leuke van het opsplitsen van je droom in honderden of duizenden kleine haalbare stapjes waardoor je er toch gemotiveerd mee bezig bent en langzaam maar zeker in een werkelijke wereld terecht komt die leidt tot allerlei verwikkelingen. Je blijft niet hangen in de droomwereld die lekker veilig

Schrijf de droom zoveel mogelijk uit.

is. Nee, door in piepkleine stapjes te gaan werken aan de uitvoering van je droom maak je langzaam maar zeker je droomwereld tot een echte wereld. De onmogelijke stapjes laat je voorlopig even liggen.

Zo was er ooit een man uit de zorgverlening die klaagde dat er zoveel regels waren, maar dat hij geen idee had hoe hij daar onderuit kon komen. Een andere man met een gehandicapte zoon had schijt aan al die regels en richtte gewoon zijn eigen zorginstelling op. Met zijn eigen regels. De ene man hikte tegen schijnbare problemen aan, terwijl de ander daar zonder enige moeite overheen leek te stappen.

Zo kunnen we van de droom ook weer even terug gaan naar het starten van een eigen bedrijf. Ook daar kun je een verhaal van maken. Zo mooi en uitgebreid mogelijk. En ook daar kun je dan gaan kijken met welke kleine stapjes je al iets kunt beginnen. Maar nogmaals, bij het uitvoeren van je droom komt veel opoffering kijken. Voorbeeld: iemand vertelde mij onlangs dat ook hij, net als ik, een wereldreis wilde gaan maken. Maar ja, hij had het geld niet. Wel had hij pas een nieuwe keuken in zijn huis laten installeren voor dertigduizend euro. Een prachtig geïnstalleerde wereldreis, als je begrijpt wat ik bedoel. Als het dan werkelijk je ultieme droom is om een wereldreis te gaan maken, dan kost dat het niet installeren van de keuken. Of is koken je ultieme droom en wil je stiekem chef-kok worden in een sterrenrestaurant? Ook goed, want dan komt die keuken goed van pas.

Een droom is dus iets waar je iets voor over wilt hebben, waar je pijn voor wilt lijden. En ook dat kun je bij jezelf testen. Hoever wil ik gaan in het creëren van je droom? Dus, uitgebreid opschrijven, opsplitsen in kleine stukjes waar je direct iets mee kunt en dan aan de slag. Maar wel doorzetten als het pijnlijk wordt…

Niet iedereen is als ondernemer in de wieg gelegd.

Zijn we nog
een beetje blij?

In 'En nu laat ik mijn baard staan' heb ik een hele serie hoofdstukken geschreven over sprankeling. Over hoe onbelangrijk dat gevonden wordt en wat voor een fundamentele rol het geluk van mensen speelt bij het presteren van een organisatie. Of je dat presteren nou uitdrukt in geld of kwaliteit, het is om het even. De prestatie gaat altijd omhoog als mensen zich prettiger en gelukkiger voelen. Blije organisaties die bevolkt worden door zogenaamde blije eikels. Daar kun je lacherig over doen, maar de prestaties liegen er in dat soort organisaties niet om.

Maar hoe verhoudt het belang van blij zijn met je werk zich tot de algemene negatieve tendens van een crisis? Na mijn eerste boek en de vele vragen die ik over dit onderwerp kreeg, heb ik me ook cijfermatig meer in het onderwerp verdiept. En ja hoor, er is uitgebreid onderzoek gedaan naar het fenomeen en er is uitgebreid statistisch materiaal aanwezig dat onderbouwt dat blijheid, plezier en sprankeling cruciale elementen zijn voor de prestatie. Vijftig procent van alle Nederlanders vindt hun werk niet leuk en 25% wordt er zelfs ziek van. De helft van de Nederlanders werkt het liefst in een klein bedrijf en slechts een vijfde het liefst in een groot bedrijf. Bewezen is ook dat de werknemerstevredenheid groter is in bedrijven met minder dan 100 werknemers. En 30% van de Nederlanders werkt het liefst in een bedrijf met 50 tot 250 medewerkers. Zo, even een hele stapel statistisch materiaal, zodat niemand hoeft te denken dat ik dit onderwerp maar een beetje uit mijn duim zuig. De bedrijven Effectory en Unique hebben veel onderzoek gedaan naar deze onderwerpen. Zelf heb ik veel tijd in grote bedrijven tot 20.000 werknemers doorgebracht, maar nog meer tijd in organisaties van 10 tot 40 medewerkers. Zelfs hele kleine bedrijfjes met maar een paar medewerkers staan op mijn ervaringslijst. Zelf voel ik me het meest op mijn gemak in een klein bedrijf. En als ik heel eerlijk moet zijn werk ik het liefst alleen. Ik ben niet zo'n enorme team builder of -manager. Ik zit het liefst voor in de trein en geef dan gas. Het moet wel een hele snelle trein zijn, liefst een TGV. Want als ik eenmaal weet welke richting ik op moet, dan moet het ook snel gaan. Het voorlichten en inlichten van de medereizigers is niet mijn sterkste kant.

Politieke spelletjes, weinig invloed en trage besluiten. Volgens een artikel in Het Financieele Dagblad zijn dat eigenschappen van een groot bedrijf en als je daar geen zin in hebt moet je uitwijken naar een kleinere organisatie. Politiek, daar weet ik alles van. In de grote organisaties waaraan ik leiding gaf speelde altijd erg veel politiek. Omdat ik daar geen zin in heb, heb ik er ook geen goede antenne voor ontwikkeld. Het verbaast mij nog immer dat mensen zich kunnen verschuilen achter smoesjes en verborgen agenda's en toch gelukkig kunnen zijn. Daarnaast maakt het politieke gekonkel organisaties vaak erg ondoorzichtig en onoverzichtelijk. En dat vinden veel mensen niet leuk.

Tien blijmakers

Hoe maak je het leuk op het werk en hoe krijg en houd je de mensen een beetje blij? Susan M. Heathfield schreef op About.com tien manieren om mensen blij te maken met hun werk en op hun werk. Allemaal simpele manieren die zo eenvoudig zijn dat we het maar niet doen. Stel je voor dat het zo makkelijk kan zijn. Daar zijn we toch niet voor opgeleid. Het mag wel een beetje moeilijker.

Hoe worden we blij op ons werk? Volgens Heathfield: door allereerst blij te zijn en dat uit te stralen. We laten toe dat dit mag, omdat we weten dat het moet. Blij zijn is een keuze. Het vermijden van negatieve collega's en roddel is een keuze die je maakt. Klinkt makkelijk en als een open deur, maar je moet het echt even opschrijven en elke dag even lezen, anders vergeet je het en laat je jezelf continu beïnvloeden door de negatieve energie. Ik heb dagen dat ik me voorneem om te genieten van wat ik doe. Ik ben dan toch echt productiever en beter voorbereid, omdat ik van tevoren goed nadenk over wat mij op een bepaalde dag te doen staat en ik er vervolgens naar ga handelen. Ik leef die dagen bewuster.

Een tweede makkelijke beslissing is om elke dag iets te doen dat je leuk vindt. Hoe moeilijk het ook lijkt, iedereen kan elke dag iets vinden dat leuk is. En dat kan van alles zijn. Er zijn dagen dat ik zin heb om in een prachtig kostuum en mooie gepoetste schoenen rond te lopen en daar werk ik dan ook aan. Heerlijk. Heeft niks met het werk te maken, maar wel met mijn gevoel. Ik ben goed in motiveren van mensen, maar neem daar soms de tijd niet voor. Door tien minuten met een collega een kop koffie te drinken kan ik iemand anders geweldig motiveren. Dat vind ik leuk, maar mijn collega ook. En dat geeft weer die positieve energie. Maak een grap, houd een collega voor de gek, relativeer. Allemaal zaken die de sfeer op het werk ten goede komen. Als je er goed over nadenkt, zie je snel dat er werkelijk elke dag wel iets te verzinnen is dat je leuk vindt.

Blij zijn is een keuze.

Een derde manier om blij te worden van je werk is door zelf de regie in handen te nemen van je persoonlijke professionele ontwikkeling. Ik sprak pas iemand die stelde dat de organisatie waar zij werkte weinig deed aan persoonlijke training. Toen ik haar vroeg waar ze op wachtte en waarom ze zich zo afhankelijk opstelde wekte dat verbazing. Wie is geïnteresseerd in jouw ontwikkeling. Je bedrijf, je baas, of jij zelf? Dat laatste natuurlijk. Jij bent in jezelf geïnteresseerd en jij bepaalt hoe je jezelf ontwikkelt. Daarbij ga je nooit wachten op initiatieven van anderen. Ben je nu helemaal gek geworden? Ga zitten en schrijf op wat je wilt in het komende jaar of zelfs de komende jaren. Hoe wil je jezelf ontwikkelen en ga dat dan doen. Wacht niet subsidie af van de organisatie waar je werkt. Als die er is en wordt verstrekt dan is dat fijn, maar het is niet bepalend voor jou. Heerlijk, het gevoel om te beseffen dat niemand anders dan jij zelf bepaalt wat er van jou terechtkomt. Toch?

Nog iets fraais dat je kan helpen je werk leuker te vinden en daar blijer te zijn, volgens Heathfield, is er zelf voor zorgen dat je precies weet wat er speelt op je werk. Zo lang als ik leiding geef aan grote en kleine bedrijven is de meest gehoorde klacht het gebrek aan informatie dat medewerkers hebben. "Ze vertellen ons hier nooit iets" en "Ik heb geen idee wat mijn collega's doen" of "Waarom sta ik niet op de mailinglist". En zo kan ik nog wel doorgaan met de vragen die er allemaal op wijzen dat er heel wat mensen zijn die misdeeld zijn voor zover het informatie betreft. Geen enkele noodzaak zien om zelf actief op pad te gaan om die informatie te verzamelen. Als je er actief voor zorgt dat je midden in een informatienetwerk staat in je eigen organisatie, maakt dat je blij. Ook hier geldt dat je, net zoals bij het vorige punt, je eigen verantwoordelijkheid neemt. Jij bepaalt welke informatie je krijgt.

Een andere blijmaker is het actief vragen om feedback. Ook hier ben jij het die jezelf uit de passieve hoek kunt trekken om niet langer afhankelijk te zijn van anderen. Wacht niet de jaarlijkse en vaak niet functionele beoordelingsgesprekken af, maar ga er zelf op af. Vraag je baas frequent om zijn of haar mening over jouw functioneren. In het bijzonder als je zelf tevreden bent. Het is goed te weten hoe je baas daarover denkt. Vergeet ook de klanten niet. Ooit een dokter horen vragen: "En mevrouw, bent u tevreden met de manier waarop ik u behandel?" Of een autoverkoper die vraagt of u tevreden bent over de manier waarop hij u een auto probeerde aan te smeren. Nee, dat fenomeen komt merkwaardig weinig voor. Mensen zijn vaak wel content over zichzelf, of vragen zich helemaal niet af hoe ze overkomen. Ook hier geldt, elk commentaar is nuttig en ook hier ben jij het zelf die de regie voert. Als je er aan gewend bent dat je die verantwoordelijkheid niet aan anderen kunt geven, zul je ook tevreden zijn en blij worden van de feedback. Het helpt je altijd.

De zesde blijmaker heeft te maken met het aangaan van beloftes. Beloof niets dat je niet kunt waarmaken. Ik ben daar zelf het slechtste voorbeeld

Is het al leuk?

van. Kan slecht nee zeggen tegen goede ideeën en vind al snel iets leuk. Daardoor neem ik altijd veel te veel werk aan. Mijn beloftes maak ik bijna altijd waar, maar dat betekent dan dat ik te veel doe. De regel die daaruit voortgekomen is, is de volgende: "Te veel leuke dingen zijn niet meer leuk". Over leuk gesproken. Het zorgen maken over het niet na kunnen komen van beloftes is een van de grootste bronnen van stress op het werk. En als je overloopt, meld het. Als je een belofte niet kunt nakomen, meld het. Dat is vaak vervelend, maar veel minder vervelend dan het niet nakomen en de irritatie die dat oplevert.

De zevende regel is het vermijden van negativiteit. Negatieve energie zijn zeurende mensen, roddels en achterklap, praten over anderen terwijl die anderen er niet bij zijn. Collega's die niet blij zijn, daar ga je gewoon maar even niet mee om. Je kent ze wel, de zeurpieten die niks goed vinden en eigenlijk liever maar niet naar hun werk komen.

De achtste is een merkwaardige, namelijk het oefenen van persoonlijk moed. Durven zeggen wat je vindt. De meeste mensen zijn conflict-mijdend en daardoor moeilijk in staat om eerlijk voor hun mening uit te komen. Daardoor kan er een enorme ophoping van problemen ontstaan. Conflicten kunnen in de ogen van Heathfield ook betekenisvol zijn, dus het kan prettig zijn om conflicten uit te werken. Laat het maar gebeuren. Laat de ruzie maar ontstaan en zeg waar het op staat. Niet alle conflicten zijn eng of schadelijk per definitie. Maar omdat we er niet in geoefend zijn ontwijken we ze meestal. Wat een opluchting als je gezegd hebt wat je dwars zit, wat een opluchting als je een medewerker verteld hebt dat hij of zij niet goed functioneert. Het meest bizarre dat ik ooit heb meegemaakt is dat er in een van mijn bedrijven een medewerker promotie kreeg in een ontslaggesprek. Ja, je leest het goed. Alles was voorbereid om een kort en duidelijk ontslaggesprek te gaan voeren, maar de mensen die dat moesten doen waren er niet in getraind en hielden bovendien niet van conflict. Hoe langer het gesprek duurde, hoe meer ieder begrip kreeg voor het standpunt van de ander. En toen het gesprek ten einde was, had de betreffende medewerker opslag gekregen en een andere functie en was het ontslag van de baan. Fijn, zou je zeggen, dat het zo ook kan gaan. Maar nog geen twee maanden later was de situatie wederom onhoudbaar en volgde alsnog ontslag. Niet getraind zijn in omgaan met conflict kan tot grote problemen leiden. Train jezelf erin en wees voortaan moedig en eerlijk. Zorgt voor een veel beter gevoel.

En dan de negende factor en dat is het maken van vrienden. Vrienden maken mij blij en een werkomgeving waar vriendschap een belangrijke rol speelt maakt mensen blij. Wees geïnteresseerd in je collega's, in hun privéleven, in hun hobby's en in hun familie. Die interesse alleen al zorgt ervoor dat het leuker wordt voor zowel jou als de anderen.

En dan tot slot als al het bovenstaande mislukt, ga solliciteren. Want als je dan toch in een omgeving moet zitten waar al het bovenstaande mislukt dan is het niet de moeite om daar te blijven. Als je echt niets aankunt met je baas, met de werknormen, met je collega's, met jezelf, dan moet je echt wegwezen. Solliciteren en zoeken naar een nieuwe werkomgeving is overigens best wel leuk. Verbaast het jou ook hoe lang mensen soms doormodderen in een omgeving waarvan iedereen duidelijk is dat het nooit meer iets zal worden? Je moet natuurlijk wel alles proberen, maar je moet ook durven een punt te zetten achter een doodlopende straat.

Blij zijn in en op je werk is fundamenteel. Het betekent natuurlijk dat je positief en blij in het leven staat. Dat straal je uit op je omgeving en indirect weer op jezelf. Zorg ervoor dat je blij bent, anders is niets de moeite waard. En dat wil je toch niet?

Archeoloog worden

Dromerig staarde Ruben naar de bossen voor zich. Zag hij iets tussen de bomen, of leek dat maar zo? Er klonken krakende takken, maar tussen de mistvlagen door kon hij niet goed zien of het nou mensen of dieren waren die hij zag. Misschien was het wel niets... Over het pad dat voor de bomen langs liep, kwam van rechts een colonne soldaten de hoek om. Romeinen, dat was wel duidelijk. Trots marcheerde de ene rij soldaten na de andere de bocht om. De adelaar van de legioenen keek van boven op zijn standaard trots voor zich uit. En ja hoor, daar kwamen de ruiters de hoek om. Het was een prachtig en imposant gezicht. Zo had hij zich dat altijd voorgesteld, zo moest het geweest zijn. Wat zou hij daar graag bij gehoord hebben. Onoverwinnelijk waren ze, die Romeinen. Het ene na het andere volk werd door hen onder de voet gelopen. Ook de Germanen, de mensen die in Nederland woonden. Weggedrukt tot achter de Rijn waren ze door de kracht en de macht van de Romeinen. Ongelooflijk dat die van zo ver komende soldaten dat allemaal konden. Genietend zag Ruben de soldaten voorbij marcheren.

Ruw werd zijn droom verstoord door intens geschreeuw dat ineens uit de bossen klonk. Ja hoor, had hij het niet gedacht. Het was een hinderlaag, en vanuit de wouden stroomden duizenden en duizenden wilde Germanen, wild zwaaiend met hun wapens, op de Romeinen af. En die waren op dat smalle pad natuurlijk helemaal niet op hun sterkst, zo wist hij. Want ja, dat had hij geleerd op school. Het gevecht tussen Romeinen en Germanen barstte los en het zag er al snel niet zo goed uit voor de Romeinen. Hoe moest dat aflopen?

"Ruben, blijf je een beetje bij de les", hoorde hij opeens en hij keek op in de ogen van het hoofd van de school, meester Vlemmings. Die keek hem boos aan, want hij was midden in een geschiedenisles en hield in elke hand een vuistbeitel. Echte vuistbeitels, uit het stenen tijdperk.

Passie voor het voelbare

De gedachten van Ruben, die waren afgedwaald naar de Romeinen en Germanen, waren plots weer helemaal terug bij de les. Wow, echte vuistbeitels, die misschien wel tienduizend jaar geleden gemaakt waren en die meneer Vlemmings nu in zijn handen hield. Stel je voor, eerst zaten er handen omheen van mensen die nu al tienduizend jaar dood zijn en nu de handen van meneer Vlemmings. "Mag ik ze ook eens vasthouden?" En zo begon de passie van Ruben voor geschiedenis. Niet de geschreven geschiedenis, nee, de zichtbare en voelbare geschiedenis. Dingen die je kunt voelen en zien en opgraven. Hier op de lagere school, met de vuistbeitels van meneer Vlemmings, begon zijn passie en zijn droom voor archeologie. Moeilijk woord, dat hij al snel verruilde voor opgraven. Opgraven.

Dingen die je kunt voelen en zien en opgraven.

Het mooie was dat Ruben in een klein dorpje woonde dat een naam had die vertaald kon worden in "graven in het bos". Het kleine dorpje was gebouwd op grafvelden uit het stenen tijdperk. Een paradijs voor archeologen natuurlijk, maar wie was daar nou in geïnteresseerd? Ja, misschien meneer Vlemmings. En Ruben. Maar verder, de boeren werkten op hun akkers en hadden tijd noch geld om zich over een enkele potscherf druk te maken. Maar met die potscherven begon de droom van Ruben gestalte te krijgen. Aangemoedigd door het hoofd van de school, meneer Vlemmings, trok Ruben elk vrij uur van akker naar akker, op zoek naar tastbare resten uit het verleden. Hij legde kaarten aan van het dorp en meneer Vlemmings verklapte telkens weer een nieuw veld, waar Ruben dan weer dagenlang rondliep. Vooral als er net geploegd was, want dan kon hij goed zien waar de scherven lagen.

De villa

In het begin verzamelde hij elk stukje steen dat hij kon vinden, zoals inmiddels zijn eigen kinderen dat nu ook doen. Emmers vol met scherven en andere stukjes steen. Zonder enige kennis van zaken dacht Ruben dat alles oud was en bijzonder. Maar met hulp van meneer Vlemmings en boeken ontdekte hij langzaam maar zeker hoe hij een oude potscherf kon onderscheiden van een stukje dakpan, of gewoon een nieuw stukje bloempot. En zo ontwikkelde hij in de loop der jaren een haviksoog voor oude scherven. Want Ruben wandelde jaren en jaren over alle velden en akkers van zijn dorpje. Wist feilloos waar een grafheuvel gelegen had en ontdekte in de bossen ook de nog bestaande gave grafheuvels waar nog hele urnen, want zo heten die potten uit het stenen tijdperk, zouden moeten liggen. Naast de scherven en halve urnen (want hele urnen vond hij nooit) ontdekte hij ook pijlpunten en allerlei ander werk van vuursteen. Want vuursteen en urnen, dat hoorde bij elkaar. En zo ontstaat een droom, zo ontstaat een passie, vaak al in kinderjaren.

En Ruben was een doorzetter, hij wilde liever niet alleen zoeken en hij verzamelde dus vriendjes om zich heen die meededen. Samen richtten ze een club op die zich bezig hield met de bestudering van de geschiedenis. Natuurlijk moest Ruben voorzitter worden, want anders was het niet leuk. Van jongs af aan wilde hij in alles de baas zijn. En alle andere kinderen vonden dat eigenlijk wel normaal. Dus zo ging het jaren door. Zelfs na de middelbare school, die hij al zoekend naar scherven op elke woensdagmiddag doorliep, bleef de passie bestaan. Met als hoogtepunt het vinden van een Romeinse villa. Daar had je die Romeinen van zijn dromen weer. Stond Ruben ineens op de vloer van een villa. Hij was de eerste die weer op die prachtige vloer stond nadat de laatste Romein daar vertrokken was. Althans, zo voelde hij dat. Voorzichtig legde hij zijn hand op de vloer, deed zijn ogen dicht, en droomde weer van die Romeinen uit zijn jeugd. Hij kon ze zo weer voor zich zien. De passie die hem telkens weer in contact bracht met mensen van heel lang geleden. Dat was voor Ruben het mooie van de archeologie. Met het vinden van die villa sloot Ruben het eerste stuk van zijn archeologische verleden af. Want nee, archeologie ging hij niet studeren. Daar was toch niets mee te verdienen. Hij ging economie studeren. Een saaie en taaie studie. Na die studie ook nog een studie accountancy om het allemaal wat saaier te maken. Het leek alsof de passie en de droom verloren waren gegaan. Alleen, op de schouw van de open haard in zijn latere huis lagen nog steeds de twee vuistbeitels die meneer Vlemmings hem ooit gegeven had. Als aanmoediging voor Ruben, kleine speurder in het zand.

De passie die hem telkens weer in contact bracht met mensen van heel lang geleden.

Het kasteel

Met de droom en de passie van de archeologie ver weggedrukt in zijn onderbewustzijn, kochten Ruben en zijn vrouw vele jaren later een oude vervallen boerderij in Frankrijk. Ze wisten eigenlijk niet wat ze kochten. Het was een vervallen zootje, met twaalf hectare onverzorgd en overwoekerd land. Wel had het een mooie naam: "Le Château Vieux". Het oude kasteel. Bij het passeren van de akte bij de notaris maakte Ruben nog een goeie grap over dat oude kasteel. Waar zou het liggen? Want een kasteel of zelfs restanten daarvan, nee, die waren nergens meer te herkennen. Laat staan eerdere of andere bewoningen. Je moet weten, de aangekochte vervallen boerderij lag toevallig wel in de Lot, een kilometer of twintig verwijderd van de grotten van Lascaux, maar dat zegt u misschien weinig. In dat gebied, waar die wereldberoemde grotten liggen, woonden de eerste mensen die Europa bevolkten. De Cro Magnon mens. Tja, Ruben wist dat natuurlijk allemaal wel, al realiseerde hij zich dat niet toen hij het huis kocht. Hij was zo ver verwijderd van zijn diepgewortelde passie voor archeologie, dat hij dat verband al lang niet meer legde. Want met welk toeval had hij hier te maken, dat hij van alle plekken waar hij een huis kon kopen, dat nu precies deed in het aller-oudste gebied van heel Europa, precies op de plek waar ooit de eerste grotbewoners zich gevestigd hadden. Toeval?

Het was een vervallen zootje.

Jaren gingen voorbij en de gebouwen die zij gekocht hadden, werden een voor een verbouwd. Dat ging langzaam, maar wel heel secuur.

Verdorie, in het hoofdgebouw werden ineens ramen ontdekt, weg-gemetseld en weggestuct, die afkomstig waren uit een kasteel. Toen was het voor Ruben mooi geweest en drong langzaam maar zeker zijn oude passie weer door. En hij ging weer zoeken en wroeten in de grond. Zijn deskundige oog was hij nog niet kwijt. En zo vond hij stukken steen die afkomstig moesten zijn van een kasteel. Nog steeds lachte de aannemer hem uit en niemand geloofde hem. Maar Ruben, met zijn al op jonge leeftijd ontwikkelde kennis voor oudheid, voelde het kasteel gewoon in de buurt. En hoe meer hij daarop focuste, hoe meer hij weer steeds meer zijn gevoel terugkreeg voor zijn dromen. Hij voelde dat er een kasteel moest zijn, hij voelde dat er nog veel meer mensen gewoond hadden op dat grote verlaten terrein, hij voelde de oudheid. Hij wist het zeker.

Na een jaar werd het eerste stuk muur van het kasteel gevonden, precies op de plek waar hij had gedacht dat het moest liggen. Illegaal en met veel mensen en materieel werd vervolgens het hele kasteel blootgelegd. De droge gracht die eromheen lag, was diep en indrukwekkend. Zeven tot tien meter diep op sommige plaatsen. Archeologen kwamen vanuit Toulouse en brachten alles in kaart. Het was het verloren kasteel inderdaad. Maar daar hield het niet mee op. Elke zomervakantie, net zoals vroeger elke woensdagmiddag en zaterdag, ging Ruben met een vriend graven op zijn land in Frankrijk. En elk jaar kwam er een stukje oudheid naar boven. Een Romeinse bron, een middeleeuwse waterput en als klapstuk een grot. Dat was en is nog steeds de grootste ontroering van Ruben. Tussen de middag, archeologen aan de lunch, maar Ruben werkte door. En een van de graafmachines zakte plotseling door de bodem van de gracht in een gat. Een gat. Nadat de graafmachine uit het gat was getrokken, stonden Ruben en de andere werkers er verbaasd omheen. Wat zou dat zijn. Ruben liet zich door de graafmachine zakken met een camera en een zaklamp bij zich. Zonder zich te bekommeren om het gevaar voor instorting, kroop hij tussen de brokstukken door en stond ineens in een grot. Hij wist het, hij had het altijd al geweten.

Elk jaar kwam er een stukje oudheid naar boven.

De grot

Toen hij zijn zaklamp aandeed en de wanden bescheen stonden ze er, de wandschilderingen. En weer had hij dat gevoel, hij stond in een grot waar tienduizend jaar geleden mensen woonden. Hij legde zijn hand op de bodem van de grot, deed zijn ogen dicht, en zag ze voor zich. De bewoners. Hij zag ze vaker voor zich, de bewoners van het gebied dat hij gekocht had. De droom was teruggekomen. Zonder het te weten had Ruben een van de aller-oudste bewoonde gebieden gekocht die Europa kent. Met zijn passie voor archeologie was hij terechtgekomen in het mooiste pretpark dat een archeoloog zich maar kan wensen. Ongeloof-lijk toevallig. Of niet soms?

Over passie gesproken. Dit verhaal biedt talloze aanknopingspunten voor dromen en passie. Het geeft aan hoe diep een passie kan zitten.

Een droom die nooit weggaat. Ik ben ervan overtuigd dat heel veel mensen zulke diepgewortelde dromen hebben. Die zo diep in je ziel geworteld zijn dat ze nooit weg gaan. Het is je lot, zo wordt dan vaak gezegd. Je lotsbestemming. Soms komt die diepgewortelde passie al snel aan de oppervlakte, soms moet je zoeken. Maar als de droom zo dicht bij je blijft en zo lang bij je blijft als in dit verhaal, komt die ook naar je toe. Ik ben niet zo'n fan van 'The Secret', maar wat hierboven gebeurde, is niet toevallig. Van alle duizenden potentiële kopers van het gebied kwam het nu net in handen van iemand die als geen ander de waarde ervan inzag. Want u begrijpt, het verhaal is waar gebeurd.

Het verhaal over een droom is dus ook altijd een leuk verhaal. Vele mensen vertellen mij hun dromen en passies en dat is altijd leuk. Het geeft altijd energie. Alleen het erover praten en met elkaar delen van dromen is al leuk. Simpel eigenlijk. Een exercitie die ik vaak voorstel, wordt zelden overgenomen. En ik weet eigenlijk niet goed waarom niet. Het is gratis en kost weinig moeite. Maar het heeft niets met je werk te maken. Zou dat het zijn? Zouden we in werktijd alleen maar bezig willen zijn met serieuze dingen die over het werk gaan...

Een droom die nooit weggaat.

Want stel je voor dat je het verhaal van Ruben de Archeoloog aan al je collega's vertelt en hen vraagt om allemaal een dergelijk verhaal op te schrijven over hun dromen en passie. En stel je voor dat al je collega's dat durven en ook doen. Misschien geholpen door diegenen die een beetje kunnen schrijven. Dan krijg je een serie ontroerende en boeiende verhalen waardoor ineens je hele werkomgeving verandert. Leuker wordt, want je ziet je collega's ineens als heel andere mensen. Sterker, je ziet ze als mensen net zoals jijzelf. Sommigen vinden dat wel eng, geef ik toe. Maar probeer ook hen te overtuigen. Het is een van de krachtigste middelen om een werkplek leuker te maken. Door alle medewerkers te laten vertellen over hun dromen en passies. Gewoon beginnen bij degenen die durven en langzaam iedereen mee laten doen. De meest krachtige en goedkope manier om je werk een menselijk gezicht te geven. Als je dit advies nu nog steeds niet opvolgt, begrijp ik er niets meer van.

Het is gratis en kost weinig moeite.

De Goed Nieuws Show

Nieuw elan voor
het land en alles
komt goed.

Onlangs was ik op vakantie in Oostenrijk. Zoals bijna elk jaar belandde ik tijdens die vakantie weer eens bij de dokter die gespecialiseerd was in kneuzingen en breuken bij ski-ongevallen. En bloeiende business, daar ben ik na al die jaren wel achtergekomen. Daar bij die arts lag een tijdschrift over de Oostenrijkse economie. Een prachtig artikel over Mc-Café trok mijn aandacht. Door in Oostenrijk 50 nieuwe McCafé's op te richten, werden 500 nieuwe banen gecreëerd. Want McDonald's was met circa 10 miljoen koppen koffie tenslotte al de grootste leverancier van koffie in het land. De Oostenrijkse baas van McDonald's, want die was de initiatiefnemer, kreeg een prijs. De zogenaamde Good News Award. Alle goede initiatieven in Oostenrijk krijgen zo een beloning. De bijbehorende button stond groot in het tijdschrift afgebeeld: "Alles wird gut" en in kleine letters daaronder "Neuer Schwung für unser Land". Nieuw elan voor het land en alles komt goed. Misschien zouden we dat vroeger onzin gevonden hebben, of een beetje nationalistisch; tegenwoordig gaat dit er wel in, en niet alleen in de politiek.

Tientallen jaren geleden stond de Amerikaanse automobielindustrie onder zware druk vanuit Japan. Het zou waarschijnlijk wel nooit meer goed komen, want de Japanners waren onverslaanbaar. Maar blijkbaar hadden maar weinigen gerekend op de kracht van de ondernemende Amerikanen. Ze kwamen hard terug en Japan heeft destijds niet de immense slag kunnen slaan die iedereen buiten de VS zag aankomen. Ook toen werden er stickers geplakt, "I buy American" en dergelijke. Nationalistisch, jammer dan, want het helpt vaak wel. Mensen beschermen bij crises natuurlijk allereerst zichzelf en hun eigen omgeving, dus zo onbegrijpelijk zijn deze Oostenrijkse en Amerikaanse initiatieven niet.
Overigens, tijdens de begindagen van Barack Obama gingen er ook protectionistische geluiden op in de VS. Die werden snel in de kiem gesmoord, omdat men bang was voor Europese tegenmaatregelen. Boycots over en weer zouden niet leiden tot een vrije en open economie. Maar stimuleren van goede initiatieven in eigen omgeving, in eigen land, is iets heel anders dan protectionisme.

De button in Oostenrijk doet iets belangrijks. Doet veel belangrijks, kan ik beter zeggen. Allereerst geeft het aan dat we trots moeten zijn op successen. Daarnaast geeft het aan dat er wel degelijk successen zijn, die we door al het slechte nieuws soms maar al te graag over het hoofd willen zien. We benadrukken deze successen, belonen deze en helpen daarmee de initiatieven. Het tijdschrift NEWS dat in Oostenrijk de Good News campagne bedacht heeft, heeft op haar eerste aanvraag voor beste initiatieven en moedigste ideeën honderden reacties gehad. En daar word ik nou blij van. Want ideeën brengen mij weer op nieuwe ideeën. In een erg leuk boekje van Ben Tiggelaar las ik dat ondernemers zich onderscheiden door alleen maar nieuwe dingen te creëren en niet door na te apen. Welnu, alhoewel ik het meestal roerend met hem eens ben, denk ik dat hij het dit keer niet bij het rechte eind heeft. De meest succesvolle ondernemers hebben ideeën gekopieerd en vaak veel beter geïmplementeerd. Ondernemers zijn zelden uitvinders van nieuwe dingen. Dat laten ze over aan anderen, maar de sluwe ondernemer is er dan als eerste bij om snel te kopiëren en te multipliceren. Zo gebeurt het niet zelden dat de ondernemer er met de hoofdprijs vandoor gaat, terwijl de bedenker, de uitvinder, met lege handen blijft zitten.

Ik ruik business

Ondernemers worden enorm gestimuleerd en geïnspireerd door anderen en hebben een oog voor mogelijke hits. Hebben dus ook altijd hun ogen wijd open om goede vernieuwingen te ontdekken. Hebben wij in Nederland al McCafé's? Nee, dan zullen we ze zeker snel gaan krijgen, want ik ben niet de enige die op wintersport gaat en weleens wat leest. Dus wat we moeten doen is alle goeds van de Oostenrijkse campagne delen met Nederlanders. Er zou een Europees initiatief moeten komen om over het hele continent de goede ideeën met elkaar te delen. Naast het feit dat het altijd leuke verhalen zijn, brengen ze anderen op gedachten. De Europese Goed Nieuws Show. We breiden het Oostenrijkse initiatief uit over alle landen van Europa. Ik ruik business. Jij ook?

Raar eigenlijk dat we dit niet allang hebben.

Is het verstandig om lokaal ondernemers elkaar te laten vertellen wat voor goeds en leuks ze doen? Hoe ze groeien en ze grootscheeps investeren in nieuwe bedrijven en nieuwe acties. Of zou je daarmee ongewild een soort van protectionisme stimuleren? Dat lijkt een wetenschappelijke vraag bijna. Volkomen irrelevant voor ondernemers, want die zitten niet met mogelijke negatieve bijzaken. Die willen vooruit, die willen bewegen. Nou, dan houdt niets ons tegen om in Nederland ook de Goed Nieuws button te gaan ontwikkelen en ondernemers in aanmerking te laten komen voor de Good News Award. Stuur maar in! Dan zorgen wij wel dat hierover gepubliceerd gaat worden in een van de ondernemende tijdschriften die Nederland kent. Raar eigenlijk dat we dit niet allang hebben. Want dat zie je bij goede ideeën heel vaak. De reactie van "O, maar dat bestaat allang". Inderdaad zijn goede ideeën vaak al in de praktijk gebracht, maar dan meestal slecht of op beperkte schaal. Dus er is altijd ruimte voor een betere en meer krachtige aanpak. Kan de Goed Nieuws Show een bijdrage leveren aan het bestrijden van de crisis? Een veel grotere dan je wellicht denkt.

Energie voor de geest

Net zoals mensen behoefte hebben aan eten en drinken, zodat ze energiek door het leven kunnen gaan, hebben mensen ook behoefte aan goed en leuk nieuws, om vrolijk door het leven te gaan. Welnu, eten en drinken hebben we momenteel nog steeds meer dan genoeg. Maar voedsel voor de geest ietsjes minder. Er is een enorme behoefte aan goede berichten. Veel meer dan we denken. En die goede berichten worden elke dag ondergesneeuwd door de azijnpissers van slecht nieuws. Omdat ervan wordt uitgegaan dat we daar behoefte aan hebben, onder het mom dat "helaas" toch echt al het nieuws verteld moet worden. Laten we het erover eens zijn dat we genoeg menskracht ter beschikking hebben om ons van slecht nieuws te voorzien. Daarin zijn vele duizenden getraind. Maar nu ook even de leuke en energiegevende berichten. Wat zullen we daar eens mee doen. Met die energie voor de geest.

Mogen we onze eigen economie beschermen of horen we wat alles betreft bij Europa? Dat laatste is zeker zo, maar het eerste ook. Daarnaast is het zo dat of het nou mag of niet, het zit in de mens. Niets is menselijker dan de bescherming van je eigen omgeving. Dus enige vorm van protectionisme krijgen we automatisch in tijden van crisis. Niet erg, laat maar even gaan. Laat mensen het recht om zichzelf een beetje te beschermen. Zorg ervoor dat we geen generaties opleiden in afhankelijkheid. Als de ander, als de overheid, niets doet, dan doen wij ook niets. Ik sprak pas ouders van kinderen op de basisschool die vonden dat kinderen steeds afhankelijker werden opgeleid en opgevoed. Dan krijg je mensen die pas in de auto stappen als Rijkswaterstaat zegt dat het veilig is en niet glad, of mensen die pas op de fiets stappen als ze behangen zijn met alle mogelijke vormen van bescherming. Zoals helmen, knie- en armbeschermers, voor- en achterlichten, spiegels en handschoenen. Want ze zouden eens vallen. Dan weten mensen niet wat ze moeten doen als ze ontslagen worden, dan vragen alle sectoren van de Nederlandse economie onmiddellijk om steun als er een dreigende crisis is. Stel je voor dat je bedrijf failliet gaat. De afhankelijkheid van deze en volgende generaties van een veilige en volledig verzorgende omgeving is zo groot dat daar een veel groter gevaar loert dan de huidige crisis. Overigens heeft de crisis hierbij mogelijk een helende werking. Mensen wennen er aan dat er ook weleens iets niet helemaal goed kan gaan. Of sterker, helemaal niet goed gaat.

Ze zouden eens vallen.

Terug naar het goede nieuws. Goed nieuws dat stimuleert en blij maakt. Daar is een enorme behoefte aan. Ik zie een show voor me van de omvang van Lingo. Elke avond een half uurtje op de tv. Met alleen maar kort en krachtig leuke filmpjes, interviews, voorbeelden van nieuwe producten en initiatieven. Van allerlei soort, dus niet alleen goed nieuws van bedrijven, maar ook wijkinitiatieven, winnende sportclubs, hulp aan ouderen. Alles dat volgens de kijkers Goed Nieuws is, wordt genomineerd om mee te doen. Elke dag een half uurtje Goed Nieuws, ik denk dat dat gaat werken. Was het niet Balkenende die een lans brak voor het voortbestaan van Lingo? Nou, dan is dit een *piece of cake*, want als iets de politici na aan het hart ligt, is het de economie. Toch? Dit is nou echt een initiatief dat door Economische Zaken gestimuleerd zou moeten worden. En door de bedrijven, die hun zaakjes ook mogen laten zien.

Weleens van Kaos Pilots gehoord? (www.kaospilots.nl) Kaos Pilots is zowel een filosofie als een school. Een school, ontstaan in Denemarken, voor jonge ondernemende mensen die het hart op de juiste plaats hebben en die een verschil willen maken in de wereld. Na de eerste drie scholen in Oslo, Malmö en Stockholm, ontstond de eerste internationale school in Rotterdam. De Kaos Pilots zijn de zogenaamde *change agents* in de toekomstige wereld. Kaos Pilots zien zichzelf als de beste school voor (!) de wereld. Als je daarover leest op hun website en je bezoekt hen, dan word je gewoon optimistisch. Wat een positieve energie gaat daarvan uit zeg! En dit is nog maar een voorbeeldje van al het goeds en ondernemends dat plaatsvindt in Nederland.

Maak een kopie

Je mag de Goed Nieuws Show van mij ook kopiëren naar je eigen organisatie. Elke dag een berichtje op de site. Elke dag wat nieuwe arbeidsvitaminen. Overigens, elke goede leider zal onmiddellijk de Goed Nieuws Show dupliceren naar zijn of haar eigen organisatie. Weinig moeite, groot plezier. Is het een soort van ideeënbox, die nooit gewerkt heeft? Nee, het zijn de voorbeelden die naast dat ze leuk zijn en dus energie geven, ook nog eens gekopieerd worden als ze goed zijn. Mensen zijn na-apers en hebben dus voorbeelden nodig. "Moet je horen, op de Afdeling Kredieten hebben ze een open dag voor klanten. Die mogen dan zomaar in de kluis met hun kinderen." Dat is leuk, zullen wij ook zoiets bedenken. Maar dan moet je wel met die geweldige buttons werken. Dat wordt dan de enige kleine uitgave. Toen ik dertig jaar geleden op een Amerikaanse highschool zat, liepen mensen daar al om het minste of geringste met een button op. Wij vonden dat hier maar ordinair. Met een button geef je aan dat je ergens bij hoort of dat je ergens trots op bent. Dat je ergens voor staat, dat je jezelf wilt onderscheiden. Dat zijn toch allemaal geen bescheiden eigenschappen. Doe maar normaal, dan doe je al gek genoeg. Welnu, bij dezen verdwijnt dat gezegde hopla in de prullenbak. Het gezegde wordt nu "Doe maar gek, dan doe je normaal genoeg". En het is waar. We moeten nu ergens voor staan. Als we dat nu niet doen, doen we het nooit meer. Dus voor elk goed nieuws dat de Goed Nieuws Award krijgt maken we een button en die delen we gratis uit. Elke winnaar krijgt een zak met honderd of duizend van die buttons.

En daar zitten we dan, elke avond van zeven tot half acht. Voor de buis. Zou ons idee gewonnen hebben? En wat voor leuks kan ik nog meer verwachten? Zorg dat je op tijd thuis bent zodat je de show niet mist. Want morgen heb je die energie weer hard nodig bij het lezen van de ochtendkrant. Hopelijk doe je zoveel energie op, dat je na het lezen van het slechte nieuws (en na het staan in de file) nog zoveel over hebt dat je straalt op je werk. Je straalt, je hebt energie. Dat is GOED NIEUWS!

Mensen zijn na-apers en hebben dus voorbeelden nodig.

De mening van
de schilder

Dus de grote
overheid zoekt
het bij grote
bedrijven.

Ik las een interessant artikel in de krant. Ook nog in een kwaliteitskrant, wat het bericht nog pregnanter maakt. Het ging over het fenomeen dat overheden (en anderen in nood) vaak onmiddellijk de hulp inroepen van bekende managers. Dus, om een bank te redden van de ondergang wordt bij het inroepen van hulp onmiddellijk gedacht aan een CEO van een beursgenoteerd bedrijf. Ook de denktank die onze economie weer overeind moet helpen, wordt bemenst met deskundigen die in loondienst zijn bij grote bedrijven of grote instellingen. Waarom roept de minister van Financiën niet een eigenaar van een kleine bakkers-keten bij zich om van advies te dienen? Of de eigenaar van een groot schildersbedrijf?

De eerste denkfout die hier gemaakt wordt, is dat voor de oplossing van structurele economische problemen de denkkracht moet worden ingezet van mensen die uit een vergelijkbare omgeving komen. Dus de grote overheid zoekt het bij grote bedrijven. Daarnaast bestaat er nog steeds zoiets machtigs als het *old boys network*, gelukkig ook bevolkt door vrouwen tegenwoordig. Maar ook daar zien we het ons-kent-ons principe alom aanwezig. Waarschijnlijk wordt ook gedacht dat in die grote organisaties ervaren bestuurders zitten, die zich veel beter kunnen inleven in de problematische situaties. Daar zit wat in, moet ik zeggen. Maar ook al is dat inlevingsvermogen groot, dan nog kun je je serieus afvragen of er voldoende kennis van zaken is. Of er voldoende gevoel is voor het probleem.

Grote bedrijven en instellingen worden erg vaak bestuurd door ervaren managers. Die dat vaak erg goed doen. Geen kwaad woord daarover. Maar het blijft "besturen" en de kennis en het directe gevoel voor cash en markt is ontegenzeggelijk in veel grotere mate voorhanden bij de ondernemers die met hun voeten in de modder staan. Het genoemde artikel wees dan ook op het gebruik van kennis uit het midden- en kleinbedrijf (MKB) om de kredietcrisis te beteugelen. In het betreffende artikel worden de MKB-ers de motor van de economie genoemd en spreekt de schrijfster haar verbazing uit over het feit dat geen minister het blijkbaar aandurft om advies te vragen aan de kleine man. Omdat die niks zou begrijpen van de geldstromen en de "structuren van het grote geld". En daar zit 'm nu juist de crux!

Geld is tastbaar

Mijn eerste bedrijf kon pas starten na een kleine injectie van 20.000 gulden. Nodig om twee computers en een printer aan te schaffen, die toen dus nog belachelijk duur waren. Dat geld was er niet, dus moest geleend worden. Als je vervolgens start moet je dat geld eerst wel even terugverdienen. En een salaris. Een eenmanszaak kan pas salaris uitbetalen aan haar medewerker als dat eerst verdiend is, als het vervolgens gefactureerd is en vervolgens ook nog door de klant betaald. Dan ben je soms zo maar drie maanden verder... en heb je dus geen salaris gehad. Op wie word je dan boos? Want je werkt toch en hebt recht op betaling? Nou, als je als starter zo zou denken, dan ben je snel uitgespeeld. Het primaire gevoel over geld, wanneer je het hebt, wanneer je het verdient en wanneer je het kunt uitgeven, zit heel erg diep in de genen van een klein bedrijf. Kleine bedrijven houden ook erg van cash.

Hoe vaak mijn bankier niet belde, vele jaren later toen we geld aan het verdienen waren, dat het verstandig was om het van de bankrekening te halen omdat het daar niks zou opleveren. Zet het weg zodat je meer rente ontvangt. Of slimmer nog, beleg het in aandelen. Ik vond dat nooit zo'n fijn plan. Ik wilde het geld zien, liefst voelen, zodat ik precies wist wat ik had. Denk aan oom Dagobert Duck en zijn geldpakhuis. Je kon mij 's nachts uit bed bellen en dan wist ik exact de stand van bank, uitstaande facturen, slechte betalers et cetera. Financiële constructies waren niks voor mij. Zelfs toen ik later leiding gaf aan het grote Origin, met haar duizenden medewerkers, voelde ik niks voor financiële constructies. Vaak ook omdat ik ze niet goed begreep. Naar later bleek, begrepen de makers van die constructies ze zelf ook niet.

De waarde van geld, toegepast in een corporate omgeving, is bijzonder. Ik gaf leiding aan een bedrijf met 1200 medewerkers en een slechte financiële *performance*. Om te bezuinigen aan de kostenkant stuurde ik ooit op een vrijdag een brief naar de huisadressen van alle medewerkers, waarin stond dat alle uitgaven die ze vanaf maandag zouden doen zonder mijn handtekening, door de medewerkers zelf betaald zouden moeten worden. Dat was een tamelijk ondoordachte actie, en als die actie wel doordacht zou zijn zou hij waarschijnlijk nooit zijn uitgevoerd. Maar de brief sloeg in als een bom. Nooit had iemand zich gerealiseerd dat het hier over echt geld ging, totdat ze de mogelijkheid liepen het in hun eigen portemonnee te gaan voelen. Stel je voor, je doet een bestelling vanuit het bedrijf en je moet het ineens zelf gaan betalen. Waar ging het hier om? Wel, om het eten van een broodje met een klant in de

Nooit had iemand
zich gerealiseerd
dat het hier over
echt geld ging.

Op zoek naar het echte

kantine voor acht gulden en de aanschaf van 100 kopieën van artikelen in een tijdschrift tot de aanschaf van mainframe computers. Klein en groot geld werd uitgegeven met het grootste gemak.

Die maandag was er paniek in het bedrijf, want dit zogenaamde moratorium was ongekend. Wat moest men nu doen? In een kamertje had ik een klein team opgesteld dat alle aanvragen, die met honderden tegelijk binnenkwamen, moest afhandelen en aftekenen. Door alle medewerkers met hun neus op alle uitgaven te drukken en ze bewust te maken van het feit dat het hier om echt geld ging creëerden we een mentaliteitsverandering en bespaarden we al in het eerste jaar vele miljoenen.

Eigen geld

Echt geld, is dat dan niet duidelijk? Nee, hoewel het natuurlijk intellectueel door iedereen begrepen wordt, is er een fundamenteel verschil tussen je eigen geld en het virtuele geld van je bedrijf. Want dat geld is niet van jou en je voelt het niet. De eigen ondernemer, die elk dubbeltje zelf heeft verdiend en gevoeld, begrijpt precies wat ik hier schrijf en ik garandeer u dat de gemiddelde lezer dit gesneden koek vindt, maar het niet zo voelt. Precies hetzelfde als iemand die nog nooit een eigen bedrijf heeft gehad met alle bijbehorende problemen eigenlijk niet weet wat ondernemen en ondernemend gedrag is. Ook hier geldt dat ze het intellectueel gezien wel weten, maar het gevoel niet kennen. Daarom is het zo enorm moeilijk uit te leggen. Dus echt geld is het geld dat je uitgeeft als je op vakantie gaat. Is de reden dat je met je vrouw en kinderen niet *business class* naar Amerika vliegt als je op vakantie gaat, maar wel tijdens je werk het recht meent te hebben om *business class* te vliegen. Op kosten van de zaak… want dat is je eigen geld niet. Het bedrijf verdient toch genoeg, zo wordt vaak geredeneerd. Nonsens!

De regel "cash is king" hoorde ik voor het eerst tijdens mijn studie bedrijfseconomie. Niet in de collegebanken, maar van een marktkoopman waar ik weleens wat bijverdiende. En eerst begreep ik zelfs nog niet wat het betekende, zo simpel was de regel. Als je in slechte tijden geld in een zak of sok hebt liggen en andere mensen niet, dan kun je veel kopen. Niet door te lenen, maar door gewoon met je ordinaire zak met geld op stap te gaan. Ten tijde van crisis is er vaak een tekort aan geld, aan cash geld wel te verstaan, en daarom is alles goedkoop. Mensen hebben cash nodig en zijn bereid er hun huis met veel verlies voor te verkopen. Zo geldt dat voor alle producten, dus het is een heerlijke wereld voor de cashbezitters. Dat geldt overigens nu ook in hevige mate. Alles is of wordt goedkoop. Kunst is om een beetje in te schatten wanneer het laagtepunt bereikt is. Dan kopen met de kostbare cash zorgt ervoor dat deze slimmeriken later over nog meer cash beschikken. Want het wordt verkocht bij hogere prijzen. Hoepla.

De kracht die uitgaat van cash, van de mogelijkheid om direct op te kunnen nemen, is enorm. Onzekerheid over betrouwbaarheid van banken zorgt ervoor dat in veel landen mensen het geld maar bij zich houden. Letterlijk in een ouwe sok. Dan kunnen ze er vrij over beschikken, wanneer het hun belieft. Maar omdat dat ook kan leiden tot gevaarlijke situaties ontstonden er banken waar je je geld veilig kon stallen. De bank gaf jou daarvoor een kleine vergoeding en ging vervolgens iets met dat geld doen. Bijvoorbeeld aan iemand anders geven die daar dan voor moest betalen. Dat noemen we een lening. De bank had het geld dus niet meer, maar ontving daarvoor in retour wel net iets meer dan dat ze aan jou moesten betalen. Dat was dan de winst voor de bank. So far, so good. Maar als jij plotsklaps je geld wilde hebben, moest die bank dat maar toevallig in haar kluisje hebben liggen. Anders kon je niet opnemen. Dat niet kunnen opnemen zorgt voor aanzienlijke onrust onder de bezitters van dat geld. Die onrust zorgt ervoor dat mensen zelfs in de huidige tijd weleens terug willen naar de goede oude sok van weleer. Mits ze het geld eerst terugkrijgen van de bank. Meestal liep dat wel goed, totdat banken vonden dat ze meer moesten gaan verdienen met jouw en mijn geld. Want meer verdienen met hun eigen geld, daar zou ik niet zo'n probleem mee hebben. Maar enge dingen doen met mijn geld vind ik niet zo ethisch. Jij?

Om meer te verdienen, werd geld geleend aan mensen van wie vooraf min of meer vaststond dat ze dat niet konden terugbetalen. Omdat ze bijvoorbeeld geen inkomen hadden. Dom, dat hadden jij en ik ook nog wel kunnen bedenken. Sterker nog, dat hadden jij en ik met ons eigen geld nooit gedaan. Dus even samenvattend; ik geef mijn geld aan de bank, die betaalt mij rente en die leent het tegen een veel hogere rente uit aan iemand van wie ze bijna zeker weten dat ze het geld niet terug-krijgen. Daar ligt een van de kernen van "eigen" en "andermans" geld. Dat voelt toch anders. Het een voelt wel en het andere voelt niet.

Geld zat

In het verlengde daarvan is het altijd mijn mening dat je startende bedrijven het liefst zo min mogelijk geld geeft. Want dan is de drang om te gaan verdienen vele malen groter dan als je heel veel geld hebt. Geld, dat bovendien vaak niet van jou is. Ik ben ooit een bedrijf gestart met een beginkapitaal van meer dan tien miljoen euro op de bank. Nam een aantal mensen aan die dat bedrijf moesten gaan opzetten. En daar maakte ik een belangrijke denkfout bij. Ik nam mensen aan die nog nooit een eigen bedrijf hadden opgezet, met eigen geld. Leuke mensen overigens, met een behoorlijke ervaring en track record zoals dat heet. Maar geen ervaring in het omgaan met heel erg veel "eigen" geld. Omdat er heel erg veel geld op de bankrekening stond, was er niet onmiddellijk druk op omzet, geen enkele druk om snel klanten te werven. Dus de nadruk kwam op managen te liggen. Overnemen van andere bedrijven, bouwen van interne software systemen en marketing. Het vele geld werd dus eigenlijk een belemmering om te ondernemen. Er was geen urgentie.

De gouden regel is natuurlijk ook dat iemand met zijn eigen geld mag doen en laten wat hij wil. Al wordt alles vergokt of weggegeven. Maar met andermans geld wordt dat ineens anders. En met publiek geld, geld van jou en mij, wordt het nog eens een keer anders. Die verschillen zijn zo groot, maar omdat het geld is lijkt het om hetzelfde te gaan. Met een Nederlandse grootbank had ik het pas over de zorgplicht. Eerst begreep ik niet precies wat ze bedoelden en nog steeds vraag ik me weleens af of we elkaar daar wel goed begrepen. De bank claimde dat ze een zorgplicht hadden voor de startende ondernemer. En bedoelde dat ze mee moesten denken over of die starter dan wel of niet zijn huis als onderpand mocht geven voor een lening om een bedrijf te starten. Dan breekt mijn klomp. Laat dat alsjeblieft over aan die ondernemer zelf. Die is mans of vrouws genoeg en heeft een ideaal, een droom. Maar als we het hebben over zorgplicht, dan zou ik het om willen draaien. De bank heeft de zorgplicht over ons geld, zodra ze dat in hun bezit krijgen. Maar zo werd de term zorgplicht hier niet bedoeld.

Terugkrijgen?

Veel bestuurders van grote organisaties hebben het beheer over geld van anderen. Hopelijk begrijp je nu dat dat niet hun eigen geld is en zolang als ze dat gevoel niet kennen is het onverstandig om advies te gaan inwinnen over hoe om te gaan met dat eigen geld. Kinderachtig, toegegeven, maar wel fundamenteel. En hopelijk voor iedereen begrijpelijk. Terug dus naar een crisis, die aangezet is door een vertrouwen over hoe met geld van anderen wordt omgegaan en wat voor effecten dat heeft op het eigen geld. Vraag het de schilder, vraag het de kleine ondernemer. Die het wel uit zijn hoofd laat om zijn duurverdiende geld uit te lenen aan een buurman van wie hij zeker weet dat hij het nooit terugkrijgt. Misschien wel weggeeft aan een vriend, maar dan weet hij van tevoren dat het nooit terugkomt.

Gebruik het gevoel van de kleine zelfstandige, gebruik de antenne van de kleinschalige ondernemer met koopmansintuïtie, om de problemen aan te pakken die al die gewone mensen met hun eigen geld raken. En vraag de oplossing niet aan de grote namen die veel te ver afstaan van dit basisgevoel. Gevaarlijke boodschap hè? Vervelend, ook een beetje. Maar wel waar… en simpel. Wat betekent dat nou voor jouw organisatie? Eenvoudig gezegd betekent het niets meer of minder dan dat je met alle geld moet omgaan alsof het van jezelf is. En dus bij elke handeling moet afvragen of je dat ook zou doen als het je eigen geld was. Zou je salaris betalen als je geen geld op de bank had, zou je een onzekere investering doen als het je laatste eigen geld was, zou je met de klant in een sterrenrestaurant gaan eten als je het zelf moest betalen, et cetera? Daar kun je mee oefenen, daar kun je zelfs heel leuk mee oefenen. Geef mensen geld en laat ze dat beheren. Laat ze daarover rapporteren aan de groep. Betrek het bedrijf erbij, in al haar lagen. Want als dat basisgedrag de kern van het denken wordt binnen jouw organisatie, dan bespaar je automatisch enorme bedragen. Dat garandeer ik je.

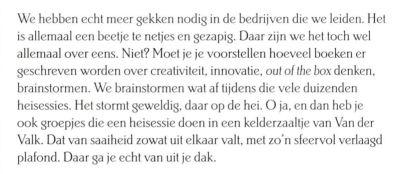

Het is allemaal
een beetje te
netjes en gezapig.

We hebben echt meer gekken nodig in de bedrijven die we leiden. Het is allemaal een beetje te netjes en gezapig. Daar zijn we het toch wel allemaal over eens. Niet? Moet je je voorstellen hoeveel boeken er geschreven worden over creativiteit, innovatie, *out of the box* denken, brainstormen. We brainstormen wat af tijdens die vele duizenden heisessies. Het stormt geweldig, daar op de hei. O ja, en dan heb je ook groepjes die een heisessie doen in een kelderzaaltje van Van der Valk. Dat van saaiheid zowat uit elkaar valt, met zo'n sfeervol verlaagd plafond. Daar ga je echt van uit je dak.

Zijn we niet een beetje te braaf allemaal? Raar doen zit niet in het vocabulaire van de meeste organisaties. Neem startende ondernemers. Doen die raar? Ja, ik denk het wel. Niet in hun eigen ogen weliswaar. Maar veel anderen vinden wel dat ze raar doen. Of dom, of gek. Toen ik mijn eerste eigen bedrijf startte, werd mij door velen verklaard dat ik gek was. Want het ging economisch slecht en het was dus niet het juiste moment om te starten. Een vriend van me vertelde me onlangs dat hij ging uitbreiden. Hij had grootse plannen. De kranten staan tegelijkertijd vol van ontslagen en crisisperikelen. Hij lijkt wel gek. In de ogen van de meeste anderen.

En dan heb je nog de ondernemers die dingen doen die we niet kennen of herkennen. Ja, die zijn echt helemaal gek geworden. Ik kan me nog herinneren dat er ooit een bedrijf was die wegenkaarten en andere kaarten ging digitaliseren. Die waren toch wel echt gek geworden. Daar was geen markt voor. Totdat er een ander bedrijf kwam dat routeplanners ging maken. En steeds meer mensen zo'n routeplanner handig vonden. En die routeplanners gebruik maakten van die digitale kaarten. Toch zo gek nog niet?

Herkenbaar...

Of die gek die gloeilampen ging maken terwijl niemand in de wereld daar om vroeg en niemand elektriciteit had. Of die gozer die zo achterlijk was om computers te gaan maken terwijl de wereld er maar vijf nodig had. Dankzij al die gekken en roekelozen bestaan er bedrijven en wordt er *business* gedaan. En die gekte moeten we binnen onze organisaties koesteren om in leven te blijven. Het lijkt logisch, maar net zoals lopen is gek doen ook veel moeilijker als je het echt wilt gaan doen.

Want waar haal je ze vandaan, die gekken? En als ze er al zijn, hoe herken je ze? En nog een stapje verder: als je ze gevonden hebt, hoe hou je ze dan? En waarom zou je ze houden, wat gaan ze doen? Geef je toe dat jouw organisatie ook wel een beetje gekte kan gebruiken? Dat gekte leidt tot ontwikkeling, niet altijd tot groei, maar wel altijd tot verbetering. Als je dat al niet vindt, sla dan dit hoofdstuk over en verwacht verder niet veel van jezelf als ondernemende manager.

Het goede nieuws is dat gekken niet gevaarlijk zijn. Ze doen geen enge dingen en zijn wel te managen, hoewel moeilijk. De gekken die ik bedoel, steken geen gebouwen in brand, vallen geen collega's aan, stelen geen geld uit de kas. De gekken die ik bedoel zijn de supercreatieve medewerkers die barsten van de energie en continu met nieuwe ideeën komen. Ideeën die soms niets kunnen worden, maar soms ook briljant zijn. En dat, dat is soms moeilijk te herkennen. Want een organisatie die een goed idee herkent, herkent dat omdat het past bij wat ze hebben en wat ze kennen. Een idee dat niet herkend wordt (en dus echt nieuw en innovatief is) wordt om die reden vaak afgewezen. Dus in die categorie vallen de gekken waar ik het hier over heb. Ze bedenken dingen die niet meteen herkend worden en krijgen daarom het stempel "gek".

Een voorzitter van een grote beursgenoteerde organisatie vertelde me pas bezorgd dat de kredietcrisis hen hard raakte. Hij was bezorgd en was met zijn management team in retraite geweest om maatregelen te bedenken. "Je gaat zeker bezuinigen?" vroeg ik hem. Dat vond hij maar een domme vraag. Natuurlijk, wat moeten we anders, antwoordde hij mij. Tja, dat simpele antwoord gaf mij niet veel hoop. En je zult ze de kost moeten geven, de directievoorzitters die werkelijk geen enkele andere reflex hebben dan bezuinigen. Zij zijn qua karakter juist het tegenovergestelde van de gekken die ik hierboven beschrijf. "Je raadpleegt zeker niet al je medewerkers over de acties die je kunt gaan uitvoeren", vroeg ik hem. Nee, natuurlijk niet, dat zou een teken van zwakte zijn. Ja natuurlijk, want die medewerkers zijn allemaal dom.

Bundel

Een tip: als je niet weet waar de gekken zitten in je organisatie zou je AL je medewerkers als denktank moeten gaan gebruiken. Want de gekken zitten daartussen en doen dan ook mee. Wat is de kracht van die zogenaamde *connected intelligence*, zoals dat zo mooi heet? Die kracht ligt

Die gekte moeten we binnen onze organisaties koesteren.

Ze bedenken dingen die niet meteen herkend worden.

besloten in het gezegde "twee weten meer dan een". Het inzetten van alle medewerkers bij een crisis of een probleem zorgt ervoor dat je alle in je organisatie aanwezige creativiteit aanboort. Iets dat overigens zelden gedaan wordt. Mij is wel duidelijk waarom. Directies en managers laten niet graag zien dat ze ergens niet uitkomen. Vinden dat een teken van zwakte. Terwijl het juist een teken van durf, visie en kracht is als je iedereen mobiliseert. En er niet bang voor bent dat wellicht iemand anders weleens een beter idee kan hebben dan jijzelf. En die personen die dan met dat betere idee komen, behoren zeer waarschijnlijk tot de gekken naar wie je op zoek bent. Maar let op dat je de gekte niet afwijst. En dat is reuze moeilijk, omdat we de briljantie van goede ideeën vaak niet herkennen. Dus een oplossing van een probleem kan in een heel andere hoek liggen dan waar je hem zoekt. En die oplossing kan dan worden afgewezen, omdat niemand denkt dat die past. Te abstract?

Neem een bedrijf dat eigenaar is van olietankers. Olietankers worden, of werden, steeds onveiliger in het transport van olie naarmate milieueisen toenemen. Daar waar het vroeger toegestaan werd om met enkelwandige tankers olie te vervoeren, komen er voorschriften die ervoor zorgen dat alleen dubbelwandige tankers dit mogen. O jee, een probleem, wat nu te doen met die oude tankers, want er mag geen olie meer in. Een andere wereld is de wereld van een steeds schaarser wordend goed, namelijk water. Water wordt uiteindelijk veel schaarser dan olie. Is dat eigenlijk al, maar het wordt zo nog niet gevoeld. Breng deze werelden samen en vervoer water in de oude olietankers. Als daarmee iets gebeurt, vanwege de enkele wanden, dan lekt zoet water in zeewater. Jammer, maar geen schade aan het milieu. Breng deze werelden niet bij elkaar en een oplossing voor de tankers is ver te zoeken.

Het bij elkaar brengen van ogenschijnlijk zeer verschillende werelden, of gedachtewerelden, is veel moeilijker dan men denkt. Daarom is *out of the box* denken ook zo moeilijk. Mensen hebben hun kaders, waar ze erg moeilijk uit kunnen komen. Die kaders zijn onzichtbaar, maar keihard. Vraag een bankier om op creatieve wijze nieuwe producten te bedenken en het beste waarmee hij komt is altijd nog een verlengde van de bestaande producten. En dat geldt voor elke professie, niet alleen voor de bankier. Om *out of the box* te kunnen denken, moet je geen last hebben van kaders, zodat diezelfde kaders je denken niet begrenzen. En maar weinig mensen zitten zo in elkaar. Kaderloze, losgeslagen, warrige denkers. Tja, dat is wel een goede beschrijving van deze vaak briljante gekken.

Het begint bij de aanname. Een human resource directeur vroeg me onlangs wat hij kon doen om dit probleem aan te pakken. Ik gaf hem het advies om af en toe eens iemand aan te nemen die hij eigenlijk af wilde wijzen vanwege zijn of haar veel te eigenwijze karakter. Iemand waarvan hij echt dacht dat hij niet zou passen in de groep, omdat de karakters zouden botsen. Neem af en toe eens zo iemand aan. De dwarse denkers,

Mensen hebben hun kaders.

Niet te voorspelbaar

de briljante gekken. De mensen met een zo hoog IQ dat ze bijna gek zijn en zover qua denken boven de groep uitsteken dat ze nooit door die groep opgenomen zouden worden. Dat zijn meestal toch criteria om mensen af te wijzen. Wijs die mensen eens niet af, maar neem ze aan. En trek je even niets aan van het gemor uit de groep, als ze ontdekken dat er een gek is aangenomen. Want de tweede stap is eigenlijk nog veel moeilijker. Ik ben ervan overtuigd dat er veel zogenaamde gekken solliciteren naar allerlei functies. Maar afgewezen worden omdat ze niet in het keurige stramien passen. Want we hebben de kaders van tevoren al keurig bepaald. De kaders waar we later niet meer uitkomen als we willen gaan brainstormen.

Andersdenkenden

Het probleem begint bij onszelf. Om een of andere reden zijn we ooit begonnen met het opstellen van functieprofielen. Dat zijn de keiharde kaders, waarin onze sollicitanten moeten passen. En maar klagen dat we niet creatief zijn. Nee, het proces van zelfselectie heeft ervoor gezorgd dat iedereen op elkaar lijkt. Dezelfde opleiding, keurig in het pak, mooi uiterlijk, netjes gedragen, keurig woordgebruik en een prachtig CV, liefst bestuurslid van het corps geweest. Zo creëren we dus veelzijdigheid in onze bedrijven. Diversiteit die leidt tot creativiteit en ondernemerschap.

Maar okay, als we ze dan hebben aangenomen, hoe houden we ze dan vast. Want net zoals bij een vreemde bloedgroep zal het lichaam onmiddellijk overgaan tot het afstotingsproces. Zo ook hier, het bedrijf gaat afstoten. Mensen gaan klagen over hun nieuwe collega, die niet past en er van die rare ideeën op na houdt. Dat vergt dus veel meer aandacht van degene die de euvele moed heeft gehad om dit soort van gekken aan te gaan nemen. Neem er een paar aan en zet ze bij elkaar. Dat wordt dus de denktank. Zoals elke geheime dienst van elk groot land een dergelijke denktank van briljante gekken heeft. Geef ze de vrijheid om met ideeën te komen en communiceer die binnen de organisatie. Praat erover en vertel waarom je dit doet. Wees transparant en verstop het niet. Moedig dit gedrag ook bij anderen aan. Maak je geen zorgen, want de meeste medewerkers zullen dit zo raar vinden dat ze er toch niet aan mee gaan doen. Stimuleer een cultuur waarin gekke ideeën gewaardeerd worden. Let wel, de stap om een beetje gekte te gaan creëren is geen makkelijke en zal de cultuur gaan bepalen. We hebben het hier dus over een langdurig project.

Geef ze de vrijheid om met ideeën te komen en communiceer die binnen de organisatie.

Vasthouden van deze talenten is essentieel in het voortbestaan van de organisatie. Dat moet heel erg duidelijk zijn. Iedere medewerker begrijpt dat diversiteit in een bedrijf belangrijk is. Als iedereen hetzelfde is dan kan een organisatie zich veel moeilijker wapenen tegen problemen, binnen het bedrijf of buiten in de markt. Benadruk dat uitputtend. Talenten kunnen het opgeven, en zo ook de organisatie waarin ze werken. Van twee kanten moet hard gewerkt worden om de verschillende bloedgroepen toch met elkaar samen te laten werken. De wederzijdse acceptatie is even moeilijk als de acceptatie van een nieuw orgaan door een lichaam. En zelfs als het lichaam het vreemde orgaan lijkt te hebben geaccepteerd, dan nog blijft het tot in lengte van dagen oppassen geblazen. Het gevaar van afstoting ligt op de loer.

Zo moeilijk als hierboven beschreven is het om die enkele dwarse denker, die enkele gek, binnen je bedrijf te hebben. Maar in mijn optiek en ervaring is het altijd de moeite waard om je te omringen met andersdenkenden. Prachtig dat president Obama van de Verenigde Staten zijn kabinet vormde uit mensen die anders denken dan hij en anders denken dan elkaar. Daardoor blijven we kritischer en zijn we dus beter. Op zich een dwarse manier van denken.

Had die eerdergenoemde directeur dit soort talent om zich heen verzameld, dan had hij inmiddels al lang alternatieven gehad om de crisis te bestrijden. Want het enige alternatief, kosten besparen, dat hij zelf hanteerde, is op termijn zeker onvoldoende. Het moet beter en creatiever kunnen. Maar ja, daar kom je zomaar niet op, denkend binnen al je kaders. Daarvoor heb je mensen nodig die geen kaders kennen. De gekken… doe eens normaal!

Creatief zijn we allemaal

Creativiteit is een concept waarmee ik al jaren worstel. Misschien zelfs al mijn hele leven. Is iedereen creatief of zijn maar een paar mensen dat? Was iedereen creatief toen hij of zij geboren werd en waarom en hoe hebben we dat dan afgeleerd? Veel vragen die eigenlijk om een wetenschappelijk antwoord vragen. Althans, de verleiding om dit onderwerp nu eens degelijk en wetenschappelijk te gaan benaderen is erg groot. Zo groot zelfs dat ik er stapels boeken over lees. De uitkomst daarvan voor mij is dat ik al gauw minder creatief word. Het concept creativiteit wordt steeds complexer, totdat ik het vermoeden krijg dat bijna niemand creatief is. Terwijl ik in mijn presentaties en workshops altijd beweer dat iedereen creatief is. Maar dat is niet te bewijzen. Ik zie dat sommige mensen er wel van opklaren als ik zeg dat iedereen creatief is. Blijkbaar geeft dat toch hoop.

"Creativiteit vereist 1% inspiratie en 99% transpiratie". Creativiteit is heel hard werken. Althans, volgens sommigen. Anderen zeggen juist dat creativiteit in een flow tot gelukzalige momenten leidt. Positivisme en optimisme zijn ook begrippen die bij creativiteit horen. Een van de meest indrukwekkende werken over creativiteit is geschreven door Mihaly Csikszentmihalyi. Je vergeet hem nooit door die vreselijk onuitspreekbare achternaam. Hij is tevens de schrijver van het boek over Flow en van een groot aantal wetenschappelijke werken. Je moet er bij hem echt voor gaan zitten, want het leest vaak moeilijk. Maar dan heb je ook echt het gevoel dat je iets leert. Maar weinig mensen zullen ooit aan dit boek toekomen en heel weinigen zullen er doorheen komen. Je kunt je afvragen, na het gelezen te hebben, of het ooit iets zal toevoegen aan creativiteit binnen organisaties. Omdat ondernemers vaak toch al geen lezers zijn en de meeste managers geen tijd hebben of nemen om te lezen. Jammer, want dit indrukwekkende werk zou toch helpen. Mij bracht het van het ene idee op het andere. Ook Galvin beschrijft creativiteit, maar dan als een combinatie van anticipatie (een beeld van wat belangrijk wordt in de toekomst) en toewijding (doorzetten en werken aan de verwezenlijking van dat beeld). Visie en doorzetten zou ik dat willen noemen. Belangrijke eigenschappen van succesvolle ondernemers overigens. Waar gaan we heen en vervolgens maar buffelen totdat we daar zijn. Het beeld dat Galvin geeft van creativiteit spreekt me aan.

Csikszentmihalyi beschrijft de vijf stadia die een creatief proces doorloopt. Ook nuttig en wellicht behulpzaam om creativiteit binnen bedrijven te organiseren en te begrijpen. Die vijf fasen zijn: voorbereiding, broeden, inzicht (aha!), evaluatie (is het waardevol?) en uitwerking. Dit betekent dat een creatief idee dat niet wordt uit- of ingevoerd eigenlijk geen waarde heeft. Hij beschrijft ook kenmerken van creatieve mensen wat mij ertoe brengt te denken dat niet iedereen creatief is. Terwijl ik toch altijd dacht dat ieder mens creatief kan zijn. Althans, creatief was op zeer jonge leeftijd. Schieten we daar dan wat mee op, dat iedereen creatief was? Ja, volgens mij wel, want als we in staat zijn de diepe bronnen aan te boren dan maken we mensen weer vrij in hun hoofd, en in staat tot creatieve ideeën. Wellicht niet de briljante creativiteit die de types van Csikszentmihalyi (ik gebruik nu verder de hoofdletter C. als ik het over hem heb) beschrijft, maar voldoende om een organisatie wat op te schudden. C. beschrijft specifieke kenmerken die creatieve mensen anders maken dan anderen. Hij zegt dat creatievelingen een neiging hebben tot gedachten en handelingen die in de meeste mensen niet samengaan. Tegenstrijdige uitersten, ze zijn geen "enkeling", maar een "veelheid". Aldus C. Gelukkig beschrijft hij toch dat ieder mens creatief is en dat dat ons onderscheidt van alle levende wezens.

Iets creatiefs

Maar helpt dit ons nu een beetje? Ik denk van wel als het gaat om een begrip van creativiteit, maar helemaal niet als we er iets mee willen binnen onze organisatie. Overigens ben ik wel bereid mijn mening dat ieder mens creatief is iets bij te stellen. Maar dan misschien tot het niveau dat ieder mens iets creatiefs in zich heeft, de een wat meer dan de ander. Zonder het bestaan van creativiteit zou de wereld vergaan, zouden ook organisaties vergaan. Sterker, ik denk dat zonder creativiteit bedrijven niet zouden ontstaan. Ondernemers, starters, beschikken in mijn ogen dan ook over een vaak omvangrijke hoeveelheid creativiteit. Bedenken iets, zien dat al helemaal voor zich en zijn vervolgens met grote volharding in staat om vorm te geven aan hun idee, hun droom. Ondernemers zijn dan ook vaak die door C. omschreven veelheid. Dat wordt wel eens als warrig omschreven. Springend van de hak op de tak, van idee naar idee. Overlopend van energie om die ideeën tot uitvoering te brengen. Veel van de kenmerken en eigenschappen die C. toedicht aan creatievelingen zie je terug bij ondernemers.

Het is dus een grote creatieve daad om een bedrijf te starten en net zoals bij het voortbestaan van de aarde vergt ook het voortbestaan van elk bedrijf een hoge mate van creativiteit. En daar gaat het vaak mis. Daar

Ik denk dat zonder creativiteit bedrijven niet zouden ontstaan.

wil ik het verder in dit hoofdstuk over hebben. Want met name in de huidige tijd lijken veel organisaties ten onder te gaan aan een enorm gebrek aan creativiteit. Aan een enorm gebrek aan ondernemerschap. Men legt het moede hoofd in de schoot en weet niet meer wat te doen. Een tijdje geleden stond in Het Financieele Dagblad een foto van een manager die met zijn hoofd in zijn handen zat. Het bijbehorende artikel beschreef het fenomeen dat de meeste managers niet weten wat ze moeten doen om uit een crisis te komen. Daar ontbreekt het positieve en optimistische van creativiteit dus duidelijk.

Creatieve omgeving

Een van de belangrijkste misvattingen in bedrijven is vaak toch wel dat men denkt creativiteit te kunnen leren in een cursus of een training. Ik zie het voor me; stuur mensen een paar dagen naar een training en hoepla, het bedrijf is gered. Overigens groeien en bloeien dergelijke trainingsinstituten, dus het geloof erin is wijdverbreid. Maar het is in mijn ogen veel belangrijker om mensen in een creatieve omgeving te brengen dan om hen in creativiteit te trainen. Kosten voor beide lijken me even hoog. Een creatieve omgeving. Hun bedrijf wordt een creatieve omgeving. Ik ken nauwelijks bedrijven die creatieve omgevingen zijn. De gebouwen, de meubels, de muren, de regels en procedures, de aan-names en het ontslag, dat alles is zo gevormd dat het creativiteit uitsluit. Verklaringen daarvoor zijn er veel, maar een ervan is dat managers een grote behoefte hebben aan controle. Bij de overheid heeft dat geleid tot een ziekelijke hoeveelheid regels, hopende dat die regels elke onzeker-heid en fout uitsluiten. Wat natuurlijk niet zo is, want de omringende wereld en de mensen daarin zijn creatief. We hebben dus een stelsel dat zou moeten leiden tot absolute voorspelbaarheid, terwijl we weten dat absolute voorspelbaarheid het einde van creativiteit en dus het einde van de wereld betekent.

We moeten even doorgaan op het concept van de creatieve omgeving. Ook ik heb in al mijn bedrijven gezocht naar de sleutel tot creativiteit. En heb daarbij veel teleurstellingen opgedaan. Wie kent niet het fenomeen dat je na enkele dagen training jezelf opgeladen hebt en vol enthousiasme terugkeert op je werkplek. Om vervolgens te ontdekken dat de werkelijkheid wel heel ver af staat van hetgeen je geleerd hebt. Binnen enkele dagen of soms zelfs binnen enkele uren is je enthousi-asme verdwenen en ga je min of meer gedesillusioneerd over tot de orde van de dag. Je bent teruggeworpen in een niet-creatieve omgeving.

Waarom hebben we die omgeving dan niet? Vinden we dat eng en gevaarlijk? Is het niet zakelijk? Hebben we altijd een reden om eerst iets anders te doen? Net zoals met duurzaamheid. Iedereen spreekt volop over duurzaamheid, maar zodra er een financiële crisis is wordt duurzaamheid even in de ijskast gezet en is het fenomeen het eerste slachtoffer van de bezuinigingen. Zo ook het lot van creativiteit.

Ik ken nauwelijks bedrijven die creatieve omgevingen zijn.

Mag nog wat creatiever...

Let op je genen

Aan een van de oprichters van Google werd ooit de vraag gesteld waarom zijn bedrijf zo innovatief is. Blijkbaar vond hij die vraag wat moeilijk te beantwoorden. Maar zijn antwoord luidde uiteindelijk "het zit in onze genen". En daar ligt het antwoord! Elke medewerker heeft genen en als iets in de genen van een bedrijf zit dan moet het ook in de genen van alle medewerkers zitten. Bij de selectie en aanname van alle nieuwe medewerkers moet dus rekening worden gehouden met creativiteit. En dan bedoel ik in alle rangen en standen. Van directeur tot secretaresse, van schoonmaker tot onderzoeker. Iedereen moet in belangrijke mate geselecteerd worden op creativiteit. Ik kan me niet herinneren dat ik in vroegere selectierondes (die ik overigens maar weinig heb meegemaakt) ooit beoordeeld werd op creativiteit.

De HR-medewerkers hebben dus een belangrijke rol bij de ingang. De directie heeft een belangrijke rol bij het aangeven van de wens dat alle medewerkers een hoge mate van creativiteit moeten hebben. Maar daar ligt het begin van een lang proces, dat moet leiden tot het veranderen van de genen van het bedrijf. Je kunt je overigens afvragen of het niet makkelijker is gewoon opnieuw te beginnen. Maar dat is vaak geen optie, dus gaan we voor de moeilijke weg.

Hopelijk krijgt de lezer bij het lezen van het voorgaande al wel het gevoel dat het creëren van een creatieve organisatie niet geschiedt door mensen naar een cursus of brainstormsessie te sturen. Het is een fundamentele keuze die vanaf het moment van de keuze de cultuur van het bedrijf zal gaan veranderen. En het veranderen van een cultuur kan heel veel jaren duren. Verwacht dus geen snelle resultaten! Met enige verzuchting schrijf ik het bovenstaande, omdat ik weet hoe de cultuur van vele bedrijven in elkaar zit. Rapporteren over kwartaalcijfers, kortetermijnsuccessen bepalend voor bonussen, directeuren die maar kort op hun stoel zitten, afgerekend worden op resultaten van een paar jaar hoogstens en opgevolgd worden door andere directeuren die het dan allemaal anders willen gaan doen. Hoe moet je in vredesnaam in zo'n wereld een heel-erg-langetermijnproject aangaan als het veranderen van de genen van een bedrijf. Moet je dat dan maar niet gewoon vergeten en proberen er het beste van te maken? Nou nee, zoals gezegd creativiteit brengt positivisme en optimisme en dat kunnen we voorwaar wel gebruiken.

Aan het werk

Dus, we gaan er toch maar mee aan de slag. In kleine stapjes. En we moeten wel! We pakken drie terreinen aan: de instroom, de omgeving en de stimulering. Over de instroom heb ik het al gehad. Dat gaat over het selecteren van nieuwe medewerkers. Het is niet zo moeilijk om daar een belangrijke component aan toe te voegen. Of, zo die component er al is, het element creativiteit sterk te verzwaren. Dan komt de omgeving, de plek waar medewerkers in terugkomen na hun training in creativiteit. Hoe ziet dat er fysiek uit. Ik ben daar zelf erg gevoelig voor. Overigens schrijft C. dat het voor de echte creatievelingen niet zoveel uitmaakt in welke omgeving ze zitten. Bekende componisten en schrijvers hebben vaak in erbarmelijke omgevingen hun grootste kunstwerken gecreëerd.

Omgeving bestaat uit twee componenten; de fysieke omgeving (het kantoor) en de gevoelsmatige omgeving, bestaande uit collega's, regels procedures, noem maar op. Niet verbazingwekkend dat creatieve bedrijven vaak in aparte omgevingen zitten, zoals oude pakhuizen, herenhuizen, campussen of boshutten. Raar dat die creatieve omgevingen vaak nog goedkoper zijn als kantoor dan de conventionele opslagplaatsen van medewerkers. Keurig in hokjes waar zelfs normen gelden voor het aantal vierkante meters per medewerker en het aantal vierkante meters hal en gang per medewerker. Want gangen en hallen zijn niet-productieve ruimtes, zoals het vaak genoemd wordt. Nergens voor geschikt. Zelfs niet voor concerten van het medewerkerskoor of tentoonstellingen van schilderwerken die thuis geproduceerd zijn.

Ik zou willen zeggen dat het veranderen van de fysieke omgeving het makkelijkste onderdeel is van het creëren van een creatieve omgeving. Hoewel ik me kan voorstellen dat heel wat managers dat nog een erg enge stap vinden, want het is wel tamelijk zichtbaar. "Moeten we ons niet bezighouden met het bestrijden van de crisis voordat we over dergelijke onzin gaan nadenken!" hoor ik hen al uitroepen. Dat het creëren van een inspirerende en creatieve omgeving weleens de weg voorwaarts zou kunnen zijn zoals in de aanvang van dit hoofdstuk beschreven wordt ontgaat hen dan volledig. We moeten voorwaarts, we moeten de weg omhoog terugvinden, we moeten onze medewerkers gemotiveerd en optimistisch houden… en daar gaan we dus actief aan werken. Het goede nieuws; het kost niks. Tja, dat is dan wel weer verleidend. Kost het dan ook geen tijd? Nee, want we pakken dit project aan met een aantal gemotiveerde medewerkers die bereid zijn daar vrije tijd in te investeren. Tja, zo maak je het wel erg makkelijk; het kost geen geld en geen tijd.

Het kost geen geld en geen tijd.

Maar wat ga je dan doen? Dat vragen we aan iedereen die aan het project wil meedoen, want iedereen heeft zo zijn of haar eigen ideeën als het gaat om een inspirerende, energiegevende omgeving. Inventariseer de gedachten en ga aan de slag. Ik zou beginnen met gangen en hallen en andere plekken waar medewerkers zich verzamelen, zoals koffieplekken, kantines, sporthallen, et cetera.

Een moeilijker deel van de omgeving zijn de regels en procedures. Maar ook daar zal een wending gegeven moeten worden die op het aller-hoogste abstractieniveau neerkomt op het omzetten van wantrouwen in vertrouwen. Regels die uitgaan van het vertrouwen in medewerkers zijn fundamenteel anders dan regels die ervan uitgaan dat elke medewerker een boef is. Ik geef toe, dit wordt een zware dobber, want hier moet je het gevecht aangaan met vele functionarissen die hier hun brood mee verdienen, de controlenichten en -neven. Die zullen je onmiddellijk voor de voeten werpen dat dit tot grote fraude en bedrog en dus verlies gaat leiden. En misschien is dat ook wel een beetje waar, maar de winst in de vorm van vrijheid in de hoofden van medewerkers en de positieve werksfeer levert natuurlijk veel meer op.

Probeer niet van bovenaf alles tegelijk te veranderen, maar begin op je eigen niveau. Pas kreeg ik een mail van een medewerkster van een telecombedrijf die graag naar een lezing van mij wilde komen die binnen haar bedrijf zou gaan plaatsvinden. Maar haar baas vertelde haar dat de kosten, vijftig euro (!), niet meer pasten in haar persoonlijk opleidingsbudget. Moet je nagaan, de onzin van die regel. Ik heb haar teruggemaild: "kom er maar gewoon stiekem bij zitten… niks aan je baas vertellen". En zo geschiedde. Overigens, naast het feit dat ik zoiets nou nooit aan mijn baas zou vragen, was mijn reactie aan hem geweest: "dan betaal ik dat wel zelf". Vijftig euro investeren in mijn eigen ontwikkeling wil ik wel doen.

Niks aan je baas vertellen.

Nieuwe wereldorde uit ouwe troep

Lees je ook weleens een krant? Niet meer doen hoor. Althans, dat was het advies dat ik pas van een wijze, oude vrouw kreeg. Het helpt je namelijk niets, was haar stellige overtuiging.

Nou ja, lees je weleens een krant? Ja toch. Valt het slechte en negatieve nieuws dan ook zo op? We groeien op in een wereld die angst cultiveert. Angst voor oorlog, angst voor verkrachtingen, angst voor bosbranden, angst voor glibberige wegen, angst voor inflatie of deflatie, angst voor een crisis, welke dan ook. Je zou bijna denken; alles is goed, zolang het maar een crisis is. Een angstcultuur. Ik weet ook wel dat angst voor een oorlog een geweldige drijfveer is voor de immense defensie-industrie en dat angst voor het ineenstorten van financiële systemen politici soms goed uitkomt. Of dat de nationale hulppakketjes (of hoe die onzinpakketjes met een paar kaarsen en lucifers dan ook mogen heten) beter verkopen als we maar bang genoeg zijn voor een overstroming of stroomuitval.

Als we maar bang genoeg zijn.

Het valt je vast op dat goed nieuws niet belangrijk is en eigenlijk niet meetelt. En om vooral maar niet te laat te zijn met slecht nieuws, tuimelen de journalisten vaak over elkaar heen om als eerste, en vaak onjuist, te berichten over nog meer slechtigheid. Dus het niet meer lezen van kranten hoeft niet per se tot een depressie te leiden. Eerder het tegenovergestelde, heb ik gemerkt tijdens de weken van afzondering tijdens het schrijven van dit boek. Ver weg ergens in de bergen schreef ik wekenlang, zonder nieuws op tv of in kranten. Ik heb er weinig door gemist, en werd eigenlijk steeds optimistischer. Optimistischer over de nieuwe wereld die voortkomt uit de oude rotzooi. Want het was natuurlijk niet fraai wat we er met z'n allen van aan het maken waren.

Grote Depressie

Ik laat mijn gedachten even de vrije loop en geef geen enkele garantie over de toekomst. Laten we ons hier beperken tot de crisis die in het begin de Financiële Crisis werd genoemd, maar inmiddels al de Grote Depressie van 2009 heet. Of moeten we er een nog imposanter naam aan geven? Want het is toch echt de grootste crisis aller tijden. Heerlijk toch, stel je voor dat er een veel grotere crisis was geweest. Dan was deze niet belangrijk.

"Nee, zoiets als dit heb ik nog nooit eerder meegemaakt" en "Het tempo waarin alles inzakt, is wel erg bijzonder". Ook weleens gehoord, dit soort van wijsheden waarmee we verder ook niks kunnen. Maar goed, klinkt wel imposant. Ik sprak met een deskundig iemand, voor wie ik veel respect had. Maar zelfs die persoon vertrouwde me tijdens een eenvoudige lunch toe dat, als alles mis zou gaan en geld geen waarde meer had, hij altijd nog terug kon vallen op zijn groentetuin. Mijn mond heeft toen wel enige minuten opengestaan, alhoewel ik weet dat dat onbeleefd is, zeker als er nog eten in zit. Onvoorstelbaar… de groentetuin. Heel eventjes liet ik me meeslepen en probeerde me voor te stellen dat ook wij achter in onze achtertuin aardappels en sla zouden gaan telen. Natuurlijk ook kippen houden en misschien zelfs een varken. Als de buren daar tenminste geen stankoverlast van hebben. Iedereen naar de boerderieje!

We krijgen een nieuwe wereld, zonder geld. We gaan gewoon weer ruilen, met voedsel op markten. Al snel zouden daar dan weer stiekem kraampjes tussendoor gaan staan, waar waardepapieren verkocht gaan worden. Zodat ontdekkingsreizigers, die dan natuurlijk weer met zeilboten de wereld over gaan, in verre landen kunnen betalen. Internet is afgeschaft en allerlei andere dingen die we nu normaal vinden zijn allemaal weg. Maar het is echt waar dat de betreffende man serieus was in zijn commentaar. Ook nog gewoon commissaris is bij een beursgenoteerd bedrijf. Lekkere adviesjes zal hij daar geven.

Wordt alles dan anders? Gaan we over tot een heel andere economische orde? Financieel specialisten denken vast van wel, maar ja, van hen kunnen we sinds 2008 niet meer op aan. Toen wisten ze het niet, dus waarom zouden ze het nu wel weten, vraag ik me af. Hoe zou de nieuwe economische orde er uitzien? Anders dan nu of gewoon weer hetzelfde zodra iedereen weer gewend is aan de huidige status quo? Want we zullen er snel aan gaan wennen, zeker als we er eigenlijk niet heel veel van merken. Want mensen wennen nu eenmaal aan alles, hoe leuk of slecht het ook is. Toen tientallen jaren geleden de eerste doden live en schermvullend op tv te zien waren tijdens het Journaal, werd daar alom schande van gesproken. Dat kon je toch zo maar niet laten zien, die choquerende beelden. Zeker niet tijdens het Acht-uur Journaal, als er nog kinderen kijken. Jaha, dat waren echt discussies. Maar al snel verdween dat gesprek, want mensen wennen eraan. Sterker nog, vooral voor kinderen maken we er spelletjes van, waarbij je zo snel mogelijk zoveel mogelijk mensen dood moet maken. Hartstikke leuk joh, het bloed spat van je beeldscherm af. Ik vraag me af hoe lang het duurt voordat de supergame "Crisis101" of iets dergelijks in de winkel ligt. Leuk.

Mensen gaan wennen aan de crisis.

Wordt het ooit anders?

Wat een zegen

Worden we beter van de huidige megacrisis of blijft alles bij het oude? Ik denk dat we erop vooruit zullen gaan. In alle eerlijkheid en als econoom verwacht ik dat deze crisis een *blessing in disguise* is. Dat het goed voor ons is wat er gebeurt. Laat me dat maar even uitleggen, voordat je denkt dat ik nu echt gek geworden ben. Overigens is dat vaak zo met een *blessing in disguise.* Wordt op het moment dat-ie zich voordoet nooit als zodanig herkend.

Allereerst, het risico dat we lopen dat alles binnen dertig jaar weer hetzelfde is, is tamelijk groot. Maar wat er over dertig jaar gebeurt, zal menigeen een zorg zijn, want die leeft dan niet meer. De kans dat bedrijven weer op dezelfde manier geleid gaan worden is tamelijk klein, zeker op korte termijn. Men ziet in dat het niet alleen om geld gaat en dat het genieten van mensen ook een waarde heeft. Komt dat door de crisis? Nee, dat komt omdat onderzoek heeft uitgewezen dat de jongere generaties meer waarde hechten aan hun tijdsbesteding dan de ouderen. Die denken dat hard werken en sparen hen een goede "oude dag" opleveren zal. Als die oude dag er ooit komt.

Het feit dat duurzaamheid of sustainability nu even snel verdwijnt als opkomt, heeft met de huidige generatie te maken, daar ben ik van overtuigd. Hoewel het een schande is, is het wel begrijpelijk. Korte-termijndenken is van deze tijd, of beter: was van deze tijd. Het korte-termijndenken blijft nog even, want we moeten snel (op korte termijn) de crisis te lijf. Maar zodra dat gedaan is, zal fundamenteel worden nagedacht over de langere termijn. Want dit mag toch niet nogmaals gebeuren... Zal het weer gebeuren? Waarschijnlijk wel, want mensen zijn nu eenmaal mensen. Maslow had gelijk met zijn piramide. En na de westerse economie komt ook de oosterse, die mensen rijk wil maken. Als ze het al halen, voordat de krapte van de grondstoffen toeslaat.

Maar nu naar de ultrakorte termijn. Mensen gaan wennen aan de crisis en daardoor verdwijnt die crisis een beetje. Mensen gaan eraan wennen dat ze iets minder te besteden hebben. Dat is nu al aan de hand. Is jullie opgevallen dat iedereen bij elk probleem onmiddellijk roept om een ingrijpen van de overheid? De overheid moet met fondsen klaar staan om elke sector te redden. Met de bankensector voorop. Waarom? Tja, ik denk dat de reden dezelfde is als de diepe fundamentele angst die ik eerder in dit hoofdstuk beschreef bij de ervaren manager. Stel dat de financiële sector instort. Wat dan?

De hebzucht overwon

Laat maar rustig instorten. Komt er vanzelf een nieuwe.

Laat maar rustig instorten, zou ik zeggen. Komt er vanzelf een nieuwe. En een betere bovendien. Het zou me niet verbazen als die nieuwe financiële sector zich al aan het vormen is, want zoals in elke sector zitten ook daar veel slimmeriken. De een zijn dood is de ander zijn brood. De ene zwakke bank stort in en de andere wordt daardoor steviger. Verdwijnt geld dan als ruilmiddel? Nee, ik voorspel dat dat niet het geval zal zijn. Om de simpele reden dat ik niet weet wat ervoor in de plaats moet komen. Dus mijn eerder genoemde ervaren manager kan rustig slapen en hoeft geen sla te gaan kweken. Maar zullen bedrijven dan ook op dezelfde manier geleid gaan worden, met dezelfde kramp-achtige kwartaalgedrevenheid? Bij mij is natuurlijk de wens de vader van de gedachte en het antwoord is nee. Of we helemaal overgaan op het Rijnlandse model waag ik te betwijfelen, maar de jacht naar meer en meer zal verwerpelijk en kinderlijk worden. Infantiel, denk ik zelfs. Achterlijk hoge bonussen, behaald met resultaten van jouw en mijn geld zullen, voorlopig althans, tot het verleden behoren. Maar of dat nooit terugkomt? Banken hebben ooit eerder door onzorgvuldig handelen met andermans geld heel veel verloren. Wetgeving daarna zorgde ervoor dat dit nooit meer kon gebeuren, maar de hebzucht van de mensen zorgde ervoor dat die wetgeving weer werd opgeheven en zodoende ontstonden de huidige problemen. We wisten het wel, maar de hebzucht overwon. Het bestuderen van de geschiedenis is zo gek nog niet.

Het is, anders dan statistisch, moeilijk aan te geven wanneer een crisis stopt. Stopt die wanneer we eraan gewend zijn en gewoon verder leven op een andere voet? Of stopt de crisis als het statistisch zo is? Natuurlijk het eerste. Wie maakt zich nog druk over statistieken? En hoe moet het dan met duurzaamheid, waarvan het belang nu als sneeuw voor de zon verdwijnt? Welnu, dat belang van duurzaamheid komt vanwege de smeltende sneeuw even hard weer terug. Mensen wachten nu af, maar willen uiteindelijk toch een nieuwe PC, een nieuwe auto (maar zuiniger, gelukkig), een zuiniger nieuw huis, nieuwe kleding. Na een aarzeling van wellicht een jaar of twee komt er weer een aankoopgolf. Maar die golf zal anders gaan worden, omdat mensen inmiddels gezien hebben dat het ook anders kan. Dat het ook met minder kan. Dat zal een van de vele verworvenheden zijn van de huidige crisis. Minder is ook goed. Bovendien is minder noodzakelijk. En daar komt de blessing stiekem om de hoek kijken. Want de grondstoffen voorraden van de wereld raken gewoon op, crisis of niet. Water wordt schaars en dat begint mondjesmaat duidelijk te gaan worden. Olie kunnen we niet opdrinken, en nu al is water een veel groter probleem dan olie. Voor olie bedenken we wel iets anders, kernenergie of windenergie. Ik weet het niet. Maar een alternatief voor water? Duurzaamheid zal als een boemerang terugkomen. We bezuinigen er nu op vanwege de crisis, maar het zal niet veel jaren duren voordat we moeten erkennen dat er ook dingen zijn waarop we niet kunnen bezuinigen. Er gaan problemen ontstaan die groter zijn dan oorlogen. En die moeten we gezamenlijk oplossen.

Er gaan problemen ontstaan die groter zijn dan oorlogen.

Wat na aan mijn hart ligt, is de structuur en cultuur van bedrijven. De slinger van de klok slaat nu keihard door naar meer controle en bezuinigingen. Maar zoals met elke klok zal ook deze slinger weer terugbewegen. Naar meer vrijheid en meer ondernemerschap. Noodzakelijk om te overleven, want het besef dat de markt buiten de muren van elk bedrijf ligt zal ontegenzeggelijk door gaan dringen. Ondernemerschap brengt onduidelijkheid en onzekerheid met zich mee. Dat moeten we weer leuk gaan vinden. Nu al merk ik dat menigeen het gewoon vervelend vindt dat er weer een "weerwaarschuwing" komt van een of andere overijverige ambtenaar. Hoe lang gaat het duren voordat elke burger een toiletschema gaat ontvangen, waar en wanneer hij moet p...... en p....? Er is echt sprake van een overmatige verzorging door overheden en dat zal gaan verdwijnen. Waarom? Omdat mensen dat uiteindelijk vervelend vinden. Mogen ze alsjeblieft zelf bepalen wanneer iets gevaarlijk is?

Bijna alles blijft

Misschien is het wennen aan minder wel de grootste zegen van de huidige crisis. Minder is eigenlijk ook wel okay, toch? Weer even terug naar de basis, even voor onszelf zorgen. En banken, tja, dat weten we allemaal wel. Dat wordt weer als vroeger. Zorgen dat geld stroomt en verder geen gekke dingen. Dat doen we gewoon weer zelf, als we dat al willen. Banken worden weer ouderwets, een beetje saai, maar wel safe. Verdwijnen banken? Nee, nooit. Of ze het nou doen met euro's, dollars, ponden of schelpen. Ruilen blijft een basisbehoefte van de mens en daar heb je een middel voor nodig. Wat dat dan ook is.

De beurs, wat gebeurt daar dan mee? Toen ik economie studeerde werd mij geleerd dat elk bedrijf een soort van waarde heeft. Daar zijn diverse methoden voor, waarvan de intrinsieke waarde er een van is. Die intrinsieke waarde, gedeeld door het aantal aandelen, zou dan de waarde per aandeel moeten zijn. Ook daar is de afgelopen tientallen jaren iets ernstig mis gegaan. De beurs, waarop die aandelen verhandeld worden, is verworden tot een soort van casino. Ook daar zie ik op korte termijn een terugkeer naar het aloude systeem, omdat dat de basiswaarden weergeeft. En dat betekent voor sommige bedrijven een teruggang naar een lagere beurswaarde, maar voor anderen een verhoging. Jammer dat niet alles hetzelfde zal zijn, maar het is nu eenmaal niet anders. Als je al wilt beleggen, en weinigen durven dat op dit moment, kijk dan naar de echte achterliggende waarde en dan zul je een heel eind komen.

En uiteindelijk wordt niet alles weer gewoon zoals het was. Jammer misschien, maar de tijd haalt ons gewoon in. De tekorten aan grondstoffen blijven, de hebzucht blijft, bedrijven blijven bestaan, maar we moeten het anders gaan doen. De teruggang naar een nieuw en lager niveau van leven zal volgens mij blijven bestaan en dat is goed. Althans, het is een betere uitgangspositie voor een toekomstgericht beleid dan de positie die we hadden voordat de Grote Crisis uitbrak. Hoewel de reden van het ontstaan van de crisis niet goed was, zullen we op termijn dankbaar zijn dat er plotseling hard een rem werd gezet op de gekte die toegeslagen had. Met z'n allen renden we heel hard af op de onvermijdbare afgrond. En nu staan we even stil. Tijd om heel goed na te denken of we zo door willen gaan.

En uiteindelijk wordt niet alles weer gewoon zoals het was.

Waar haal ik
de energie vandaan…

Zelf realiseer
ik me dat ik in
het verleden
veel te weinig
waarde heb
gehecht aan het
bewaken van de
genenstructuur
van mijn
bedrijven.

Ik zie het als een ultiem doel om de genen van een organisatie te wijzigen, zodat een creatieve organisatie ontstaat. Startende ondernemers hebben het wat dat betreft een stuk makkelijker. Die bepalen vanaf het begin de genen. En het leuke is dan dat een startende ondernemer vaak inspirerend is en veel energie afgeeft. Doordat hij of zij met veel passie werkt aan het realiseren van een droom.

Het vasthouden van die creativiteit is toch moeilijker dan menig ondernemer zich realiseert. Ook ik had bij mijn eerste bedrijf al snel een neiging tot regelen van dingen. Bij twintig medewerkers bedacht ik al regels om de zaak onder controle te houden. En bij vijftig had ik managers die aan mij rapporteerden en die nog veel meer dan ik de neiging hadden de boel te controleren. Kun je nagaan wat er gebeurt als er ineens vijfduizend of vijftigduizend mensen werken. Dan heb je daar als startende ondernemer weinig tot geen invloed meer op. Of toch wel? Bij Google denken de oprichters dat ze nog steeds veel invloed hebben op de genen. Ik hoorde dat nog steeds, terwijl er al duizenden mensen bij het bedrijf werken, de oprichters van Google een rol spelen in het aannameproces van nieuwe medewerkers. Goh, dat had ik ook moeten doen. Bij Google wordt nog steeds het laatste oordeel over potentiële nieuwe medewerkers geveld door de oprichters. Ze bewaken de genenstructuur van het bedrijf.

Dus ook ondernemende mensen kunnen, zonder dat ze het in de gaten hebben, al tamelijk snel de genen van een bedrijf laten veranderen. Of laten veranderen door goedbedoelende managers. Om over kwaadbedoelende managers maar niet te spreken. Zelf realiseer ik me dat ik in het verleden veel te weinig waarde heb gehecht aan het bewaken van de genenstructuur van mijn bedrijven. Dat kost dus moeite en energie. *Hard work!* Ik denk dat Eckart Wintzen bij BSO dat veel meer bewust deed, of wellicht zelfs onbewust. Toen ik daar aantrad en zijn werkkamer betrok, zag ik hier en daar nog restanten van die genenstructuur.

Zoals het verfomfaaide Japanse tuintje op het balkon en de verschillende zitjes, van gezellig tot zakelijk. Tegenwoordig vergader ik het liefst voor een brandende open haard. Vind ik zelf heerlijk en ik heb nog nooit een gast meegemaakt die dat niet vond. Wat wil ik toch graag bij Leen op bezoek, die daar zo gezellig zit voor zijn open haard. Eindelijk rust. Tja, het is maar hoe je het bekijkt.

Uit een boek?

We gaan het hebben over stimuleren van creativiteit, het derde aspect van een creatief bedrijf. Daar helpt het boek van Csikszentmihalyi ons echt niet bij. De kleine lettertjes en vele ingewikkelde passages remmen in sterke mate creativiteit af, is mijn ervaring. Maar ik denk dat C. zijn boek niet schreef om creativiteit te stimuleren. Een leuke en grappige man die dat wel heeft gedaan is George Parker. Ik noem hem een tovenaar, maar illusionist is wellicht een beter woord. Ooit heeft hij deel uitgemaakt van een programma dat ik deed bij een grote multinational om de directeuren en managers aldaar creatiever en ondernemender te maken. Een aanrader, hoewel de meeste deelnemers hem in eerste instantie maar een vreemde vogel vonden. Wat op zich al heel prima is natuurlijk! Stel je voor dat ze hem niet raar gevonden hadden. George Parker schreef twee boeken over creativiteit, namelijk het Grote en het Kleine Boek. Het leuke van die boeken is dat er heel veel praktische voorbeelden in staan die je onmiddellijk kunt gebruiken om creativiteit te stimuleren. Voorbeelden die je begrijpt en die werken. Volgens mij gaat George er ook vanuit dat ieder mens creatieve vermogens heeft. Gelukkig. Maar die creatieve vermogens moeten wel getraind worden. Ook hij geeft aan dat creatieve mensen energie uitstralen, waardoor anderen graag in je omgeving zijn. Je inspireert dus anderen tot daden. Over stimuleren gesproken.

Voordat ik verder ga over het stimuleren van creativiteit, wil ik hier eerst een bedenking beschrijven over het nut van boeken in het algemeen, zowel boeken van anderen als mijn eigen boeken. Kunnen boeken mensen helpen om ook echt iets te gaan doen? Hoe komt het dat mensen die lezen vaak zeggen "zo moet het", maar het dan vervolgens niet gaan doen? Om gedachten en wensen om te zetten in daden, is nog iets anders nodig. En haal je dat uit een boek? Mijn Baard-boek ('En nu laat ik mijn baard staan') heeft tienduizenden mensen aangeraakt, waarvan velen gedacht hebben dat het zo moet. Duizenden kwamen naar mijn lezingen en raakten geënthousiasmeerd. Maar ik vermoed dat slechts tientallen de stap maakten en tot actie overgingen. Of schat ik dat aantal nog te hoog in? Deze bedenking komt bij mij zo vaak terug dat ik het nut van boeken voor het aanzetten tot actie sterk betwijfel. Desalniettemin geef ik de moed niet op en probeer ik zo concreet mogelijk te beschrijven wat je kunt gaan doen en probeer ik de kleinste drempeltjes weg te nemen. Misschien helpt het. Ik ben optimistisch en ben dus al blij met die weinigen die gaan bewegen.

Kunnen boeken mensen helpen om ook echt iets te gaan doen?

Grote mislukking

Medewerkers naar trainingen en cursussen sturen waarbij ze leren creatief te denken, is niet helemaal weggegooid geld. Maar de goede lezer hoort mijn kritische ondertoon hopelijk. "Niet helemaal", is de goede woordkeuze. Want het zet niet veel zoden aan de dijk. Neem het programma dat ik eerder noemde, waar George Parker bij betrokken was. Het was ons doel om de directie van die multinational creatiever en ondernemender te maken. Nou, dat is mislukt.

Het heeft me jaren gekost om dat toe te geven, maar daarna heeft die mislukking me behoorlijk geholpen om te bekijken hoe dit wel zou moeten. De leiding van de betreffende organisatie was zich er terdege van bewust dat ondernemerschap en creativiteit de basis zouden moeten leggen onder de toekomstige ontwikkeling en dat het dus van cruciaal belang was om deze twee zaken te stimuleren. *So far, so good.* Maar ik had iets heel belangrijks over het hoofd gezien. Iets kleins, maar belangrijke dingen zijn vaak venijnig klein. Als een directie tot het inzicht komt dat creativiteit en ondernemerschap belangrijk zijn dan is dat goed nieuws. Wat je je echter onmiddellijk moet afvragen, is wat die directie bedoelt met die twee woorden. Want diezelfde directie is heel erg vaak niet ondernemend en creatief. Of is dat nooit geweest. Iemand die nooit ondernemer is geweest kan wel vragen om meer ondernemerschap, maar weet eigenlijk niet wat hij vraagt. Iemand die nooit creatief is geweest kan wel vragen om creativiteit, maar weet niet wat dat dan gaat betekenen. Nou en, kun je je afvragen. Maakt dat wat uit dan? Tja, als iemand om meer ondernemerschap vraagt en niet weet wat dat betekent, dan schrikt zo iemand zich rot van de eerste ondernemende actie die plaatsvindt. De eerste creatieve actie die zich voordoet, jaagt hem de stuipen op het lijf. De in zijn ogen onbeschrijfelijke chaos die de eerste kleine ondernemende stapjes opleveren leveren reacties op die elke vernieuwing in de kiem smoren. En daarom mislukken de meeste programma's ter stimulering van creativiteit jammerlijk. Het verwordt vaak tot kortstondige oplevingen die niet in de buurt komen van het veranderen van de genen.

De kunst van het laten slagen van dergelijke programma's, is de kunst van het loslaten. Loslaten van de angst die toeslaat zodra de knop die je als directie hebt omgezet ook daadwerkelijk tot gevolgen gaat leiden. Programmaleiders zijn vaak zo blij met nieuwe groepen en opdrachten (weer omzet, ja) dat ze deze kernproblemen maar over het hoofd zien. Als ze die problemen al überhaupt onderkennen. En maar klagen dat de training geen effect heeft. Het moet dus anders worden aangepakt, dat is duidelijk. Wat mij in het programma van betreffende multinational wel opviel, is dat de directieleden en managers die meededen wel enthousiast waren. Alhoewel, misschien maar de helft. De anderen zaten erbij omdat het moest en deden voor de schijn mee. Dat was schrikbarend duidelijk. Die mensen kun je beter terugsturen naar hun veel belangrijker taken. Dan blijft er een groep over die echt wil en die vaak dus ook iets meer daadkracht heeft. Het benoemen van een dergelijke scheiding en het aangeven dat dat niet erg is, helpt wel heel erg. Zodat de mensen die halverwege het programma zich niet als mislukkelingen terugmelden op de zaak. Dat helpt namelijk noch hen, noch de mensen die enthousiast doorgaan en die volgeladen met ideeën terug gaan komen in de organisatie. Stuurden wij de niet-willenden terug? Nee, helaas, die lieten we erbij zitten en die hielden de boel danig op.

Volgend leermoment was het plaatsen van het programma in de werkelijke wereld. Bij alles dat we deden, probeerden we de echte wereld te betrekken. Dus werkelijk naar buiten gaan, echte klanten bezoeken en echt geld verdienen. Het echt maken en direct omzetten in daden tijdens de training, maakte het tastbaar voor zowel deelnemers, klanten, maar ook directie. Stel je voor, een training over creativiteit die een omzet-target met zich meedraagt. We gaan naar de training en dat brengt 50.000 euro op. Is toch heel wat anders dan de normale kostenposten voor trainingen. Waarom gebeurt dat dan verdorie toch niet veel meer? En nu komen we aan een ander belangrijk leerpunt: omdat veel trainers van creativiteit en ondernemerschap net zoals de eerder genoemde directie evenmin creatief en ondernemend zijn. Hola, da's wel een serieus probleem. We hebben nu twee fasen gehad waar gesproken is over creativiteit en ondernemerschap door mensen die niet echt weten wat dat dan betekent. Ja, je kunt mensen wel stimuleren om creatief met kurk te zijn, maar wat heeft een organisatie daar dan vervolgens aan. Voel je de oplossing al langzaam aan opkomen?

De crux zit hem hierin dat het op zich nog niet zo heel erg is dat die directie niet weet wat ze vraagt, zolang de resultaten van de daarop volgende actie maar heel snel aansprekend zijn. En dan wordt het ineens heel erg belangrijk wie dan die training en inspiratie gaat geven. Dus: of je hebt een directie die weet wat ze vraagt, of je hebt een trainer die weet wat-ie doet.

Wat levert dat op?

Ik hecht als ondernemer weinig tot geen waarde aan programma's die niet met twee benen in de praktijk staan. Die niet direct om klanten en geld gaan. Stel als eis dat een training geld moet opleveren in plaats van kosten. Komt wel goed uit als er een financiële crisis is, niet?

Een training die geld oplevert, kost natuurlijk wel geld, maar levert ook in het programma al geld op. Creatieve ideeën worden samen met klanten bedacht, en zijn zo goed dat klanten er direct door geholpen worden en er dus onmiddellijk geld voor willen betalen. Hoe dit moet? Door bijvoorbeeld dergelijke creativiteitsprogramma's niet door een bedrijf te laten uitvoeren, maar door twee tegelijk. Twee bedrijven die elkaar nodig hebben mogen tijdens de training gaan werken aan oplossingen die hen beiden direct geld opleveren. Dat lijkt verdacht veel op marketing die geld oplevert in plaats van kost. Hoeveel marketingdirecteuren werken niet met een aan hen toegewezen budget? Halveer dat maar eens, maar eis hetzelfde effect. Of ze verlaten gefrustreerd het bedrijf, en dat is dan fijn want aan hen heb je niks, of ze worden creatief en bedenken marketingacties die direct geld opleveren. Creatieve marketing heet dat.

En als je hier dan eens op terugkijkt, realiseer je je dat het ondernemende creativiteit is. Die direct geld oplevert. Dan krijg je dus creatieve marketing, creatieve productontwikkeling, creatieve sales, et cetera. Creativiteit is niet meer iets vaags, maar het is direct toonbaar en vervult een voorbeeldfunctie voor zowel directie als collega's. Creativiteit levert innovaties op en een innovatie is pas een innovatie als hij in de praktijk toepasbaar is, als het werkt. Creatieve sessies die slechts leiden tot kortstondige vreugde (en die daarna vervlakken en verdwijnen in de waan van de dag) zijn niet echt creatief geweest. Zijn slechts een min of meer nutteloze tijdsbesteding.

Een hard oordeel? Wellicht, maar wel pragmatisch en waarschijnlijk de enige redding van stimulerende creativiteit. Want de bedreigingen in dit hoofdstuk beschreven zijn reëel en zo groot dat je erdoor kunt besluiten het bijltje erbij neer te gooien. Waar haal ik de energie vandaan? Uit directe en snelle resultaten die inspireren.

Creatieve sessies die slechts leiden tot kortstondige vreugde zijn niet echt creatief.

Reik naar de sterren

Nederland streeft ernaar om in 2028 de Olympische Spelen te mogen organiseren. Omdat het in 1928 de Olympische Spelen organiseerde, in Amsterdam. Is dat dan een valide reden om weer die Spelen te willen organiseren? Nee, natuurlijk niet. Maar dat wordt wel door velen gedacht, die dat idee dus onmiddellijk verwerpen en belachelijk vinden. Maar wat is hier eigenlijk aan de hand? Meer dan op het eerste gezicht zou lijken. Overigens geven die negatieve reacties ook blijk van een veel dieper geworteld gevoel. Een gevoel van minderwaardigheid vaak. Is het nou echt belangrijk om in 2028 daadwerkelijk de Olympische Spelen te organiseren of gaat het om de wens daartoe? Juist ja, de ambitie is vele malen belangrijker dan het werkelijk plaatsvinden van dat evenement.

Tussenresultaten

Let op wat er gebeurt. Zodra de wens geformuleerd wordt om in 2028 de Olympische Spelen te mogen organiseren, ontstaat er een gedreven organisatie die zich daarmee bezig gaat houden. En om gekwalificeerd te worden als land moeten alle sporten in dat land op een enorm hoog niveau staan. Moeten er allerlei evenementen worden georganiseerd waarmee het land kan aantonen in staat te zijn evenementen te kunnen organiseren. Dus met het aangeven van de droom om in 2028 het uitverkoren land te zijn treedt een mechanisme in werking waardoor elke sport in Nederland naar een hoger plan getild wordt. Waardoor de overheid meer geld gaat uitgeven aan sport. Waardoor meer mensen intensiever gaan sporten. Waardoor het hele land sportiever wordt. Wow!

Dus door alleen je ambities op het allerhoogste doel te richten, bereik je tussentijds - onderweg naar dat uiteindelijke doel - allerlei andere doelen die je anders nooit bereikt zou hebben. Je hele leven verandert. En ook al wordt het uiteindelijke, zeer hoog gelegen doel, nooit bereikt, dan nog blijven al die fantastische tussenresultaten staan. Dat is exact wat bedoeld wordt met *if you don't reach for the stars, you will never reach the moon.*

Stel je doelen altijd op het hoogste niveau. Doe nooit concessies aan het doel. Ga voor het beste. Dat zijn toch dingen die je vaak hoort of leest. Ik weet niet beter, maar merk vaak dat mensen de kracht hiervan niet helemaal begrijpen. En daarom heb ik er een hoofdstuk aan gewijd. Om het belang van tomeloze ambitie uit te leggen. En om te trachten het gezegde "doe maar gewoon, dan doe je al gek genoeg" voor eens en voor altijd te weerleggen.

Als kind van dertien had ik het plan opgevat om een kastelentocht door de provincie Utrecht te gaan maken. Dus kocht ik een boekje waarin alle kastelen stonden. En vervolgens stippelde ik een fietstocht uit van ongeveer een week langs al die prachtige en lelijke gebouwen. Maar het leek me niet genoeg om slechts van buiten de kastelen te bekijken. Nee, ik wilde er graag ook in. Dus schreef ik brieven aan baronnen, baronessen en allerlei andere soorten van bewoners van die kastelen. Het schrijven van die brieven werd me door vriendjes en hun ouders ontraden, want die baronnen en baronessen zouden daar toch nooit op reageren. Stel je voor, zo'n gewoon jong ventje die bij ons naar binnen wil. Dat kan toch niet. En inderdaad kreeg ik weinig respons. Maar er kwam wel respons, waardoor ik toch behoorlijk wat kastelen van binnen zag. Niet iedereen reageerde, wellicht de minderheid, maar er kwamen reacties. Ik heb daar later veel over nagedacht. Hoe kwam het toch dat die vriendjes van mij en vooral hun ouders, het toch onzin vonden om die vele brieven te schrijven? Omdat zij dachten dat het tot niets zou leiden. Zij dachten dat het schrijven van die brieven te hoog gegrepen was. De ambitie die ervan uitging vonden ze onzin. Het zou toch nooit kunnen, want er zou toch niet op gereageerd worden. Bij voorbaat was de deur voor mooie resultaten dicht. En toen er dan wel een reactie op sommige van mijn brieven kwam, vonden ze dat geluk! Jij hebt toch ook altijd geluk, was hun reactie dan.

Bij voorbaat was de deur voor mooie resultaten dicht.

Dit is in het klein wat de Amsterdamse Olympische Spelen in het groot zijn. In beide gevallen wordt de ambitie onmiddellijk vertaald in het allerhoogste doel en wordt niet nagedacht over de mogelijkheid of onmogelijkheid daarvan. Daar ligt een belangrijke sleutel. Denk bij het stellen van doelen en ambities nooit van tevoren na over de haalbaarheid. Dat komt later wel. Wellicht. Want soms komt die vraag over haalbaarheid nooit, omdat je het doel al bereikt hebt.

Kasteelheer met whisky

Een van mijn dromen was en is het bezitten van een kasteel in Schotland. Om daar dan bij de open haard in het slechte ruwe weer te kunnen verblijven. Een lekkere droom. Zo kwam het dus dat mijn oog op enig moment viel op een advertentie van een kasteel dat te koop stond. Ik vroeg de informatie op en werd overvallen door de pracht van het

Ik wil omhoog bijstellen

gebouw. Maakte een afspraak met de eigenaar, boekte een ticket en vertrok naar Schotland om het kasteel te gaan bezichtigen. Dat duurde een heerlijke dag. Prachtig, wat een monument in een woeste omgeving. Aan het einde van de dag bood de eigenaar die me had rondgeleid me een glas whisky aan. We zaten met elkaar bij de open haard. Hij vroeg me of ik het wilde kopen natuurlijk en ik antwoordde dat ik het niet kon betalen. Daar bleek hij niet van onder de indruk, want hij vroeg meteen of ik het dan voor de helft van het bedrag wel kon betalen. Ja, dat kon ik wel. Maar zijn bod verbaasde me. Voor de helft? Toen vertelde hij me dat hij alleenstaand was en zeer gehecht aan het kasteel dat hij in tientallen jaren helemaal verbouwd had. Hij wilde eigenlijk niet weg, maar zou het liefst als oppasser blijven wonen in een van de kleinere bijbehorende huisjes. Hij zou dan best nog voor de helft eigenaar kunnen blijven en ik zou die helft dan langzaam maar zeker van hem kunnen kopen in de loop der tijd. Het leek me een eerlijke man dus ik kocht het kasteel. Om een andere reden ging de koop uiteindelijk niet door. Maar waarom past dit verhaal nou zo goed bij de Olympische Spelen en de kastelenfietstocht? Omdat ook hier de meeste mensen niet eens een bezoek zouden brengen aan het kasteel. Want het kopen van een kasteel in Schotland is toch immers veel te hoog gegrepen. Maar als ik nooit gegrepen had voor dat hogere doel, dan had ik nooit die halvering van de prijs gekregen. Het is geen GELUK dat iemand mij aanbiedt om de helft te betalen. Nee, het geluk is afgedwongen door ervoor te gaan.

Deze drie voorbeelden, en zo zijn er nog honderden, geven allemaal aan dat het werken aan het allerhoogste ambitieniveau leidt tot veel betere resultaten onderweg naar het einddoel en tevens tot het afdwingen van geluk.

Allerhoogste niveau

Ik heb ook nog een statistische onderbouwing, die ik de lezer niet wil onthouden. Tijdens een van mijn vele lezingen trof ik een statisticus in de zaal, die me het volgende uitlegde. De meeste mensen stellen hun doelen niet al te hoog, omdat ze bij voorbaat denken dat die doelen toch wel onhaalbaar zijn. Vaak denken ze dat die doelen onhaalbaar zijn, omdat iedereen die zelfde doelen wil bereiken. Daardoor wordt de kans om die allerhoogste doelen ooit te halen statistisch kleiner. Nog even herhalen dus; omdat iedereen streeft naar die hooggelegen idealen, wordt het daar erg druk en is de kans tot slagen klein. En daarom stellen mensen hun doelen bij naar een meer realistisch niveau. Lijkt logisch toch. Nu komt het. Omdat bijna iedereen deze zelfde gedachten heeft, stellen de meeste mensen hun doelen naar beneden bij. Daardoor wordt de kans om die lager gelegen doelen te halen voor de meeste mensen ineens onhaalbaar en wordt het erg rustig bij de hoger gelegen doelen. Die daardoor ineens veel haalbaarder zijn. Statistisch zijn hoog gelegen doelen dus veel haalbaarder dan lager gestelde doelen. Omdat iedereen het raar vond brieven aan baronnen en baronessen te schrijven, deed niemand dat. Waardoor ze slechts zelden brieven ontvingen met verzoeken voor een rondleiding door het kasteel. Waardoor de kans op een rondleiding dus erg groot was, als de bewoners er al überhaupt zin in hadden.

Ik ben zo heilig overtuigd van het succes van grootse dromen, dat ik niet anders meer kan denken.

Neem je droom of je ambitie en beoordeel zelf of de doelen die je daarbij stelt wel echt heel erg hoog zijn. En beoordeel zelf of je niet onder invloed van andere meningen of stiekem onder invloed van je eigen onzekerheid je doelen niet hebt verlaagd. In alles wat je ambieert, moet je in eerste instantie streven naar het allerbeste. Als je voor jezelf wilt beginnen in wat dan ook, dan moet dat het beste bedrijf op zijn gebied worden. Als je een huis wilt verbouwen moet dat het mooiste huis worden. Als je een wereldreis wilt maken, moet dat de beste wereldreis worden. Als je een auto restaureert, moet dat de beste restauratie worden. Toch?

Want wat is het alternatief? Denk daar eens over na als je eerste reactie op bovenstaande is dat dat toch wel een beetje overdreven ambitieus is. Een gewone wereldreis is toch ook leuk. Een gewoon bedrijf is toch ook leuk. Waarom moet het toch allemaal zo goed zijn en waarom moet het toch allemaal het beste zijn? Ik kan me die vragen overigens wel voorstellen, hoewel ik er zelf nooit last van heb. Ik ben zo heilig overtuigd van het succes van grootse dromen, dat ik niet anders meer kan denken. Ik ga nu dus nog een poging wagen om de lezer te laten streven *for the stars*. Overigens, toen ik leiding gaf aan een groot bedrijf kreeg ik ooit van een medewerker een prachtige ingelijste foto. Fotograferen was zijn hobby. Op de foto stond een man op met een fiets, ergens in een Zuidoost-Aziatisch land. En achter op de fiets waren manden gestapeld… zo veel dat je bijna de fiets niet meer zag. Zoveel, dat je eigenlijk zou denken dat het onmogelijk door de fiets gedragen kon worden. En onder de foto stond de tekst "Droom je dromen… Droom groots". Die ingelijste foto neem ik op al mijn werkplekken mee, want hij geeft weer hoe ik in ondernemen sta. Doe nooit iets met een halve of aangepaste ambitie. Ga altijd voor het beste en laat niets en niemand je vertellen dat je droom onmogelijk is.

Nou goed, wat is het alternatief dan? Dat je dit toch wel knap overdreven vindt. En dat je bij alles wat je doet zogenaamde realistische doelen gaat stellen. Kijk, dat je dat doet als je een omzettarget aan je baas moet afgeven aan het begin van een nieuw jaar begrijp ik wel. Maar we hebben het hier over persoonlijke doelen. Doelen waarvoor je in het leven bent. Doelen die je stelt aan je dromen en je ambities. Doelen die gaan over zaken die alles overstijgen. Daar gaat het over. Het alternatief is dat je niet naar Schotland gaat om een kasteel te bezichtigen omdat je toch denkt te weten dat je het niet kunt betalen. Het alternatief is dat je geen brieven schrijft aan baronnen en baronessen. Het alternatief is dat je de Olympische Spelen niet wilt. En het resultaat van al die bijgestelde dromen is dat je in ieder geval je dromen niet bereikt. Dat is zeker, want geluk bestaat niet. Geluk afdwingen bestaat wel, maar daarvoor heb je

Geluk afdwingen bestaat wel.

dan niet gekozen. Simpel eigenlijk, dat het alternatief is dat je je dromen en ambities zeker niet bereikt.

Stel…

Even praktisch, wat nu? Wel, de keuze is aan jou. Jij bepaalt waar je wilt uitkomen. Maar je hebt inmiddels gelezen dat statistisch de kansen om de allerhoogste doelen te bereiken nog niet zo klein zijn. Nee, groter zelfs dan de kans dat je je bijgestelde doelen bereikt. Denk nog eens goed na over je dromen en ambities. Wat wil je in je leven bereiken. Definieer dat helder en goed. Beschrijf je doel. En ga vervolgens na, zonder jezelf grenzen of beperkingen op te leggen, wat het allerhoogst haalbare is dat bij jouw doel hoort.

Een voorbeeld. Stel dat ik een boek wil uitbrengen in de Verenigde Staten. Hoe ga ik dat dan doen? De droom is bepaald, nu alleen de hooggelegen doelen nog. Ik ga dat doen door op tv te komen bij een bekende persoonlijkheid. Het lijkt me dan dat het hoogst haalbare is dat ik in de show van Oprah Winfrey kom. Prima, dan is dat mijn doel. Ik ga Oprah benaderen. Dat is nu mijn doel en ik ga van alles doen om dat te bereiken. Onmogelijk? Misschien, maar wel het allerhoogst gelegen doel met betrekking tot mijn droom. *You try me.* Niet bij nadenken of het kan of niet. Dat komt later. En op deze manier schrijf je je dromen op en bedenkt wat het allerhoogste doel is.

Of, ik ga een bedrijf starten op het gebied van microbiologie. Hoe doe ik dat? Door onder andere in contact te komen met microbiologen. En wel de besten. Wie zijn dat? Zoek uit, schrijf op en ga die mensen benaderen. Moeilijk? Dat zien we dan wel weer. Of, ik heb een goed idee en wil daar een product van maken. Dat product wil ik vervolgens wereldwijd gaan verkopen. Ambitie duidelijk. Nu ga ik op zoek naar de mensen of organisaties die het allerbeste in de wereld zijn in het omzetten van ideeën in producten. Lang leve het internet! Nadat ik die mensen en organisaties gevonden heb, ga ik die benaderen. Hoe, dat zien we later nog wel.

De eerste stappen worden op basis van de onmogelijkheid van de laatste stap al meteen bijgesteld.

Zie je wat ik hier doe? Ik houd me niet bezig met de laatste stap, want daar maak ik me vooralsnog geen zorgen over. Het mechanisme van de meeste mensen is dat ze zo onder de indruk zijn van de onmogelijk-heden van de laatste stap, dat ze niet beginnen met het nemen van de eerste stappen. Sterker nog, de eerste stappen worden op basis van de onmogelijkheid van de laatste stap al meteen bijgesteld. En zo wordt aan de basis al een begin gemaakt met het nooit bereiken van je dromen en ambities. Laat je niet voor de gek houden door anderen of jezelf. *Aim for the stars and reach the moon!*

Het geld ligt op straat

Hoe vaak ik inmiddels al niet in presentaties heb geroepen dat het geld op straat ligt, ik weet het niet. Daar moeten mensen erg om lachen. Ze zien het al liggen, maar niet heus. Het is natuurlijk een gezegde, maar begrijpen doen maar weinigen het. Daar ligt het! Kijk dan… Maar ze zien het niet. Een enkele slimmerik vraagt me weleens waar het dan precies ligt. Moeilijk uit te leggen. Ik denk dat het alleen maar kan aan de hand van voorbeelden. En voor de rest ben je erin getraind of niet. Het is ook wel een beetje een gave. Want naast de mensen die het niet zien liggen, heb je als andere uiterste de mensen die heel veel geld zien liggen. Beide groepen zullen er weinig mee opschieten…

Het is ook wel een beetje een gave.

Waar?

Het geld ligt op straat, als je de kansen maar ziet. Want dat is natuurlijk de betekenis, de kansen zijn in groten getale aanwezig, als je ze maar ziet. En als je er veel te veel ziet word je er ook gek van. Maar de grootste groep ziet de kansen gewoonweg niet. Kun je dat leren? Overal waar er prijsverschillen zijn voor hetzelfde product ligt geld op straat, of bij een product dat ergens wel en ergens anders niet verkrijgbaar is. Of een dienst. Om zomaar eens twee voorbeelden te noemen. Overigens, je hebt snel geld en geld waarbij het oprapen meer tijd kost. Oplichters zien overigens ook veel geld op straat liggen, maar dat heeft dan ook vaak met de dommigheid van de markt te maken.

Op vakantie in Italië zie ik op elke hoek van de straat terracottabedrijven. Dan denk ik dat daar weleens een markt in zou kunnen zitten. Als ik wijn voor mezelf koop in de vakantie, dan koop ik meestal nog veel meer, zeker als ik weet dat de betreffende wijn in Nederland niet te koop is. Die wijn laat ik dan op pallets zetten en naar Nederland brengen. Zo heb ik wel vakanties terugverdiend. Iemand anders zal de moeite niet doen of bang zijn dat hij met de wijn blijft zitten. Lekker opdrinken, zou ik zeggen. Je moet het ook leuk vinden om geld van de straat op te rapen en niet bang zijn dat het een knoop blijkt te zijn. Of zo'n portemonnee aan een touwtje.

Iemand had eens een partij printers die alleen maar op 110 volt werkten. Heel erg veel printers. Goede printers bovendien. Maar deze man had geen zin om moeite te doen de printers te verkopen. In het land waar hij ze opgeslagen had, kwam er 110 volt uit het stopcontact, maar de markt was er niet. De markt was er wel in Nederland, waar echter 220 volt op het net zit. Maar aangezien het veel en veel te duur leek om de printers om te bouwen, waren ze waardeloos. Dacht die man. Een duidelijk voorbeeld van geld op straat. Na enig zoekwerk bleek het heel erg simpel, en juist helemaal niet ingewikkeld om die printers om te bouwen. En omdat ze waardeloos waren in de ogen van de eigenaar, kon ik ze voor een prikkie kopen. En voor bijna de marktwaarde verkopen. Geld op straat.

Soms heb je producten die in het ene land waardeloos zijn en in het andere land kostbaar. Bestaat dat? Ja, dat bestaat. Afvalproducten die in het ene land nog niet goed genoeg zijn als varkensvoer, kunnen in een meer ontwikkeld land kostbare grondstof voor de voedselindustrie zijn. Geld op straat. Maar ook iets dichter bij huis, voor mij althans. Een boek drukken kost in Nederland een flink bedrag, full color, ingebonden, leeslint. Maar in China kost datzelfde boek in dezelfde kwaliteit, althans in de ogen van de consument, een stuk minder. Moet je wel even de weg weten, maar als je daar een beetje moeite voor doet, is dat niet onmogelijk. Je kunt dus dat bedrag in eigen zak steken of afrekenen. Geld op straat. Het ligt er, maar je moet het wel pakken.

Ga erheen

Door op reis te gaan, kom je in aanraking met het geld op straat. Gewoon op reis gaan naar andere culturen. En dat hoeft nog niet eens met een bepaald doel voor ogen. Al tientallen jaren reis ik naar gebieden waarvan ik weet dat er nieuwe dingen bedacht worden, waar het geld op straat ligt. Bijvoorbeeld in Silicon Valley. Daar zitten in een straal van vijftig kilometer duizenden en duizenden creatievelingen, die van alles aan het bedenken zijn. Door daar te zijn, met mensen te praten, vooral van kleine startups, door daar kranten te lezen en door boekwinkels en andere winkels te lopen, zie je van alles. Het is een hele grote bron voor creatieve mensen. Blijft dat een bron, ook ten tijde van crisis? Ja, zolang de creatievelingen er maar blijven. In San Francisco is een klein pleintje waar de internethype is begonnen. Rondom dat pleintje liggen kleine straatjes met relatief bouwvallige en goedkope kantoorpandjes. Daar zitten de kleine en jonge startups op mediagebied. Bedrijfjes met twee, drie, vier, vijf medewerkers. Samen in een kamer werken aan een droom. Daarheen gaan helpt je te ontdekken waar het geld op straat dan precies ligt.

Tijdens mijn eerste reis naar Silicon Valley, inmiddels meer dan twintig jaar geleden, zag ik dat de hippe bedrijven koffie dronken uit grote mokken met naam en logo op de beker afgedrukt. Dat was in Nederland nog nergens en wij voerden dat onmiddellijk in. Het werd een product waar mensen geld voor over hadden. Toevallig.

Geld op straat
is een relatief
simpele manier
om geld te
verdienen.

Er is een tijd geweest dat autohandelaren op grote schaal wagens uit de Verenigde Staten verscheepten naar Nederland in containers. Wegens prijsverschillen die zo groot waren dat verschepen, BTW en BPM bij elkaar opgeteld nog steeds leidden tot een goedkopere auto. Geld op straat.

Geld op straat is een relatief simpele manier om geld te verdienen. Mits je het ziet liggen. Tijdens een van mijn lezingen zat er een man in de zaal die als droom had een boerderij in Italië te bezitten. Maar daar geen geld voor had. De uitdaging voor hem was niet "welke boerderij moet ik kopen en kan ik die wel vinden", want er is altijd wel een fantastische kans, maar de uitdaging is "hoe betaal ik die boerderij dan". In mijn ogen zou het andersom zijn. Het vinden van de juiste plek die bovendien goed voelt zou ik veel moeilijker vinden dan geld van de straat oprapen. Twee mogelijkheden om aan geld te komen. Allereerst kende de streek waar hij de boerderij wilde kopen erg veel prachtige en heerlijke lokale producten. Die zou ik gaan invoeren in Nederland. De tweede mogelijkheid (die eigenlijk makkelijker is) is de enorme groep mensen die ook een boerderij in Italië of in het buitenland willen. Dat zijn er honderdduizenden. Daarvoor zou ik een conferentie gaan organiseren. Misschien moeilijk, maar zo zou ik beginnen als ik een boerderij te financieren had. Als ik een droom wilde waarmaken.

Verstand

Geld op straat betekent dus makkelijk geld. In de ogen van degene die het geld ziet natuurlijk. Want wat de een makkelijk vindt, vindt de ander misschien moeilijk. Ik had het voordeel dat ik de printermarkt in Nederland zo goed kende dat ik geld kon verdienen. Iemand die geen verstand had van printers zou het geld niet zien liggen. En zo komt het dat ik ook niet altijd het geld zie liggen. Niet erg, want ik zou er waarschijnlijk niet aan toekomen. De markt van auto's ken ik niet dus daar blijf ik vanaf. Net zoals de markt van onroerend goed. Als je geen verstand van een markt hebt dan blijf je ervan af, of je zoekt iemand die de betreffende markt wel kent.

Als je teveel
kansen ziet, word
je gek van je eigen
ideeën.

Teveel geld zien liggen of geen zin hebben om het op te rapen: twee intrigerende fenomenen. Een kennis van mij ziet zo ongeveer elke dag een nieuwe kans. Maar dan wel een geweldige en unieke kans. Je kent dat wel, in cafés hoor je ook vaak gesprekken over het alom bekende geld op straat. Kansen te over, maar niemand doet er alleen wat mee. Als je teveel kansen ziet, word je gek van je eigen ideeën. Want oprapen van het geld op straat vergt energie en inzet. Je moet er niet te makkelijk over denken. Je ziet het en je moet erachteraan. Je kunt er dan niet teveel naast hebben. Want alles wat je ziet, vergt een koper en een verkoper. En dat vinden kost tijd. Wees dus zuinig met je energie en probeer niet alles wat je ziet te pakken. Want dan loopt alles op een mislukking uit. En soms, ja soms komt het voor dat je geen zin hebt om het geld op te rapen. Zo werd ik eens gebeld door iemand die een geweldige kans had op groot succes. Hij vertelde over de telefoon honderduit over zijn plan. En ik moet zeggen dat ik er wel wat in zag. Het was volgens mij wel een goed idee. Dat vertelde ik hem en daardoor raakte hij nog enthousiaster. Maar ik vertelde hem meteen dat ik geen tijd had om met hem in zee te gaan. Eerst hoorde hij me blijkbaar niet en toen hij begreep wat ik zei werd hij eigenlijk een beetje boos. "Maar u ziet de kans en u bent zelfs enthousiast", zei hij. Inderdaad, was mijn reactie, maar ik doe niet mee, want ik heb geen tijd. "Maar dan laat u gewoon geld liggen", was zijn letterlijke reactie. Hij vond dat onbegrijpelijk. Tja, soms doe je zoiets. Het leek me een leuke kans, maar te veel leuke dingen zijn niet meer leuk. Een oude wijsheid. Probeer niet al het geld van de straat op te rapen. Laat ook wat voor een ander over en struikel al oprapend niet over je eigen voeten.

Is het zien van kansen om geld van straat op te rapen afhankelijk van de omvang van een bedrijf? Nee, maar in mijn tijd die ik doorbracht bij grote *corporates*, zoals dat heet, zag ik op grote schaal geld op straat liggen. Dat die grote bedrijven niet zagen of waar ze niet in geïnteresseerd waren. De kruimels van de groten zijn vaak heel interessant voor de kleinen. Dus in de buurt van grote bedrijven is vaak veel op straat te vinden. Ga maar eens in de kelders van grote bedrijven of grote ziekenhuizen kijken. Of in de magazijnen. Dat zijn vaak goudmijnen van spullen die al lang afgeschreven zijn, maar waarvan niemand de moed of macht had om het weg te gooien. En ten tijde van een crisis ligt het geld helemaal in grote hoeveelheden op straat. De een zijn dood is de ander zijn brood, is toch het gezegde? En bij veel dood, veel brood. De mensen met veel liquiditeiten, en dat is soms weleens nodig als je het geld van de straat wilt oprapen, hebben veel kansen in een crisis. Opkopen voor weinig en verkopen voor weinig, maar voor net iets meer dan waarvoor je gekocht hebt.

Als het makkelijk was dan deed iedereen het.

Ach, als ik er zo over vertel lijkt het wel erg makkelijk, maar dat is het natuurlijk niet. Als het makkelijk was dan deed iedereen het en was het geld van de straat al gauw op. Je moet het een beetje in je bloed hebben, dat ordinaire opraapgedrag, maar je kunt je er wel in oefenen. Je kunt het afkijken van een ander, erover lezen in tijdschriften en dan voorzichtig zelf eens een slagje slaan. Je kunt het leuk gaan vinden, een sport. Het is een beetje marktkoopliedengedrag waar je je niet voor moet schamen. Ik zie een topman van een beursgenoteerd bedrijf dit gedrag niet vertonen. Hoewel, je weet het nooit. Want wie het kleine niet eert…

Maar het is wel leuk

Op bezoek bij Google in Silicon Valley werden we rondgeleid door een van de oprichters. We liepen door een grote kantoorruimte, alwaar een groepje van zo'n vijftig medewerkers naar een lezing zat te luisteren. Ik keek naar het scherm, waarop een onbegrijpelijke tekst stond. "Waar gaat dat over?" vroeg ik aan de rondleider. "Well Leen, that's microbiology", zei hij vriendelijk. Vandaar dat ik er niets van begreep waarschijnlijk. Toen ik hem vervolgens vroeg wat microbiologie met Google te maken had, sprak hij de (voor mij) historische woorden: "Niets, maar het is wel leuk". Mensen moeten altijd erg lachen als ik dat vertel. Lachen is leuk, dus dat is al heel wat. Maar waarom moeten mensen daar om lachen of glimlachen? Vaak omdat ze het herkennen.

Lachen is leuk, dus dat is al heel wat.

Ze herkennen het als iets dat logisch is, maar dat zij binnen hun eigen organisatie niet kennen.

"Niets, maar het is wel leuk." Hoe meer ik erover vertel, hoe meer ik de waarheid en waarde daarvan inzie. Niets te maken hebben met wat we hier doen, maar wel leuk zijn. Het lijkt alsof we er niets mee opschieten, maar het is wel leuk. Het is wel leuk en het geeft wel energie. Dringt de boodschap al een beetje door? Een ander voorbeeld. Stel, je wordt uit-genodigd om een lezing te geven. Aan een groep mensen in een zaaltje. Tot zover niets mis mee. Maar je mag je niet voorbereiden en er wordt niet verteld uit welke mensen je publiek bestaat. Om het nog erger te maken, je staat al voor de deur en krijgt een minuut voorbereidingstijd. Kan dat ooit wat worden? Je weet niet wie er in de zaal zitten, mag en kan je niet voorbereiden en moet toch iets gaan zeggen. Wat doe je?

Een verhaal

Laten we eens even nadenken over wat je niet doet. Je doet niet dat waardoor normale lezingen vaak zo oneindig saai en inspiratieloos zijn. Namelijk, heel goed voorbereid en zodanig voorgedragen dat er geen enkele rekening wordt gehouden met de reacties van het publiek. Je kent ze wel, die lezingen waarbij de presentator star plaatje voor plaatje afwerkt… want dat heeft hij tenslotte toch voorbereid. Of het publiek in slaap valt, of hij de plank volledig misslaat, maakt niet uit. Stug doorgaan. Inspiratieloos. Ik ga regelmatig naar een jaarlijks evenement dat PINC heet. Een congres waarbij sprekers spreken over hun passies. Maakt niet uit of die passies mijn passies zijn, ik raak altijd door al die verhalen geïnspireerd. Want mensen die over hun passie vertellen zijn altijd boeiend. Wat hen boeit, geeft energie, en boeit mij dus. Een psycholoog heeft mij ooit verteld dat dat ook voor schrijvers geldt. Als ik als schrijver in een flow gepassioneerd verhalen op papier zet, dan komt die energie over op de lezer. Dwars door de teksten heen. Als ik functioneel een saaie theorie op papier zet die mij ook niet boeit, dan zal het boek geen enkele lezer aanraken. Interessant, niet? Als je een saai onderdeel in dit boek aantreft dan vond ik dat ook saai. En als je meegesleept wordt door inspiratie dan werd ik tijdens het schrijven ook meegesleept door mijn energie.

Zo gaat dat ook met die lezing. Je staat voor de deur en moet naar binnen. De minuut is om. De zaal bestaat uit mensen van wie je niet kunt afleiden welke achtergrond ze hebben. Maar het maakt je niet uit. Je vertelt een verhaal. Een verhaal over jezelf. Over hoe je geïnspireerd raakte door een missionaris die schooltjes bouwde in een Afrikaans land. Hoe je daar vervolgens aan bent gaan meewerken en bent gaan metselen. Je vertelt een verhaal over je passie, over dat wat jou boeit. En je zult zien, mensen raken daar ook door geboeid. Precies hetzelfde als met de schrijver. Mijn energie is voelbaar door de tekst heen. Jouw energie is voelbaar door de woorden heen. De zaal luistert geboeid… en jij weet niet dat ze kwamen voor een verhaal over de kredietcrisis. De zaal is blij, want ze horen een positief optimistisch en blij verhaal. Wat een opluchting. Stel je voor dat er toch iemand echt een saai inspiratieloos en deprimerend verhaal over de kredietcrisis had gehouden. Nee, hiervan krijgen ze energie en dat van die crisis, dat weten ze eigenlijk toch allang.

We moeten dus op zoek naar dingen die ons energie geven.

Het klinkt als een absurd verhaal, dat van die lezing die je plotseling moet geven. Maar de kern is dat energieke zaken mensen energie geven en niet-energieke niet. We moeten dus op zoek naar dingen die ons energie geven. En die zaken hebben lang niet altijd met ons werk te maken. Sterker, heel vaak niets. Maar ze kunnen ons wel de energie geven die we nodig hebben om ons werk te kunnen uitvoeren. Ze kunnen ons de energie geven die we nodig hebben om ons leven te kunnen uitvoeren. Want werken en leven is voor mij hetzelfde. Het hoort bij elkaar en is niet te scheiden. Mensen die werk en privé "strikt gescheiden" wensen te houden, leven in een droomwereld. Word wakker! Als iemand met zijn auto stopt om jou het zebrapad over te laten steken dan ben je aangenaam verrast. Je wordt er misschien wel blij van. En daardoor zul je dat zelf ook eens gaan doen. En daardoor zullen vele anderen dat ook eens gaan doen. Het is wel leuk zeg!

Kwast, hamer en schaar

Terug naar je werk. Je hebt een baan en elke werkdag ga je weer aan de slag. Het behoeft geen betoog dat je iets beter werkt en beter in je vel steekt als je meer energie hebt. Op tijd naar bed dus! Gezond eten, sporten en op tijd naar bed. Halen we daar onze energie vandaan? Een beetje wel. Maar we vergeten dan voor het gemak maar even onze collega's, onze kantoren, de meubels, de wanden, de kleuren, de bloemen en al die duizenden andere dingen die ons dagelijks omringen. Is het je nooit opgevallen in welk een treurnis mensen de hele dag moeten doorbrengen bij het uitvoeren van hun baan? De sneuïgheid ten top. Het mag allemaal niks kosten. Toen ik Origin leidde, was ook ik geïnspireerd door de ideeën en energie van de oprichter, Eckart Wintzen. Maar er was een ding waarover hij en ik toch wel van mening verschilden. En dat was de oneindige zuinigheid en triestigheid die de kantoren van Origin uitstraalden. Het mocht echt niets kosten. De werkomgeving was middeleeuws. De *spirit* onder de medewerkers was geweldig, maar niemand had er blijkbaar ooit over nagedacht wat omgeving voor mensen betekent. En wat je bovendien in die omgeving kunt doen. Met activiteiten die ogenschijnlijk niets met het werk te maken hebben.

Stap 1, de makkelijke stap, bekijk eens goed de werkomgeving waar je zelf in zit. Is die tijdens je werk triest en 's avonds thuis leuk. Voel je je thuis op je gemak omdat het gezellig is, maar vraag je je overdag tijdens je werk af waar je in vredesnaam in terecht gekomen bent. Ja? Pak dan kwast, hamer en schaar en ga aan de slag. Maak er iets gezelligs van en vraag daarvoor geen toestemming. Neem leuke dingen mee van huis en richt je werkplek in. De tweede stap is dat je eens bij al je collega's navraagt wat hun hobby's zijn en of ze daar eens over willen vertellen. Dat kan dan mooi in korte lezingen tijdens de lunch. Lunchlezingen over hobby's. Houd je van schilderen? Neem je schildersezel mee naar je werk. Gebruik de pauzes om te schilderen en hang de vervaardigde schilderijen aan de muur op je kantoor of op de gang. Vraag klanten of ze hun schilderijen tentoon willen stellen in de hal van je bedrijf. Zodat het daar en beetje opvrolijkt. Vraag een klant eens een verhaal te komen vertellen over het goede doel dat zij steunen. Alles wat ik hierboven beschrijf heeft niets te maken met het werk dat je doet. Maar het is wel leuk en je zult zien dat het energie geeft. Het kost bovendien niks en je kunt er morgen mee beginnen. Als het dan zo makkelijk is en niks kost

Vraag daarvoor geen toestemming.

kun je je in alle eerlijkheid gaan afvragen waarom niemand (of bijna niemand) het dan doet. Mag het soms niet?

Mag niet

Nee, schilderen tijdens het werk mag niet! En werk en privé houden we strikt gescheiden! We gaan zeker onze hobby's niet meenemen naar ons werk! Het moet wel zakelijk blijven! We moeten onze aandacht niet afleiden met dit soort onzin! Ken je ze, deze onzinnige kreten? Geuit door managers die denken dat dat bij hun taak hoort. Mij is inmiddels wel duidelijk dat dingen doen, tijdens het werk, die aantoonbaar niets met dat werk te maken hebben, niet mag. Verboden zijn. In het meest gunstige geval mag het wel een beetje tijdens de pauzes. Maar liever ook niet. Maar tijdens de werktijden, tussen acht uur en twaalf uur en vervolgens tussen een uur en vijf uur, moet er serieus gewerkt worden. En mag er aan niks anders gedacht worden. Je vraagt je af, zouden de mensen die dit bedacht hebben echt denken dat er mensen zijn die acht uur per dag werken. En tijdens dat werk aan niks anders denken. Echt?

Zouden we onszelf echt zo voor de gek houden? Kom op toch zeg. Relativeren is moeilijk en boven onszelf uitstijgen ook. Als ik tijdens vergaderingen vraag om op te stijgen naar een hoger abstractieniveau, dan begrijpt bijna niemand dat. Probeer eens even kort boven jezelf uit te stijgen, zodat je jezelf kunt zien functioneren. Wat doe je? Je werkt en je bent serieus. Want dat is toch belangrijk, hebben we geleerd. Serieus, een gevaarlijk woord… Ik werd ooit benaderd door een bedrijf dat van zichzelf vond dat ze hun innovatiekracht verloren hadden. Tientallen jaren hadden ze op het allerhoogste niveau van innovatie gestaan en waren ze leider in de wereld geworden op hun gebied. Maar inmiddels was dat niveau al weer jaren geleden verlaten en was de organisatie niet in staat tot vernieuwing. Gelukkig zag het management team dat en riepen ze mijn hulp in. "Leen, we innoveren niet meer. Hoe komt dat toch? We lijken wel een gewone saaie organisatie geworden te zijn. Help ons onze innovatie terug te krijgen." Na gesprekken met de vijf directieleden werd mij snel duidelijk waar het probleem lag. De organisatie was keurig, dat wel. Strak georganiseerd en meer dan voldoende procedures en regels. Iedereen wist precies wat hij of zij moest doen. Waar zijn bureau stond en waar zijn ordners. Kortom, van wieg tot graf was alles geregeld. Zelden had ik zo'n saai bedrijf meegemaakt. De medewerkers werkten er over het algemeen minstens tien jaar en hadden waarschijnlijk die tien jaren op dezelfde stoel gezeten. Die stoel was ook stoffig. Net zoals de muren, de meubels. Overal keurige stapels papier en nergens iets leuks aan de muur. Het kostte me werkelijk moeite om tijdens de gesprekken met het management mijn ogen open te houden. Wat een saai bedrijf… gaap.

Met een schok schrok ik wakker! Sliep ik? Tja, mijn excuses. Vind je ons slaapverwekkend, glimlachte de vriendelijke algemeen directeur. En daar hadden we de kern te pakken. Een saaie algemeen directeur (die

Vooral dat fysiek verplaatsen van de medewerkers zorgde voor een schokeffect.

overigens later veel minder saai bleek te zijn, maar uitgekeken was op deze functie en dit bedrijf) met een saai management team, en allemaal medewerkers die in geen tien jaar meer van plek verwisseld waren. Het kon niet anders dan mislukken! De innovatie was eruit geslagen. En de oplossing lag voor de hand. De directie was het snel met me eens dat ze zelf een groot deel van het probleem waren en dat er hard moest worden ingegrepen om het bedrijf weer te laten innoveren. En hard ingegrepen werd er. Om te beginnen gingen we bewust met de directie regels overtreden die heilig waren in het bedrijf. Om te laten zien dat zelfs de directie schijt had aan de door henzelf opgestelde procedures. Dat was de eerste stap om het bedrijf los te trekken van hun diepgewortelde saaiheid. Vervolgens wisselden alle medewerkers van plek, kregen ze allemaal nieuw meubilair en werden alle muren geschilderd. Vooral dat fysiek verplaatsen van de medewerkers zorgde voor een schokeffect. Bijna kwamen de bonden eraan te pas om dit te blokkeren. Er werden lezingen georganiseerd, tijdens de pauzes, waar onderwerpen aan de orde kwamen die niet over het werk gingen. Tot slot werd de naam van het bedrijf veranderd. Mensen wisten niet wat hen overkwam. Ze werkten ineens ergens anders. Gingen zich anders gedragen. Gingen zich weer gedragen. Kregen weer energie. Kwamen los van zichzelf. Gingen weer nadenken en namen niet meer alles voor zoete koek aan. Creativiteit kwam terug en daarmee de innovatie. En het werd heel erg leuk.

Laten we er eens van uitgaan dat jouw organisatie keurig is en voldoende regels heeft. Laten we ervan uitgaan dat jouw manager of jij als manager alles wel zo'n beetje onder controle heeft. Laten we er eens van uitgaan dat jouw organisatie wel wat vernieuwing kan gebruiken, een beetje innovatie. Laten we er eens van uitgaan dat jouw bedrijf eens wat omzet kan gebruiken. Laten we er eens van uitgaan dat het tijd is voor wat gekkigheid. Een heel klein beetje maar. Dan is het nu de hoogste tijd om een kosteloos programma te gaan starten dat leuk is. Lijkt je dat niet leuk? Het enige dat je hoeft te doen is aan al je collega's of medewerkers vragen wat zij nu echt leuk vinden. Koken, schilderen, postzegels verzamelen, goede doelen, toneelspelen, sporten, hardlopen, tuinieren… Alles mag. En vertel ze vervolgens dat het bedrijf een programma gaat starten, gedeeltelijk tijdens werktijd (ja, gewaagd) waarin zoveel mogelijk van deze leuke elementen een rol krijgen. En vertel ze dat ze mogen meewerken aan de totstandkoming van dit eeuwigdurende programma. Want het stopt nooit, het blijft zolang als de organisatie blijft. Eens kijken wat er gebeurt. Ga je gang maar. Wel leuk, hè?

Het enige dat je hoeft te doen is aan al je collega's of medewerkers vragen wat zij nu echt leuk vinden.

Eindelijk, ik doe wat ik altijd wilde

Ben je goed of niet? Vind je jezelf goed? Ja of nee? Nu even geen genuanceerd antwoord, want dat genuanceerde gedrag hebben we altijd al. Bij mij mag je even gewoon ongenuanceerd jezelf zijn. Nog eens: ben je goed of niet? Ik bedoel, goed in wat je doet. Niet per se een goed mens, maar vind je dat je goed bent. Geef maar even antwoord…

⌐ Ja, goed
⌐ Nee, niet goed

Mijn antwoord is: ja. Ik vind mezelf goed. En ik neem aan dat jouw antwoord ook ja is. Als het nee is, dan is dit hoofdstuk niks voor je. Want de basis van dit verhaal is dat je jezelf goed vindt. Waar gaat dit heen, vraag je je af. Tja, dat weet ik zelf vaak ook niet als ik aan een hoofdstuk begin te schrijven. Het gaat intuïtief. Schrijven doe ik met mijn ogen dicht en op gevoel typ ik dan gemiddeld vijf pagina's over een onderwerp dat mij op dat moment energie geeft. Als mijn energie dan opraakt, weet ik dat ik over dat onderwerp weinig meer te melden heb en beter kan stoppen. Dat is dan het einde van dat hoofdstuk. Ach…

Ik heb mijn hele leven gedaan wat ik wilde doen. Soms met horten en stoten, soms stiekem, soms eerst even niet maar later wel. Maar uiteindelijk doe ik altijd wat ik wil. Daar heb ik eigenlijk niemand voor nodig. Klinkt wel een beetje egoïstisch. Is ook een beetje egoïstisch, denk ik. Maar ja. Als je dan doet wat je wilt ben je in je hoofd alleen. Je legt verantwoording af aan jezelf, want jij bedenkt wat je wilt. Ik bedenk iets en denk dat dat goed is. Praat er misschien nog eens met deze en gene over, maar besluit dan om iets te gaan doen. Het besluit is van mij en ik neem er alle verantwoording voor. Ik geef nooit iemand anders de schuld. Want ik besluit en ik ben zelf verantwoordelijk. Dat maakt het leven ineens een stuk simpeler. Ben ik dan nooit kwaad op een ander of geef ik een ander nooit de schuld? Natuurlijk wel, maar als ik er vervolgens dieper over nadenk, dan moet ik glimlachen en kom ik toch altijd bij mezelf uit. Herken je dit?

Mijn baas zegt…

Waarom schrijf ik dit, wat heeft het in vredesnaam met ondernemen, dromen, creativiteit et cetera te maken? Ik gaf een workshop aan een groep high potentials van een grote multinational. Leuke, slimme mensen; allemaal goed. Ik had die mensen een speciale opdracht gegeven: "Stel je wordt morgen op staande voet ontslagen, je krijgt geen gouden handdruk mee en je krijgt vervolgens ook geen uitkering. Kortom, je geld is ineens op en niemand geeft je iets. Wat ga je dan doen?" Iedere *high potential* mocht een korte presentatie van twee minuten geven om te vertellen wat hij of zij dan zou gaan doen. En daar kwam toch een creativiteit uit zeg! Niet te geloven. Bijna allemaal goede verhalen. Ik kon me niet inhouden en vroeg een van de hi-po's waarom hij dat fantastische idee niet allang op zijn werk in de praktijk had gebracht. Het antwoord zette me weer met beide benen op de grond. Ik doe dat niet omdat het niet mag van mijn baas, zo luidde de reactie. Het mag niet van mijn baas. Ook weleens gedacht of gezegd? Ik denk het wel, want heel erg veel mensen denken nog in deze ouderwetse middeleeuwse termen. Kijk, dat mijn hond nu denkt "het mag niet van de baas", kan ik me nog voorstellen. Maar wij zijn toch goed? Of niet…

Als je jezelf goed vindt en je hebt een goed idee, is dat dubbel goed. En dan rest je maar een ding: het te gaan doen. Niets kan je dan nog tegenhouden. Want het alternatief is dat je eigenlijk niet goed bent. Maar aangezien we dat al hadden opgelost, want je vindt jezelf wel goed, is je idee dan eigenlijk niet goed. Want kijk, dat kan dus wel. En dat is niet erg bovendien. Want een idee kun je bijstellen. Dus vanaf vandaag voer jij, als goede persoon, elk goed idee dat je hebt gewoon uit! Dat spreken we dus af. O ja, zo reageerde iemand onlangs, maar als ik er dan veel geld voor nodig heb, dan moet ik daarmee toch naar mijn baas? Ik moet hem dan toch om een budget vragen? En jij zegt dat ik het gewoon moet gaan doen. Dat kan dus niet!

Omdat het niet mag van mijn baas.

Geen geld

''t Is groen' gaat over het in kleine stapjes uitleggen hoe het moet, dus daar gaan we dan. Ik leg dit uit aan de hand van een voorstel dat een vrouwelijke bankier onlangs aan me voorlegde. Zij had een fantastisch plan opgevat om een bepaald marktsegment te gaan benaderen. Ik zal niet in details treden, want ik ben ervan overtuigd dat de betreffende bank er grote voordelen mee gaat doen. Zij vond zichzelf goed en haar idee ook. Mooi begin dus. Haar baas vond haar idee ook goed, maar had er geen geld voor (over). Nou, daar zit je dan mooi mee. Wat nu? Dat is het dilemma dat ik heel erg vaak hoor als ik voor groepen sta. Leen, je stelt het allemaal wel erg simpel voor, want in de praktijk gaat het echt wel anders. Ik stel het inderdaad wel simpel voor, dat geef ik toe, maar dat komt omdat het voor mij simpel is. De fout die ik in dat soort situaties maak, is dat de stappen die ik neem veel te groot zijn. Dus ga ik nu proberen het gedetailleerd uit te leggen.

Haar baas wilde dus eigenlijk wel, maar had geen geld over voor het idee. Dat komt omdat hij niet direct de inkomsten zag. Als je aan je baas inkomsten voorlegt in plaats van kosten, gaat het gesprek vaak een stuk makkelijker. Dus je vraagt niet om een budget, maar je geeft hem nieuwe inkomsten. Je geeft hem nieuwe klanten. Een heel andere benadering. En hoe doe je dat dan? Door je baas bij zijn eerste afwijzing hartelijk te bedanken voor zijn tijd. Je kunt, afhankelijk van het type baas, nog wel melden dat je zelf zo overtuigd bent van je goede idee dat hij het je niet kwalijk moet nemen dat je het in je vrije tijd iets verder gaat ontwikkelen. Een goede baas zal daar het leuke en sympathieke wel van inzien. Zorg ervoor dat hij je idee sympathiek vindt en laat het daar dan even bij. Overigens, van slechte bazen moet je snel afscheid nemen, want dat is altijd slecht voor je. Moeilijk vaak, maar wel doen hoor.

Je vraagt niet om een budget, maar je geeft nieuwe inkomsten.

De genoemde vrouwelijke bankier had dus een baas die wel sympathiek stond tegenover haar idee. Heel erg goed nieuws. Dat betekent dat je er gewoon mee door kunt gaan. Heb je al klanten, vroeg ik haar. Klanten? Ze had het product nog niet eens ontwikkeld. Ga het dan samen met een paar klanten ontwikkelen. En ga vervolgens met je idee en de bijbehorende klanten die het al willen, nog eens naar je baas. Vertel hem: ik heb mijn idee verder ontwikkeld samen met een paar klanten die het ook een prima idee vonden en we zijn zover. De klanten willen, sterker nog, ik heb al inkomsten. Kan ik er nu mee verdergaan? Grote kans dat hij het nu wel goedvindt. Kost niks meer, genereert inkomsten en heeft al klanten. Makkelijk zat.

Hoe goed?

Eén, je hebt het goed gedaan, hebt klanten en een product en je baas vindt het nog steeds niet goed en wil niet. Dan komt het er op aan. Geloof jij er zelf in en ben je overtuigd dat jouw idee echt beregoed is? Zo ja, ga er dan voor en stel voor dat je op eigen rekening en risico dit product verder binnen de bank wilt ontwikkelen. Zegt hij dan weer nee, stel dan voor om het samen met de bank buiten de bank te ontwikkelen. Bij weer een nee, denk dan goed na. Vind je het nog steeds een geweldig idee? Dan is het tijd om met de reeds vergaarde klanten zelf verder te gaan. Want jij bent goed en je idee is dat ook. Je hebt klanten, je baas wil het niet en kan het dus onmogelijk erg vinden als je het zelf gaat doen. Start van een eigen bedrijf. Kies voor jezelf en ga niet als een sneu hondje luisteren naar de baas.

Twee, na je eerste presentatie vindt je baas het gelijk niks en hij verbiedt je om er verder mee door te gaan. Wederom is het dan tijd om weer na te denken over jezelf en over je idee. Ben jij goed? Ja. Is je idee echt heel erg goed? Als je daar weer met ja op moet antwoorden, dan is de enige oplossing dat je niet naar je baas luistert en gewoon doorgaat. Geweldig, ik zou willen dat ik dat soort medewerkers had. Die zo overtuigd zijn van hun goede ideeën dat ze er gewoon mee doorgaan. Je zou eens moeten weten hoeveel briljante ideeën er op deze manier tot een succes zijn gebracht. Want zo moet het gewoon. Er zijn momenten dat je moet denken dat je baas dwalende is en dat je je even niks hoeft aan te trekken van zijn mening. Want jij bent goed en jouw idee ook.

Drie, je komt op enig moment tot de conclusie dat jouw idee niet goed genoeg is. Of zelfs slecht is. Want dat kan natuurlijk ook. En als je echt goed bent, dan ben je de eerste die dat toegeeft. Ook dan kun je weer twee dingen doen. Je idee aanpassen en bijstellen of er gewoon mee stoppen. En als je het in bijgestelde vorm weer heel erg goed vindt, ga je gewoon weer verder.

Dwars door de muur heen.

Niemand houdt je tegen

De les: als je jezelf goed vindt en je hebt een goed idee dan moet je dat gaan uitvoeren. Dwars door de muur heen. Simpeler kan ik het niet maken. Even kijken of er nog meer tegenwerpingen kunnen zijn. Ja, maar Leen, soms komt het toch echt voor dat je heel erg veel geld nodig hebt om het idee verder te ontwikkelen. En als ik dat budget niet krijg dan kan het toch echt niet. Weer dat verdomde geld, dat blijkt toch vaak de grootste bottleneck te zijn voor goede ideeën. Er kunnen dan twee dingen aan de hand zijn. Of het is een idee waar niemand in gelooft of geld voor over heeft en is dus een slecht idee. Of het is een heel erg goed idee en niemand begrijpt je. Je bent een eenzame roepende in de woestijn. Dat laatste is meestal niet zo, dus dan is het helaas het eerste. Maar toegegeven, het kan inderdaad ook zo zijn dat niemand je begrijpt. Je bent een visionair en je bent je tijd ver vooruit of je voelt een behoefte aan in de markt waar nog geen concrete vraag naar is. Kan allemaal. Tja, wat dan. Dan sta je er helemaal alleen voor.

Heb je overigens in de gaten dat je je heel erg afhankelijk aan het opstellen bent als je continu maar klaagt over het budget dat die ander (!) niet wil geven. Dat je niet meer op eigen kracht verder kunt. Toen ik mijn eerste eigen bedrijf startte, had ik ook geld nodig. Niemand gaf het, want niemand snapte wat ik wilde gaan doen. Toen ben ik mijn idee, mijn droom, gaan splitsen in hele kleine stukjes en per stukje had ik veel minder geld nodig. Ik had zelf helemaal niks, omdat ik net was afgestudeerd, maar na heel lang leuren en niet opgeven liep ik verras- send genoeg ineens tegen iemand aan die me wel twintigduizend gulden wilde geven. Geven! Om niet.

Ik zou, als het idee knettergoed is, gewoon doorgaan.

Jij hebt dus dat goede idee en niemand snapt het. Dan moet je op eigen kracht verder. Of je geeft het op. Ik zou, als het idee knettergoed is, gewoon doorgaan. Voorstellen blijven schrijven, het van andere kanten benaderen, experts erbij halen, klanten erbij halen. Net zolang totdat door zou dringen dat het idee excellent is. Doorzetten is HET sleutel- woord van elke succesvolle man of vrouw. Niemand houdt jou tegen, budgetten niet, bazen niet, regels niet, collega's niet, je familie niet, je partner niet, je kinderen niet. Jij bent goed en als je een goed idee hebt, voer je het uit. Altijd!

Gelukkige
mensen in de file

Wachten tot ze weer naar die vervelende plek mogen.

Volgens de nieuwslezer neemt elk jaar de lengte van de files toe. En daar is iedereen blij mee. Want het geeft zo enorm veel rust. Urenlang lekker niks doen en dromen over allerlei leuke dingen. Het schijnt dat het Ministerie van Files plannen aan het uitwerken is om in het belang van een gelukkig land de files te verlengen. En dat is niet zo makkelijk. Want allerlei pressiegroepen maken zich juist enorm druk om van files af te komen. Daar wordt schande van gesproken! Ze kunnen er bij het Ministerie van Files niet over uit. Net nu zij zoveel geluk hebben gecreëerd in het brave land, krijg je dit soort van gezagsondermijnende acties. Met behulp van kilometerheffingen en rekeningrijden proberen de stiekeme pressiegroepen mensen weer ongelukkiger te maken door ze uit de files te werken. En dat willen de mensen nou net niet. Je moest eens weten hoe heerlijk het is om stil te staan. Ogen dicht, prachtige klassieke muziek op de achtergrond. Eindelijk helemaal alleen in je cocon. Iedereen wil toch weleens terug naar de veilige moederschoot. Op het tv-scherm zien we een lange stoet demonstranten voorbij trekken op het Malieveld met grote borden. Het laatste beeld blijft hangen op een bord "Files Brengen Geluk".

Tja, daar staan ze dan. Mensen die gemiddeld 75.000 uren werken in hun totale werkzame leven. Te wachten tot ze weer naar die vervelende plek mogen. Waar ze niet willen zijn. Waar ze geen plezier hebben. Waar bazen zijn die denken dat ze zich hier anders moeten gedragen dan thuis. Want als mensen plezier in hun werk hebben dan kost dat alleen maar geld. Zeker ten tijde van een crisis. Dan moeten we ons toch maar weer serieus gedragen en moet het afgelopen zijn met die verspillende gekte. Want in een crisis kun je toch geen plezier hebben. Dus, triest luisterend naar BNR waar hardnekkig en hardhandig de ene ramp na de andere wordt uitgesponnen, schuifelen we weer naar onze sombere werkplek, die inmiddels keurig van elke leukigheid ontdaan is. Tevreden staan de calvinistische bazen met hun armen over elkaar te glimlachen. Ze hebben het heft weer in handen. De kosten zijn verlaagd tot het absolute minimum. Wat overigens de winst nog steeds niet verhoogd heeft. Klein fronsje op het voorhoofd van die bazen. Tja, dat moeten ze nog wel even aanpakken. Waar valt nog meer te besparen…

Plezier op het werk kost alleen maar geld. Een van de grootste misverstanden die er zijn. Wat is plezier eigenlijk. Is dat feest vieren, dansend over de gangen gaan en lekker niks doen? Of is het ietsjes moeilijker om plezier in een definitie te vatten. Plezier bij het individu, bij jou, hangt nauw samen met het feit dat je dingen doet die je leuk vindt, die je vrijheid geven, die je kansen bieden. Jij vindt het leuk en dat is al een heel erg goed begin. Kans is groot dat je dat uitstraalt op je collega's, je familie en vrienden. Nou, dan ben je al een heel eind opgeschoten. Want dat straalt weer terug op jou. Enfin, jij hebt het naar je zin. Maar dat is niet genoeg, als je het over plezier op het werk hebt. Daar zitten echt nog wat meer elementen aan. Bijvoorbeeld plezier binnen de groep, mensen die samen aan iets bezig zijn. Die samen een doel willen bereiken. Die genieten van het samen doen. Het is belangrijk dat je weet waarom je je werk verricht. Dat het werk zin heeft en dat je daarin gelooft. Samhoud e.a. beschrijven deze drie elementen van plezier als *flow, fit & faith*. Omdat het zo moeilijk is om mensen die hier geen oren naar hebben uit te leggen wat plezier op het werk dan precies is, geeft deze definitie misschien wat steun.

Statistisch waar

Levert het wat op? Een journaliste belde me na het verschijnen van 'En nu laat ik mijn baard staan' op met de vraag of ik statistisch zou kunnen aantonen dat organisaties die met meer plezier werkten ook meer winst maakten, zoals ik stelde in dat boek. Statistische bewijzen. Daar ben ik dus naar op zoek gegaan, die statistische bewijzen. Weliswaar gaf ik een antwoord, een antwoord dat tegelijk een ministatistisch onderzoek was met een 100% score. Ik vroeg de journaliste of zij een leuke baas had. Dat bleek niet zo te zijn en de werksfeer was daardoor niet je van het. Zijn in die omstandigheden de artikelen die je schrijft beter, slechter of even goed als voorheen? Nou, natuurlijk minder goed, maar ja, wat wil je met die werksfeer, zo luidde haar antwoord. Tja, daar ga je dan met je statistische onderzoek. Met deze waarheid als een koe zal iedereen het eens zijn. Statistische onderzoeken. Eentje ervan komt van David Maister, bekend schrijver en denker voor de zakelijke dienstverlening. Ik heb hem vaker als spreker en workshopleider ingeschakeld en sta altijd weer versteld van de simpelheid waarmee hij bedrijven kan verbeteren. Maister heeft ooit onderzoek gedaan bij 139 zakelijke dienstverleners. Hij vond in dat onderzoek het bewijs dat een verhoging van 10% medewerkertevredenheid leidde tot 10-15% meer klanttevredenheid. En die klanttevredenheid leidde vervolgens weer tot 42% betere financiële prestaties. Hoezo, geld verdienen met plezier?

Als medewerkers met meer plezier hun werk uitvoeren, dan leidt dat altijd tot blijere klanten en dat leidt altijd tot meer winst. Daar zijn

Iedereen neemt
zichzelf ten tijde
van een crisis
steeds serieuzer.

Lekker plezier managen

meerdere onderzoeken naar gedaan en het bewijs daarvoor is inmiddels wel geleverd. Maister heeft het over dienstverlenende instellingen, maar er is ook aangetoond dat andere sectoren zoals hotels, warenhuizen en fastfoodketens hetzelfde mechanisme vertonen, zij het dat de winst daar iets minder spectaculair stijgt. Maar stijgt. Overigens zijn er nog vele andere onderzoeken te noemen die allemaal hetzelfde fenomeen aangeven. Het is daarom zo waar dat het grote verbazing wekt om telkens maar weer te zien dat het niet gebeurt. Hoe komt dat dan toch? Komt het omdat er niet snel financiële resultaten worden geboekt, komt het omdat financiële leiders geen gevoel hebben voor plezier in het werk, is het niet een stoer onderwerp, een onderwerp dat wekelijks op de agenda van de directie staat?

Goed nieuws vieren

Zie je de file voor je, de file van mensen die met plezier ergens heen gaan, een plek waar ze hun energie kwijt kunnen op een manier die voldoening geeft, zowel bij hen zelf als bij hun collega's. Een file van gelukkige mensen. Een leuke file. Daar wil ik ook weleens in staan. Om als manager Plezier in te voeren in de organisatie kan ik aanbevelen om het boek 'Plezier&Prestatie' te lezen van Geelhoed, van der Loo en Samhoud. Dat is nu echt een handboek, waarin keurig geordend staat hoe het moet. Ik zou dat nooit zo duidelijk kunnen omschrijven en ga daar ook geen poging toe doen. Wel wil ik graag positief en hopelijk behulpzaam commentaar bieden bij wat deze schrijvers de Pijlers van Pleziermanagement noemen. Ben ik meteen ook vrij om die pijlers een op een over te nemen. Om als manager ervoor te zorgen dat jouw organisatie met Plezier gaat werken moet je rekening houden met Bevestiging en Waardering, Openheid, Balans, Kansen en Uitdagingen, Vrijheidsgraden, Inspirerende Werkomgeving, Vieringsmomenten en niet te vergeten Loon en Beoordeling.

Mij spreekt dat vieren meteen aan. Want dat wordt bijna altijd vergeten. Zeker als er ten tijde van een crisis ogenschijnlijk niets meer te vieren valt. Iedereen neemt zichzelf ten tijde van een crisis steeds serieuzer, zeker het management. Doe gek, maak een grap en probeer te relativeren. Vier op een rare manier. Toen ik bij een klant van ons een bel in de hal zag hangen, die geluid werd bij elke nieuwe order, toog ik naar Udenhout en kocht ik daar bij Het Achterhuis een oude, grote deurbel. Een klok. Die hingen we aan de wand en nu mag en moet elke medewerker die een order afsluit of iets anders te vieren heeft aan de bel trekken. En daarna roepen waarom het gaat. Bijna elke dag gaat de bel. Voor degenen die niet aanwezig zijn wordt aan alle medewerkers ook nog een "Ring the Bell" e-mail verstuurd, zodat ze kunnen meegenieten. Vieren en goed nieuws melden staat natuurlijk haaks op slecht nieuws en vervelend doen. Daar hebben we het volgende op gevonden. Binnen onze organisatie is het verboden om slecht nieuws in te spreken op de voicemail. Tevens mag op vrijdagmiddag geen slecht nieuws meer worden verspreid. Daar wacht je maar mee tot maandag. Weer ongenuanceerd zeker? Slecht nieuws achterlaten op de voicemail heeft geen zin. Spreek het uit tegen de persoon, maar laat hem of haar niet met de brokken van het nare nieuws zitten. Zeker niet voor het weekend. Spui nooit negatieve energie als je weet dat de ander daar niets mee kan. Misschien geeft het jou een gevoel van "daar ben ik mooi vanaf", maar het creëert bij de ander zoveel negatieve energie dat ze doodmoe uit het weekend komen. Terwijl dat weekend nou juist bedoeld is om op te laden. Overigens is e-mail ook bij uitstek een middel om negativiteit te verspreiden. Pas ermee op, e-mail is geen goed communicatiemiddel!

Gezelliger

Dan de werkomgeving. Daar kan ik over aan de gang blijven. Het gemak waarmee je die verbetert en de geringe kosten die dat met zich meebrengt, zet je aan het denken. Waarom zijn er dan zo vreselijk veel saaie kantoren? Pakhuizen waarin keurig volgens wetenschappelijk vastgestelde normen mensen opgeslagen worden. Liefst met zijn tweeën in een klein doosje. Dat is wel zo efficiënt. Ik denk dat die immense hoeveelheden saaie kantoren vooral veroorzaakt worden door de zucht naar efficiency in combinatie met het zo goedkoop mogelijk willen aanbieden van nieuwe panden door ontwikkelaars. Mensen die daar mee bezig zijn, worden zo in beslag genomen door de kosten, de bouwplanning, de verhuizing dat zeker geen tijd wordt besteed aan de wensen van de mensen die er later in moeten gaan presteren. Die er later met plezier in moeten gaan werken. Het moet wel zo zijn, want wat verklaart anders de enorme geestdodendheid van de meeste werkomgevingen. De allereerste les is: gezelliger is altijd goedkoper. De tweede les is: gezelliger levert meer winst op. De derde les: gezelliger levert plezier op. Het is financieel dus altijd beter om een plek te maken in nauw overleg met de mensen die erin moeten gaan wonen. Wonen? Werken toch! Is er dan een verschil? Kom op, laat vanaf morgen de mensen zelf bepalen hoe ze hun werkplek inrichten. Hoeven ze geen aanvraag meer voor in te dienen. Neem maar van huis mee wat je leuk vindt, verf je muren naar hartenlust en hang aan de muur wat je wilt. Jeetje, wat een creativiteit zal dat opleveren.

Vrij en open

Vrijheid van doen en laten. Mensen mogen doen waar ze zin in hebben. Ik gaf onlangs een lezing voor een groep onderwijzers. De titel luidde: "Vanaf vandaag mogen we doen waar we zin in hebben". Een veilige titel, want er is toch niemand die dat durft te doen. Toen ik dat aan de titel toevoegde, zag ik het overgrote deel schaapachtig lachen. Inderdaad, wilden ze zeggen, ook al mag het… we doen het toch lekker niet.

Ook al mag het… we doen het toch lekker niet.

Vanaf nu mag je zelf bepalen hoe je je werk indeelt. Dat willen mensen heel erg graag. In plaats van keurige lijstjes invullen zodat mensen kunnen controleren of je wel veertig uur werkt. Ik vulde ooit een lijst in nadat ik anderhalve dag gewerkt had en stuurde mijn werklijst in via internet. Binnen een half uur kwam er bericht van een controller die me vroeg of ik het formulier kon verbeteren, want ik had me niet aan het format van 1 dag gehouden. Maar ik heb anderhalve dag, dus twaalf uur gewerkt die dag. Hoe moet ik dat dan invullen? Tja, daar moeten we het maar eens over hebben in het management team. Wel graag formulieren invullen zodat we kunnen controleren, maar niet buiten de grenzen treden. Wat maakt het in feite uit hoeveel uren iemand werkt? Ik geef toe, een enge vraag. Om medewerkers volledige vrijheid van doen en laten te geven, is het essentieel dat je per medewerker een duidelijke omschrijving maakt wat van hem of haar precies verwacht wordt. Wat is zijn doel, waarom is hij er. Sterker nog, laat die medewerker zelf zo'n beschrijving maken. Dat geeft nog meer energie. Dus morgen even een opdracht naar je hele afdeling: "Graag een A-4tje per medewerker waarop je schrijft wat je dit jaar gaat opleveren voor deze organisatie." Voor verkopers een hele gebruikelijke exercitie, maar voor administrateurs of receptionistes een stuk lastiger. Maar wel te doen en ook heel leuk!

En dan: openheid. Ik heb het makkelijkste onderdeel van dit verhaal tot het laatste bewaard. Als je alles zegt, ben je open. Bij Origin hadden we eens een discussie met de vakbonden over salaris. Eens? Eigenlijk elk jaar. Die discussie ging over minuscule verschillen in salarisverhoging die het bedrijf wilde. Toen ik erbij kwam zitten en aangaf dat we dat niet konden betalen, moesten de onderhandelaars glimlachen. Dat hadden ze eerder gehoord. Het was duidelijk dat ze dat niet geloofden. Maar toen ik hen aanbood dat ze de hele administratie in mochten zien om dan maar met een verantwoord voorstel te komen schrokken ze zich naar. Zij schrokken niet alleen, maar ook mijn gehele administratie. Je kunt de administratie toch niet openstellen voor de bonden. Ik zag niet in waarom niet. Dat was dus nog nooit eerder voorgekomen. Laat ze zelf dan maar ontdekken dat we het niet kunnen betalen. Dat het voor de lange termijn van dit bedrijf niet verantwoord is om de salarissen nog verder te verhogen. Ik weet niet wat exact het verloop verder was, maar de aangeboden ultieme financiële openheid leidde ertoe dat we er vervolgens snel uit waren met elkaar. Vertel hoe het is, leg uit hoe je denkt en vraag de ander om oplossingen zonder dat je die zelf gelijk aangeeft.

De crisis leidt tot bezuinigingen. Ik heb het al eerder gezegd. Maar de crisis leidt niet tot meer openheid, eerder tot minder. Stel dat een organisatie al haar medewerkers inschakelt om de crisis te bestrijden. Doe dat verdorie toch eens! Laat iedereen meedenken en laat je verrassen door de supergoede ideeën die daaruit voortkomen. Stel je open en kwetsbaar op en *be surprised*. The lights are green…

Laat iedereen meedenken en laat je verrassen door de supergoede ideeën die daaruit voortkomen.

Leiders in zwaar weer

Ik kreeg een zeer actuele vraag voorgelegd. Hoe je mensen gemotiveerd houdt in een organisatie die telkens krimpt. Dus een organisatie die telkens mensen ontslaat. Waardoor mensen aanvoelen dat ze wellicht in de volgende ronde eruit moeten. Of toch niet. Iedereen heeft weleens een situatie meegemaakt waarbij nieuwe leiders opstaan. Een auto raakt te water en iemand uit het publiek springt de auto na en redt de inzittende. Dit gebeurt dan vaak terwijl er tal van mensen aan de kant staan te kijken. Ik heb eens een ongeluk meegemaakt, waarbij iemand werd aangereden en vervolgens tientallen mensen gewoon op de fiets langs het slachtoffer fietsten, niets deden en er wel naar keken. Onbegrijpelijk. Was dat angst of ontkenning van het gebeurde? Gewoon doorfietsen alsof er niets aan de hand is. Totdat er een persoon ingrijpt. De leider.

Is het crisis, dan zie je vaak ook mensen opstaan die oorspronkelijk niet de manager waren van de afdeling of van het bedrijf. De managers zitten vaak met hun handen in het haar, totaal verlamd van schrik. Een ander staat op en onderneemt actie. Wat ik hier wil zeggen, is mijn eerste boodschap: de aangewezen managers zijn soms niet de echte leiders. De echte leiders kunnen gewoon onderdeel van de groep zijn en nog niet zijn opgevallen. Wil de echte leider opstaan?

De aangewezen managers zijn soms niet de echte leiders.

Bijzonder veel organisaties proberen door diep in te grijpen in hun medewerkersbestand de kosten zodanig te verlagen dat ze kunnen overleven. Dat zijn vaak traumatische en erg lastige processen. Ik ken niemand die met groot gemak honderden mensen ontslaat. Want je weet dat elk ontslag een klein drama is. Of een groot drama. Ik roep dan wel dat ontslag een verklede zegen is, maar zelfs als dat al waar is, moet je dat nog maar zien uit te leggen. Niemand ziet ontslag in eerste instantie als een *blessing in disguise*. Iedereen vindt het heel erg, in uiteenlopende gradaties. Het is in ieder geval een persoonlijke afwijzing, een diskwalificatie. Zelf ben ik ook eens een keer door mijn aandeelhouders weggestuurd. Hoewel dat een situatie was die eigenlijk al onhoudbaar was voordat we besloten uit elkaar te gaan, bleef het toch erg vervelend. Ik vond het beledigend zelfs. Wat een eikels. Terwijl ik eigenlijk blij moest zijn dat het gebeurde, en dat later ook wel weer was, voelde het op het moment anders. Bij mij was die gekrenktheid na een weekje wel weer over en begon ik weer nieuwe plannen te ontwikkelen. Maar elk bedrijf dat besluit om heel veel mensen te ontslaan weet dat het een traumatische periode tegemoet gaat. En hoe ga je daar als manager mee om? Hopelijk als een leider.

Verlamd

Ieder mens die ontslagen wordt, voelt dit (ook al weet hij het van tevoren) als een schok. Je weet ook dat je die mensen toch gemotiveerd moet houden. En wat dacht je van de anderen, die niet ontslagen worden? Organisaties kunnen vanwege dit fenomeen jarenlang in een depressie zitten. Ik heb reorganisaties geleid waarbij mensen in een continue angst zaten over hun toekomstige positie. Veel fusies of geplande fusies leiden ertoe dat mensen gaan wachten op de nieuwe situatie. Ik heb dat overigens nooit goed kunnen begrijpen, maar het fenomeen doet zich overal voor. Dus ook in krimpende organisaties. Met name daar. Voordat je het weet, gaat de totale populatie wachten op duidelijkheid. Starend naar hun stoelpoten. En het effect daarvan is dat een dergelijke organisatie zich naar binnen keert. Per saldo maken mensen zich over het algemeen drukker over zichzelf dan over de klant. En tja, de klant die moet dan wachten. Terwijl je dat als organisatie nu juist niet wilt. Je krimpt, ontslaat mensen, maar je wilt je omzet natuurlijk niet kwijtraken. Je wilt twee dingen tegelijk doen: bezuinigen en actief zijn in de markt. Druk zijn 'binnen' en druk zijn 'buiten'. En dat tegelijk en in beide situaties even gemotiveerd. In het jaar 2006 maakte ik een zakelijke afspraak met ABN Amro over hun grootschalige deelname aan een bepaalde activiteit. We hadden daar met veel mensen een jaar aan gewerkt en de afspraak was mondeling gereed rond de zomer van 2007. Hoefde alleen nog maar op papier gezet te worden. Je raadt het al, dat is dus nooit gebeurd. Eerst kwam de geplande overname door Fortis, waardoor dezelfde mensen die met mij de afspraak hadden gemaakt verlamd raakten en omwille van de fusie geen bindende afspraken meer mochten maken. Moet je nagaan, in het kader van een fusie de instructie verstrekken aan je mensen dat er geen afspraken meer gemaakt mogen worden met de markt. Maar, de fusie ging niet door. Sterker nog, het draaide helemaal om. Terwijl ik dit schrijf is het 2009 en nog steeds is er niets gebeurd, want we hebben nu immers een crisis. Dus weer geen afspraken met de markt. Nee, fusies en overnames zijn bijna altijd funest voor de marktwerking, de werking van de organisatie in de markt. Klanten gaan niet voor, merk je dan vaak.

Dit is zo'n beetje de omgeving waarin leiders nu moeten opereren. Voorwaar niet makkelijk, geef ik toe. Maar er zijn natuurlijk een paar gouden regels waaraan de goede leider moet voldoen. En die gouden regels zijn belangrijk om je medewerkers gemotiveerd te houden. Wees duidelijk en scherp, sommigen noemen dat wellicht hard. Maak snel aan iedereen duidelijk wie blijft en wie gaat. En leg uit waarom dat is. Openheid over de situatie maakt het voor de mensen die moeten vertrekken soms iets makkelijker te verteren, hoewel je geen al te hooggespannen verwachtingen moet hebben over het begrip dat getoond gaat worden. Haal mensen die weg moeten ook gelijk weg uit hun groep. Oneerbiedig gezegd haal je ook altijd, als het goed is, de rotte appels uit de fruitmand. Mensen die weg moeten, zullen dat zelden leuk vinden of begrijpen. En naast het feit dat ze dus niet meer functioneren nadat het hen is medegedeeld, zullen ze ook niet meer positief ingesteld doorgaan. Houd mensen die weg moeten dus nooit in de groep. Hoe sneller weg, hoe beter. Misschien zelfs naar huis, maar anders in een ander gebouw. Als je een sociaal programma opstelt voor de vertrekkers, voer dat dan ergens anders uit. Liefst fysiek op een andere locatie. De groep die achterblijft en het moet gaan maken, is reuze belangrijk. Daar ga je je aandacht op richten. Laat het afvloeien van de anderen aan iemand anders over. Daar heb je professionals voor. Je mag natuurlijk je gezicht wel laten zien en laten merken dat het je wat doet, maar geef al je energie aan de blijvers. Al je energie!

Ramen opengooien

Waar haal je die energie toch vandaan?

Doorzie dat de groep die blijft ook vaak onzeker is over haar toekomst. Ook al heb je gezegd dat het hierbij blijft, geloven mensen dat vreemd genoeg bijna nooit. Ze denken dat dat is wat je wilt of hoopt, maar wie kent de toekomstige omstandigheden? De leider gaat zijn groep energie geven. De leider moet dus zelf energie hebben. Anders kun je het natuurlijk niet uitstralen. Waar haal je die energie toch vandaan? Nou, dat is makkelijk: uit de markt. Of je nu een bank bent, een automobielfabrikant of een verzekeraar, de omzet komt altijd uit de markt. Daar gebeurt het, daar gebeurt alles. Dus daar moet je nieuwe groep zich direct op gaan richten. Dat lijkt heel voor de hand liggend, maar het gebeurt bijna nooit. De deuren en ramen blijven ten tijde van krimpen of reorganiseren soms beangstigend lang dicht. En met de deuren en ramen dicht gaat het stinken en rotten. Gooi dus onmiddellijk alles open. Daar zie je de echte leiders. Dat zijn dus mensen die niet gaan kniezen, achteroverleunen tot het einde van de reorganisatie, wachten op het signaal van de CEO dat alles weer in orde is, afwachten tot de fusie toch echt een feit is. Dat zijn de koelkastleiders. De werkelijke leiders nemen per direct het heft in handen en gaan dingen DOEN. Ben jij een echte leider, dan wacht je niet af en handel je naar eigen goeddunken. Binnen de grenzen van het betamelijke, zou ik willen zeggen. Je moet bewegen, dat wordt verwacht van de leider.

Dus, de groep waarmee je verder moet, ga je meenemen naar buiten. Je gaat ze aanzetten tot actie, je gaat ze motiveren om niet te wachten. Je gaat ze aanzetten om de ramen en deuren wagenwijd open te gooien. Klanten vinden dat fijn, de markt zal hier positief op reageren. "Tja, de bank heeft het moeilijk, maar ze hebben altijd tijd voor mij gehouden". Wat een compliment, en hoe logisch eigenlijk ook.

Openheid en authenticiteit zijn belangrijke kenmerken van de leider, zeker in moeilijke tijden. Wees eerlijk tegen je team, deel je zorgen, deel je uitdagingen. Hoe maak je weer een team van de krimpende groep? Door weer heel snel een gezamenlijk doel te hebben. Maak mensen trots. Trotse mensen presteren meer en beter. En die trots is voor een deel verloren gegaan. Dat moet dus vliegensvlug terugkomen. Wachten kan niet. De belangrijkste fout, dat mag duidelijk zijn, is wachten op orders van bovenaf of wachten op het einde van de fusie of reorganisatie. Dat einde komt soms helemaal niet of is totaal anders dan gedacht.

Verfrissende doelen

Presteren in de markt is tenslotte iets om trots op te zijn. Fantastisch als jouw groep er het beste in slaagt om omzet te maken, om goede financiële prestaties te leveren. Daardoor werk je je bovendien uit de gevarenzone. Tja, die groep moeten we ontzien in de bezuinigingen, want zij presteren zo ontzettend goed. Daar gaat het om. Zorg dat je team het zo goed doet, dat ze een voorbeeld zijn voor de rest. Moet je dan net doen alsof er geen ontslagen of reorganisaties zijn? Ik denk van wel, negeer de ellende maar een beetje. Ik zou daar ook eerlijk in zijn, anders denken mensen wellicht dat je je kop in het zand steekt. Maar als je zegt waarom je dat doet, dan gaat de groep wellicht zelfs meebewegen. En dat is wat je wilt. Jan Hommen, de nieuwe baas van ING, zei dat het nu geen tijd is om over groei na te denken. Hij bedoelt daar ongetwijfeld niet mee dat bepaalde segmenten van de bank niet mogen groeien. Groei als *overall* doelstelling wordt even losgelaten. Maar als er afdelingen van de bank zijn die gewoon door extra aandacht voor de klant hun omzet zien groeien, zal dat zeker toegejuicht worden.

De sterke leiders nemen de groep bij de hand en wijzen hen de weg. Zij kennen of tonen geen aarzeling en zorgen voor een veilige plek. Gaan voor hun mensen staan en de mensen voelen dat. De leider is loyaal aan hen en zij aan de leider. De een kan niet zonder de ander. De leider motiveert zijn mensen door doelen te stellen die haalbaar zijn en die iets toevoegen aan de oplossing van het probleem. En de meest verfrissende doelen liggen buiten. Je kunt wel zeggen dat er ook interne doelen zijn, bijvoorbeeld verlagen van de overhead. Maar meestal zijn dat niet de leukste doelen. "Hoera, wij hebben 12% bespaard, in plaats van de vereiste 10%". Nou, fijn joh, lekker doorgaan met je interne geneuzel. Het is fijn als de doelen die je voor je team stelt zowel een bijdrage leveren aan het interne als aan het externe. Meer omzet bij klanten draagt zowel bij aan het interne probleem van de kosten als aan het externe probleem en dat is de perceptie bij de klanten.

Klanten mogen nooit losgelaten worden. Klanten zijn altijd belangrijker dan de eigen problemen. Want de klanten zijn de enige life line in moeilijke tijden. Let op dat je het team waarmee je door moet werken ook mentaal losmaakt van de omgeving waarin je werkt. Dus neem ze mee op pad, letterlijk en figuurlijk. Investeer in dingen die de zinnen verzetten. Dat hoeft niks te kosten, heb ik in een ander hoofdstuk al uitgebreider beschreven. Besteed als leider overdreven veel aandacht aan je team. Investeer in ze en laat zien dat het niks kost om te genieten van het leven. Het leven in een organisatie die in zwaar weer verkeert. Geef ze een hand en neem ze mee. Maak het leuk!

De leider verbindt zich met andere leiders, weet dat hij het niet alleen kan en zoekt contact. Met leiders binnen de eigen organisatie en daarbuiten. Om ideeën op te doen en om zichzelf te kunnen verbeteren. Deze leiders zijn niet bang voor anderen en durven zich bloot te geven, stellen zich kwetsbaar op. Tja, de leiders die ons door de storm gaan loodsen, zijn voor niets en niemand bang.

Klanten zijn de enige life line in moeilijke tijden.

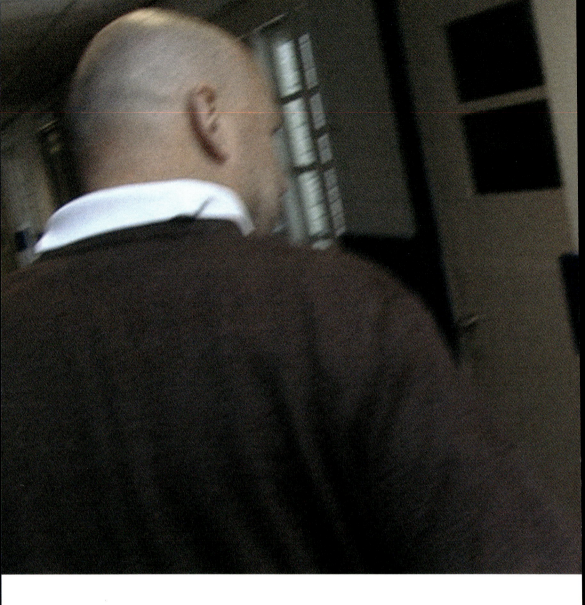

Bezuinigen. Het makkelijkste dat er is. Besparen, economiseren, inkrimpen, ombuigen. Schrapen en beknibbelen. Hand op de knip. Ik ken het begrip al mijn hele leven, want er zijn natuurlijk al de nodige crises geweest in de afgelopen tientallen jaren. "Nog nooit zo erg als nu", verzucht de sufferd telkens weer. Niet wetend dat het niet uitmaakt of een crisis groot of klein is. Crisis is crisis en vergt een stevige aanpak. Want de wereld draait door, de mensen blijven eten, bellen, autorijden, slapen, boeken en kranten lezen, lachen, huilen, haten en liefhebben. En dergelijke.

Haal ze van de bank

Besparen is dan noodzaak. Zoals dat eigenlijk altijd een noodzaak is, maar meestal niet gebeurt. Ik denk dat elke goeddraaiende organisatie normaal gesproken elke zeven jaar vervet. Mooi woord voor een organisatie: vervetten. En hoe treedt die vervetting op? Neem een

Lekker snijden in de kosten

gemiddelde crisis: het gaat niet goed en we moeten op de kosten gaan letten. Wat dan? Welnu, we beginnen met de makkelijke kosten: marketingkosten en een *hiring freeze*, zoals dat heet. We stoppen onmiddellijk met inhuur en sturen zo snel als we kunnen alle ingehuurde krachten weg. Daarom merken uitzendbureaus het meestal als eerste als er een crisis opduikt. Overigens, de gemiddelde automatiseringsbedrijven zijn per saldo ook vaak uitzenders, detacheerders genaamd, en zij voelen het dus ook meteen, want ook hun mensen worden naar huis gestuurd. En zitten daar vervolgens "op de bank". Een vreselijk en zeer ouderwets fenomeen. Mensen van automatiseerders zitten op de bank, alwaar ze vanachter hun beroemde geraniums naar buiten staren. Zijn die innovatieve bedrijven nou echt niet in staat om die kostbare mensen voor iets nuttigs in te zetten? Geld kosten ze toch. Denk vooruit, haal je mensen van de bank. Want bankzitters zijn gemotiveerd en werkende mensen vaak niet. In mijn tijd bij Origin hadden we ook weleens behoorlijk wat bankzitters. Ooit boden we aan het ministerie van Justitie aan dat deze mensen hun probleem van cybercriminaliteit konden gaan aanpakken. Voor niets. Voor niets? Ja, en omdat dat zo bijzonder was, werd ik bij de Secretaris-Generaal van dat ministerie geroepen. Hij kon eigenlijk bijna niet geloven dat wij zoveel maatschappelijke verantwoordelijkheid voelden dat we zomaar mensen voor niets aan hem ter beschikking stelden om dit grote probleem op te lossen. Maar anders zouden ze op de bank zitten.

Hopelijk kun je je nu voorstellen hoe het is om mensen, die je toch moet betalen, ergens voor in te zetten in plaats van bank te laten zitten. En dat geldt overigens voor veel sectoren. Ook in de automobielindustrie worden mensen tijdelijk naar huis gestuurd en zijn we blijkbaar met z'n allen niet in staat die mensen iets nuttigs te laten doen. Ik begrijp dat we even minder auto's van de lopende band willen laten rollen. Maar helemaal niks doen? Valt er in de omgeving van de fabriek niets schoon te maken dan? Zijn er geen maatschappelijk relevante projecten in de buurt van die fabriek, waar we onze mensen voor kunnen inzetten? Want bezig zijn is veel leuker dan thuis zitten. Maar blijkbaar is dat wel heel erg *out of the box* gedacht...

Mijn pleidooi hier is simpel. Mensen die we even niet willen inzetten, maar die we toch doorbetalen, gaan meewerken aan onze maatschappelijk relevante doelen. Die wij ons als bedrijf al eerder hadden gesteld, maar die inmiddels ook ten prooi zijn gevallen aan de bezuinigings-woede. Of we zetten ze in op projecten voor klanten, waarbij we de klant iets extra's geven. Toegegeven, het is niet altijd even makkelijk om projecten te bedenken. Misschien kunnen we niet iedereen ermee bezig houden, maar denk aan de enorme *goodwill* die het oplevert als we mensen inzetten voor projecten die niet direct ons bedrijfsdoel dienen en waar ze niet voor zijn opgeleid. Maar die wel goed zijn voor onze omgeving en dus ook voor ons bedrijf. Op de langere termijn. Laat de mensen die niets te doen hebben en toch doorbetaald worden in ieder geval nadenken en meedenken hoe de crisis te bestrijden is. Zet ze actief aan het denken en ga ervan uit dat je medewerkers met jouw bedrijf door willen en dat ze dus bereid zijn mee te denken. Werkverschaffing anno 2009 en verder. Loof een prijs uit, stimuleer ze, geef ze aandacht. Het is je zogenaamde *human capital*. Zie je dat woord? Kapitaal!

Boven in de piramide

We hebben het nu dus gehad over het snijden in inhuurkrachten, marketing en werving en selectie. Laten we daar aan toevoegen dat we gaan snijden in alles dat met *sustainability* te maken heeft. Een opvallend fenomeen. Alhoewel om ons heen alles gelukkig "groener" wordt en mensen bewuster gaan leven, doet zich bij een crisis een overigens niet verbazingwekkend fenomeen voor. Dat is dat als eerste gesneden wordt in maatschappelijk verantwoord ondernemen en duurzaamheid. Niet onbegrijpelijk, wel verkeerd. Ga naar een willekeurig arm land en je

Bezig zijn is veel leuker dan thuis zitten.

ziet exact hetzelfde fenomeen. De Maslow-piramide. Eerst de basisbe-hoeften en daarna de luxe doelen, om het maar even simpel te stellen. Basisbehoeften zijn natuurlijk eten, drinken, een dak boven ons hoofd. En daarvoor hebben we geld nodig. Pas nadat aan onze basisbehoeften voldaan is, gaan we nadenken over de doelen die verder van ons bed af liggen en daar hoort helaas duurzaamheid bij. Blijkbaar werkt het zo. In China en zelfs in Groenland vervuilen ze er naar hartenlust op los. Inte-resseert de gemiddelde inwoner geen snars of hij vervuilt. Als hij maar geld voor eten, drinken en woning heeft. En daarna volgt de brommer of de auto. Zeer vervuilend. Dan volgt heel lang niks en als iedereen het goed heeft komt voorzichtig duurzaamheid om de hoek kijken. Totdat het zo dicht bij huis komt, bijvoorbeeld geen schoon water meer, dat het belang van duurzaamheid de piramide aantast.

Ga wat doen

Dus wat in de beschaafde westerse wereld nu gebeurt, is in de rest van de wereld al lang aan de gang. Overigens wel een bedenkelijke ontwikkeling. Maar "ik kies voor de banen van mijn medewerkers, en daar moet ons duurzaamheidprogramma dan maar even onder lijden". Of "ik zou geen goede manager zijn als ik duurzaamheid voor liet gaan, toch?" Tja, zo zakken we toch af, vind ik. Met het genoemde voorbeeld over inzet van minderproductieve mensen kunnen we toch nog veel doen aan *sustainability*. Banken kunnen minder productieve mensen, die vaak goed opgeleid zijn, bij bossen inzetten voor duurzaamheid en duurzaamheidprojecten bij andere organisaties en overheid. Leuk idee, al zeg ik het zelf. Maar zouden die bankmedewerkers dan niet zeggen "ja maar daar ben ik niet voor opgeleid", of "dat staat toch echt niet in mijn functieprofiel". Braak….

FUNCTIEPROFIELEN. Met hoofdletters geschreven, want daar moeten we ten tijde van crisis even echt afscheid van nemen. Misschien wel permanent, maar zeker nu. Wat lopen die dingen ons in de weg zeg, als we flexibel de strijd met de crisis aan willen gaan. Even terug naar bezui-nigen; we beginnen nu dus met het afschaffen van alle functieprofielen en delen al onze medewerkers mee dat we hen dusdanig waarderen dat we hen als ons human capital gaan inzetten bij het bestrijden van de crisis. Dus dat iedereen de beschermende grenzen van de functiebe-schrijvingen overboord moet gooien. Brede inzetbaarheid van iedereen. Snijden in marketing kan vaak veel dieper gaan dan we denken. Nog een andere "wijsheid": ga niet dom bezuinigen door de kaasschaafme-thode te hanteren. "Al onze kosten moeten met 20% omlaag", of zoiets doms. Want sommige kosten kunnen wel met 80 of 100% omlaag en andere kosten moeten omhoog in een crisistijd.

Meer sales, minder marketing

Mijn eerste bedrijf had geen budget voor marketing, maar moest wel marketing bedrijven. Dus creatief nadenken over activiteiten die je kunt gaan doen met je klanten, maar die niets kosten. Denk eens aan dat enorme potentieel aan mensen, die je wel wilt houden, maar waar je even geen werk voor hebt. Honderden, soms duizenden mensen die klanten kunnen gaan bezoeken. Zijn ze daar niet voor opgeleid? Weet dat een klant liever te maken heeft met een deskundig iemand dan met een verkoper. Biedt perspectieven, niet? Marketingafdelingen zijn vaak doorschuivers van budgetten, van intern naar een bureau dat daar dan voor gaat werken. De zogenaamde marketingdeskundigen die jij binnen je eigen bedrijf hebt, blijken feitelijk niets meer te zijn en te doen dan coördinatie van externen. Ontneem ze hun budget, en ze weten niet meer wat ze moeten doen. Want ja, wat moet je tenslotte doen als je geen miljoenenbudget meer hebt om advertenties voor te plaatsen. Creatief worden, hoe bedoelt u? Let wel, een crisis toont onmiddellijk (en zeker op de marketingafdelingen) wat voor vlees we in de kuip hebben. Kunnen ze iets of zijn het doorschuivers? Op marketing kun je in mijn ogen dus fors bezuinigen. Marketing is iets heel anders dan het omgaan met klanten. Net zoals de beste verkopers vaak de deskundigen zijn en niet de echte verkopers. Een wielrenner verkoopt tenslotte makkelijker een dure wielrenfiets dan een echte fietsverkoper. Zoals een telefoonmonteur makkelijker een nieuwe telefooncentrale verkoopt dan een verkoper daarvan. Waarom, omdat mensen meer vertrouwen hebben in deskundigen dan in gladde verkooppraatjes. Zeker in een crisis, zou ik er aan willen toevoegen. Dus verkoopactiviteiten, met name alles dat direct met klanten te maken heeft, zou ik vooralsnog even buiten elke bezuiniging houden.

Personeelskosten zijn bijna altijd de grootste kostenpost. Groot en onaantastbaar. Hoe vaak ik managers in de afgelopen maanden al niet heb horen zeggen dat ze overal gaan besparen, maar niet op salarissen. Onvoorstelbaar. Omdat het de grootste post is, moet je daar toch iets mee doen. Mensen ontslaan. Wellicht, maar dat kost initieel heel veel dus als je denkt dat de crisis van korte duur is... Maar als we het over vervetting hebben, kunnen we er gevoeglijk van uitgaan dat elke zeven jaar ons medewerkersbestand ernstige vormen van vervetting oploopt. Iedereen een secretaresse, te veel mensen op de expeditieafdeling, te veel verkopers met te veel binnendienst. Het eerste waar veel ondeskundige mensen over klagen, is over hun werkdruk. Vaak wordt dat opgelost door mensen aan te nemen in plaats van zoeken naar efficiëntere werkvormen. Zeker in tijden van overvloed wordt op een medewerker meer of minder niet gekeken. Als er weinig geld is en als het bedrijf zuinig is (wat je ook weleens tegen komt gelukkig) dan wordt veel minder makkelijk personeel aangenomen.

Aannemen is makkelijk, maar hoe kom je er van af? Klinkt wel erg hard hè? Is niet de schuld van die medewerkers, maar van de sukkels die veel te makkelijk aannemen. Dus al was het alleen maar om de zeven-jaarlijkse vervetting tegen te gaan is het goed om eens kritisch naar het personeelsbestand te kijken. Ook al levert het op korte termijn weinig

Ontneem ze hun budget, en ze weten niet meer wat ze moeten doen.

besparing op. Natuurlijk, creatief kijken naar inzet van de mensen of salarisverlaging voor iedereen zijn ook oplossingen. Arbeidstijdverkorting, hoe goed bedoeld ook omdat de mensen dan in dienst blijven, vind ik niet de meest eerlijke en charmante oplossing. Allereerst, laat de mensen bezig blijven en verdiep je in mogelijkheden die daarvoor bestaan. Wijk af van de vaak in-beton-gegoten profielen. En ga er niet vanuit dat medewerkers niet bereid zijn salarisverlaging te accepteren. Onderzoek heeft uitgewezen dat een hoog percentage medewerkers daar wel toe bereid is. Mits voor iedereen van hoog tot laag, mits goed uitgelegd. En mits ze het ingeleverde geld weer terugkrijgen als het weer goed gaat. Dus laat deze grootste kostenpost niet als een hete aardappel links liggen, maar heb de moed om hem aan te pakken.

Ga nog dieper

Nog een advies dat moeilijk te verteren is: ga in het besparen van kosten veel dieper dan je van plan bent. Als je 10% wilt besparen en het daarmee denkt te redden, bespaar dan 20%. Ga verder, en niet in de laatste plaats omdat je niet weet hoe lang de crisis gaat duren. Ik sprak pas een financieel specialist die me vertelde dat de crisis veel langer zou gaan duren dan iedereen denkt. Ik keek hem verbaasd en eigenlijk ook een beetje minachtend aan. "Jij was toch degene die eind 2008 nog zei dat de crisis aan ons voorbij zou gaan, of vergis ik me?" Financieel specialist af door de achterdeur.

Waarom moet je dan dieper snijden? Hoofdreden daarvoor is dat je een budget moet gaan opbouwen voor klantacties. Meer service voor de klant, meer directe verkoopaandacht voor de klant, betere service op call centers, meer geld om klanten te gaan bezoeken, meer budget voor het fêteren van de klant, variërend van voetbalkaartjes tot golfdagen. De klant moet een ongekende aandacht gaan krijgen, want het is juist nu dat de klant onze salarissen betaalt. En dat fijn moet vinden. Wij helpen hem en hij helpt ons. Laat de klant later betalen, geef hem extra product voor hetzelfde geld. Realiseer je dat het op grote schaal benaderen van de markt en het openen van nieuwe markten veel geld kost. En daarop bezuinigen we juist nu helemaal niet. Die budgetten gaan omhoog! Moeilijk, dat wel. Dus de kaasschaaf kan de prullenmand in en de slagroomspuit in de aanslag.

Ga in het besparen van kosten veel dieper dan je van plan bent.

Begin voor jezelf, da's pas makkelijk

Een begin
markeert het
verschil tussen
niet begonnen zijn
en wel begonnen
zijn.

Er zijn werkelijk honderden redenen waarom mensen voor zichzelf beginnen. Variërend van dat je niet anders kunt tot een door wanhoop gedreven noodzaak. Je kunt zo geboren zijn, je kunt het geërfd hebben, letterlijk of figuurlijk, maar je kunt het ook ongewild doen. Je kunt als algehele mislukkeling toch per ongeluk tegen iets aanlopen en succesvol worden, je kunt per ongeluk een briljant idee gepatenteerd hebben en jaren later alsnog slagen. Of niet slagen en je kinderen wel. Je kunt als kind ergens inrollen dat je eerst niet leuk vindt en later wel. Ik kan uren voorbeelden opsommen van redenen waarom mensen voor zichzelf begonnen zijn. Maar het is eigenlijk niet zo belangrijk om vast te stellen hoe je zou kunnen beginnen. Een begin markeert het verschil tussen niet begonnen zijn en wel begonnen zijn. Ineens ben je aan de gang.

Hoe gaat dat dan? Meestal komt die vraag van mensen die heel graag ook ondernemer willen zijn. Die heel graag willen delen in de schijnbare onafhankelijkheid en rijkdom. Voor mij is onafhankelijk denken het grootste goed van ondernemerschap. Daarom begin ik altijd weer voor mezelf. Als ik me in een bepaalde situatie beklemd voel dan begin ik weer voor mezelf. Ik wil ik zijn en altijd zelf bepalen wat ik doe. Zouden niet-ondernemers dat herkennen, vraag ik me af. Want dat onafhankelijke denken kan ook als je voor iemand werkt. Als je medewerker bent in een of andere organisatie. Onafhankelijk denken zit in je eigen hoofd, dus als je dat als ondernemend beschouwt dan kun je voor jezelf beginnen terwijl je gewoon in loondienst bent. In die zin kan dan eigenlijk iedereen voor zichzelf beginnen. In je hoofd. De succesverhalen inspireren en stimuleren mensen om te gaan doen wat ze echt willen. Als ik er zo over nadenk, heb ik nooit expliciet bedacht dat ik een vrije ondernemer wilde worden. En de meeste ondernemers die ik goed ken, hebben dat ook niet gedacht toen ze begonnen. Het maakt niet uit wat voor naam je het beestje geeft. Het belangrijkste is dat ik mijn droom waarmaak. Wat die droom ook is. Zo beginnen de meeste ondernemers voor zichzelf. Geld speelt daarbij vaak een belangrijke rol, of je het nou wilt of niet. Van denken meer te kunnen verdienen als je het zelf gaat doen tot de wens om miljonair te worden.

Autoverkoper, frietbakker…

Een goede vriend van me die voorheen autohandelaar was, wordt sterk gedreven door de wens om heel rijk te worden. En werkt zich daarvoor uit de naad. Is een echte jongen van de straat. *Streetwise.* Weet precies wat hij wel en niet moet doen. Maar een ding weet ik zeker. Als hij geconcentreerd zijn ding aan het doen is, wordt hij slechts gedreven door de wil om te slagen. 's Avonds geniet hij van succes of baalt hij van mislukking, maar hij denkt op die momenten zelden aan geld. Terwijl het wel de overheersende rol speelt. Maar zelden worden mensen zo door geld gedreven dat ze er de hele dag aan zitten te denken. Daar hebben ze geen tijd voor, want ze zijn bezig met het spel. En dat spel heet winnen.

Een andere bekende van me heeft gestudeerd, is gepromoveerd, en wendt al zijn deskundigheid aan om in de biotechnologie te slagen. Wordt permanent gedreven door de technologie. Geld speelt slechts een rol als middel om te slagen. Helemaal niet als doel. Maar ook hij wordt gedreven door het spel en dat is winnen, slagen.

Een familielid van mij was medeoprichter van een nu hele grote frietfabrikant. Dag en nacht werd gewerkt aan het opbouwen van de grootste en beste frietbakker. Het bedrijf groeide als kool. Geld speelde een belangrijke rol om de groei te financieren. Maar ook daar ging het erom de beste en wellicht de grootste te worden. Het ging om winnen.

Een andere vriend van me is een jaar geleden begonnen met een organisatie die juristen op parttime basis uitzendt. Een dag, een halve dag per week. Niemand wilde er in het begin aan, en hij maar werken. Is geld daar belangrijk? Heel erg, zeker als het nog niet verdiend wordt. Maar zodra die drempel overschreden is, gaat het ook daar om het laten zien dat zijn idee heel erg goed was. Dat zijn droom uitkomt. Dat hij wint.

Mensen die voor zichzelf beginnen willen laten zien dat ze het kunnen, dat ze gelijk hebben, dat hun idee goed is, dat hun droom uit kan komen. Voor jezelf beginnen alleen maar om voor jezelf te beginnen geeft je niet genoeg energie om het te halen.

Ik ook, ik ook

"Ik wil ook voor mezelf beginnen", hoor ik de laatste tijd heel erg veel. Vaak van mensen die voor zichzelf willen beginnen, maar niet precies weten waarin of waarom. Kan dat ook? Even naar mezelf kijken. Ik werkte voor Philips en verveelde me. Het was saai voor mij en ik had er eigenlijk ook niks te vertellen. Als klein kind wilde ik altijd al de baas zijn. Dat was mijn grootste drijfveer om voor mezelf te beginnen. Tijdens mijn middelbareschoolperiode werd mijn jongere broer voorzitter van een natuurstudieclub. Dat leek me fantastisch! Niet zozeer die natuurstudie, maar het voorzitter zijn. Dus zat er voor mij niets anders op dan ook maar een vereniging op te richten, wat ik ook deed. Met als reden dat ik zo graag voorzitter wilde worden.

Als klein kind wilde ik altijd al de baas zijn.

Ik begon voor mezelf omdat ik graag de baas wilde zijn. Ik dacht dat ik de baas wilde zijn van een bedrijf en liefst een groot bedrijf. Toen Philips mij daar nog niet geschikt voor vond zat er niets anders voor mij op dan maar voor mezelf te beginnen. Ik denk dat wel meer mensen dat als reden hebben. En die reden was bij mij erg sterk. Ik wilde de baas zijn van liefst een heel erg groot bedrijf. De baas zijn. Pas na heel veel jaren ontdekte ik dat ik eigenlijk de baas van mezelf wilde zijn en dat ik daar niet per se een heel erg groot bedrijf voor nodig had. Maar dat was toen nog niet duidelijk. Dat leerde ik pas toen ik leiding gaf aan het hele grote Origin in Nederland. Maar ook voor mij speelde geld geen overwegende rol. Ook ik had een droom en wilde die bereiken. Ook ik wilde winnen en werd daarbij gedreven door een tomeloze energie.

Willen winnen, een droom en tomeloze energie. Dat zijn basisingredienten die je minimaal in je bagage moet hebben, wil je als ondernemer succesvol zijn. Pas dus op dat je je niet verkijkt op de romantische verhalen van de succesvolle ondernemers die veel geld verdienen en rondlopen op de societypagina van De Telegraaf. Want daar gaat het niet over. Als je dat alleen maar nastreeft, vrees ik dat je niet genoeg hebt om te slagen. Waarom wil je voor jezelf beginnen? Stel jezelf die vraag allereerst. En geef daarop aan jezelf een eerlijk antwoord. Let op, oneerlijke antwoorden komen altijd uit. Als het antwoord is dat je voor jezelf wilt beginnen omdat je heel erg rijk wilt worden, neem dan maar van mij aan dat dat zelden een goed reden is. Zelden zeg ik, want het wil weleens zo belangrijk zijn dat mensen er in slagen.

Goede redenen

Voor jezelf willen beginnen omdat je dan lekker alleen bent en je eigen dag kunt indelen. Als ZZP'er, zelfstandige zonder personeel. In aantal groeiend naar 1 miljoen ZZP'ers, alleen al binnen Nederland. Blijkbaar is het dus een goede reden om voor jezelf te willen beginnen. Maar ook daar zitten heel veel mensen tussen die voor zichzelf beginnen, omdat ze dan net iets meer verdienen dan wat ze verdienden in loondienst en ze bovendien een grotere vrijheid hebben. Maar zodra het economisch minder gaat, trekken tienduizenden van deze ZZP'ers zich weer onmiddellijk terug in de veilige omgeving van een bedrijf. Waar ze niet zelf werk hoeven te genereren en ze niet zo alleen zijn. Want al die mensen die voor zichzelf beginnen om hun eigen dag te kunnen indelen, dat is helaas een falen van het bedrijfsleven. Dat daarmee mensen verliest, omdat bedrijven niet in staat zijn gebleken aan die massale wens van die ZZP'ers te voldoen. Dus aan willen winnen, een droom met tomeloze energie als redenen om voor jezelf te beginnen voegen we nu de wens van vrijheid toe. Het is niet direct de financiële onafhankelijkheid, maar vooral ook geestelijke. Geld verdienen kan natuurlijk leiden tot financiele onafhankelijkheid.

We hebben hier dus een paar hele belangrijke redenen verzameld waarom mensen voor zichzelf willen beginnen. Het is heel nuttig om voor jezelf vast te stellen hoe dat bij jou zit. Droom je een romantische droom of is de wens diepgeworteld? En die vraag heeft weer te maken met de enorme opofferingen die je je moet getroosten om te slagen. Vaak althans, want je ziet ook mensen die ogenschijnlijk de jackpot aanboren. Ogenschijnlijk, want ook daar zit vaak een groter verhaal achter. Van bijvoorbeeld vele mislukkingen die je niet ziet.

Wil je winnen, heb je dat kristalheldere doel voor ogen en weet je precies hoe je daar heen moet? Ook al moet je afwijken van het pad, je zult er komen. Heb je dat gevoel? Is dat gevoel zo sterk dat je er alles voor over hebt? Dat je je huis ervoor durft te verkopen, dat je er je baan voor durft op te zeggen? Is het zo sterk? Als het zo sterk is, dan vraag ik me af waarom je niet al lang begonnen bent. Ontslag indienen, bedrijf oprichten en beginnen. Sommige mensen hebben dat sterke idee al op hele jonge leeftijd voor ogen en beginnen dan gelijk. Laat er overigens geen misverstand over bestaan. Die droom, dat kristalheldere idee gaat in de loop der jaren, terwijl je onderweg bent erheen, zeker veranderen. Of er komen ideeën bij. Zonder je al teveel te laten afleiden van je eerste idee, mag je er best wat bij doen. Maar een sterke focus draagt wel bij aan succes. Dus mijn advies zou zijn dat je er in het begin niets naast doet.

Een kennis van mij die begon als glazenwasser en nu een bedrijf in de haven heeft, start om de zoveel jaar wel weer iets nieuws. Dat soort mensen noem je een *serial entrepreneur*. De grote kunst daarbij is het om zoveel te doen dat je nog net alle bordjes in de lucht kunt houden. Want als ze eenmaal gaan vallen, dan vallen er vaak meer. En dan had je dus teveel borden in de lucht gebracht. Het is een balans, want een mens kan nou eenmaal niet alles. Zoals zoveel serial entrepreneurs al door schade en schande geleerd hebben.

Maar als je gaat starten, blijf je dan zo lang mogelijk concentreren op dat eerste idee. En maak daar een succes van.

Het hoeft niet

Je hoeft niet per se voor jezelf te beginnen. Je bent geen mislukking als je geen ondernemer bent. Want voor jezelf beginnen is makkelijk voor mensen die dat al eens gedaan hebben of mensen die het in hun bloed hebben. Maar de drempel voor hen die dit allebei niet hebben kan enorm groot zijn. Vaak onoverkomelijk groot. Ploeter dan niet in je eentje verder. Hulp is dichterbij dan je denkt. Zoek in je directe omgeving een ervaren ondernemer op en voer een gesprek. Probeer tijdens dat gesprek vast te stellen hoe sterk bij jou de ingrediënten voor succes zijn:

- Droom
- Tomeloze energie
- Wens tot onafhankelijkheid
- Wil om te winnen

Het gat in de markt

Het ultieme ondernemerschap, de ultieme kans, door niemand eerder opgemerkt, iedereen wacht erop, boor het aan en je wordt rijk, *instantly*. Het mysterieuze gat in de markt, de heilige graal. Bestaat dat? Ja, er zijn gaten in de markt. Maar die zijn zo moeilijk te ontdekken dat maar weinigen erin slagen om ze direct aan te boren. Het komt zelfs vaker voor dat een gat in de markt per ongeluk wordt aangeboord. Men is op zoek naar wat anders en raakt opeens iets aan dat later een gat in de markt blijkt te zijn. Een toevalligheid.

Kunstmatige intelligentie was in de jaren tachtig een totaal nieuwe markt. Dat wil niet zeggen dat het een gat in de markt was. Voor de kenners die zagen dat de markt voor kunstmatig intelligente software applicaties zich aan het openen was in de Verenigde Staten leek het erop dat er snel in Europa ook vraag zou gaan ontstaan. En omdat die vraag er nog niet was, en er bovendien nog geen aanbieders waren, werd het een gat in de markt genoemd. Maar de belangrijke denkfouten die gemaakt werden, waren de volgende. Allereerst wist niemand wat het was en wat je er mee kon, dus het gat was onzichtbaar. En ten tweede was iedereen veel te vroeg, dus het was een gat dat voorlopig nog geen gat zou worden. Het zou nog vele jaren duren. Ik noemde het later een gat dat zo groot was dat niemand het zag.

Een gat dat zo groot was dat niemand het zag.

Superidee?

Op zoek naar een markt en al bouwende aan een bedrijf komt het soms voor dat een bedrijf per ongeluk een gat aanboort. Ik denk aan Microsoft. Begonnen met een besturingssysteem, kwamen ze later op het idee van de tekstverwerker en de spreadsheet. Het besturingssysteem was wel aardig, maar doordat er applicaties als tekstverwerker ontstonden gingen mensen ineens het nut van de PC inzien. De tekstverwerker en de spreadsheet werden *killer apps*, supersuccessen en gaten in de markt. Waar vele bedrijven als een dolle in sprongen. Maar de eerste slag was een daalder waard voor Microsoft.

Of een boer in Texas die naar water boort en per ongeluk op olie stuit. Boor je toch letterlijk een gat in de markt aan. Op zoek naar iets anders en toevallig de jackpot raken. Vaak hebben mensen een heel erg goed idee en denken ze daar een bedrijf in te moeten beginnen. Al snel wordt er gesproken over het gat in de markt. Hoe vaak ik niet benaderd ben door mensen met een superidee, het ei van Columbus. Niemand anders in de wereld heeft zoiets moois bedacht. Nu werd ik vroeger al argwanend als iemand dit soort argumenten hanteerde. Want toen al realiseerde ik me dat de kans dat ergens in de wereld iemand anders hetzelfde idee zou hebben toch wel tamelijk groot was. Ik heb geleerd dat als iemand ergens in de wereld een briljante gedachte heeft de kans bijna 100% is dat ergens anders in de wereld iemand anders precies hetzelfde idee heeft. Over dat fenomeen zijn overigens vele boeken en theorieën geschreven. Tegenwoordig hebben we een makkelijk zoekmiddel. Geef maar hier je briljante idee, dan voeren we het in in

Google en ja hoor, 1 miljoen hits. Tja, zo uniek was het nou toch ook weer niet.

Geen enkel idee is dus meer uniek. Of geen enkel idee blijft lang uniek. De open wereld van ideeën die ontstaan is door internet heeft daarvoor wel gezorgd. Hoeven we dan niet meer na te denken over een gat in de markt? Natuurlijk wel, dat scherpt de geest. Ik heb zelf wel meerdere malen per jaar het gevoel een gat in de markt te hebben ontdekt. Dat is het gevoel dat ik werkelijk heel eventjes de enige ben die een idee heeft en als ik snel ben heb ik de hele markt. Daar ligt wel de clou, als ik heel erg snel ben. Want de *copy cats* liggen op de loer en zijn vaak veel sneller.

De uitvinder van de paperclip heeft het tegenwoordig veel moeilijker.

Uitvinders

Je hebt van die mensen, ik noem ze maar even uitvinders, die dat soort briljante ideeën bedenken. Die vaak althans in onze beschermde markt Nederland dan heel even de enige zijn. Want de uitvinder van de paperclip heeft het tegenwoordig veel moeilijker. Ook hij boorde een gat in de markt aan. Bedacht iets waar geen vraag naar was, maar wel een enorme behoefte. Dat is iets waar die slimme uitvinders een zesde zintuig voor hebben. Want het bedenken van een behoefte waar geen vraag naar is, is razend moeilijk. De uitvinder van de paperclip patenteerde zijn idee en bleef lange tijd de enige in de wereld die profiteerde van het aanboren van het gat.

Voor het aanboren van een gat in de markt hoef je niet met veel mensen te zijn en het vergt vaak geen grote investering. Dat heb ik in de loop van de jaren wel geleerd. Laat ik dat toelichten met een heel bijzonder voorbeeld. Jaren geleden werd ik benaderd door twee mannen die een goed idee hadden ontwikkeld. Ze hadden een parfum bedacht en een logo en wilden wereldwijd cosmetica gaan verhandelen onder het merk Idols. Iedereen kent inmiddels het Idols-programma, dat in vele tientallen landen over de wereld een doorslaand succes is geworden: Pop Idol, American Idol, ga zo maar door. Hoewel ik in eerste instantie niks met het idee te maken wilde hebben omdat ik het een discutabel programma vond, maakten de immense kijkersaantallen het wel aantrekkelijk. Al snel kwamen we weer bij elkaar en maakten we plannen om dit gezamenlijk aan te gaan pakken. Idols was destijds nog maar bekend in een paar landen, maar was al zo groots dat het al moeilijk was om de organisatie die de rechten bezat te benaderen. Je zou zeggen dat ons idee al door velen zou zijn bedacht, de grote cosmeticaconcerns voorop. Dat dachten wij ook, maar brutaal benaderden we toch de CEO van de eigenaar van het merk. Hoe doe je dat? In het vliegtuig stappen en naar Londen vliegen en daar op hem afstappen. "Hebt u al wereldwijd cosmetica van Idols en zo nee, mogen wij dat dan gaan maken?" Dat was zo ongeveer de vraag. De beste man was zo overrompeld dat het hem een goed idee leek als wij ons eens kwamen presenteren. Wij, drie heren uit Nederland, moesten dus uitstralen dat we wereldwijd een cosmeticalijn op konden zetten. Om een lang verhaal kort te maken, na drie maanden hadden we een exclusief wereldwijd contract op zak, een productiefaciliteit in Dubai en kwamen de eerste producten van de lopende band. Over het aanboren van een gat in de markt gesproken. Maar met het aanboren van het enorme gat boorden we ook alle problemen aan die samenhangen met wereldwijde productie en logistiek. De marketingkosten om een start te maken in de Verenigde Staten waren initieel al meer dan een miljoen dollar. Snel een partner vinden dus. Het advies dat we kregen was om zo snel mogelijk het exclusieve contract aan een partij te verkopen die verstand van zaken had. En zo geschiedde.

Want elke dag worden in de kroeg duizenden ideeën bedacht.

Wat leerde ik hiervan? Dat het hebben van een briljant idee niet altijd betekent dat je dat dan zelf maar uit moet gaan voeren. Er lopen in Nederland een paar slimme mensen rond die niets anders doen dan ideeën bedenken, die uitwerken en vervolgens verkopen. Ik noemde ze eerder al de uitvinders. Eenmanszaken. Ook daar heb je nog een verschil tussen de bedenkers en de succesvolle verkopers. Want elke dag worden in de kroeg duizenden ideeën bedacht, maar slechts weinigen hebben een hoog realiteitsgehalte. Maar die schaarse zeer succesvolle uitvinders hebben al lang geleerd dat ze het aanboren van het gat in de markt beter kunnen overlaten aan professionele boorders. Verkoop het idee en ga naar het volgende idee, dat is hun motto.

Het gat in de markt is net zo moeilijk te ontdekken als een bos in een hele dichte groep bomen. Bomen waar je midden tussen in staat, zodat je het bos niet meer ziet. De simpelen van geest hebben de hele wereld, luidt het gezegde. Dat geldt hier ook een beetje. Ik geloof nou niet dat gaten in de markt door wetenschappelijk onderzoek ontdekt kunnen worden. Want daarmee zou je nooit ontdekt hebben dat het merk Hush Puppies, dat al lang uitgebloeid was, zo maar weer nieuw leven ingeblazen kon worden. Maar terwijl je aan de ene kant zou denken dat gaten in de markt niet bestaan, heb ik bij elk initiatief dat ik uitvoerde gedacht dat ik een gat in de markt te pakken had. Met elk initiatief. Dat kan toch niet waar zijn.

Welnu, ervan uitgaande dat geen enkel idee nieuw is, zou je zeggen dat gaten in de markt niet meer bestaan. Maar bij alles dat ik ging doen was ik er zo van overtuigd dat ik beter en zeer anders was dan de anderen dat ik een gat in de markt zou aanboren. Toen ik een handelsonderneming opzette in Tsjechië, direct na de val van de Berlijnse muur, was er niemand die producten vanuit Tsjechië naar het Westen exporteerde. Iedereen was immers te druk met het vervoeren van tv's, radio's en koelkasten naar dat land. Ik was de eerste. Overigens was niemand geïnteresseerd in die vaak lelijke producten.

Ben ik de eerste en de enige?

Onbelangrijk

Als ik al niet de eerste was, dan probeerde ik de beste te zijn.
Iedereen die de energie heeft om een idee te lanceren heeft altijd een beetje het idee een gat in de markt te betreden. Door de enige, de eerste of door de beste te zijn. En daar komt het op aan. Vergeet voorlopig maar even de vraag en de discussie over het gat in de markt. Want of je dat nou wel of niet hebt ontdekt, het doet er niet toe. Hoeveel gaten in de markt zijn niet verspild doordat er oenerig of veel te traag mee werd omgegaan? Juist, dat is het, het gaat erom hoe slim je de markt benadert. Hoe je de ingangen weet te creëren, hoe je je contacten opbouwt, hoe je je netwerk inzet. Gaten in de markt doen er niet toe, het doet er eigenlijk ook niet toe hoe goed de ideeën zijn, hoe briljant de dromen zijn. Dat is van gering belang. Velen met hele slechte producten maakten daar een groot succes van door op de juiste wijze de markt te benaderen.

Het gat doet er niet toe. Kom bij mij niet aan dat je een gat in de markt hebt ontdekt. Dat bepaal ik zelf wel. Kom bij mij aan met je plan hoe je de markt benadert en hoe je daarin de eerste en de beste bent en wellicht de enige.

Als ik al niet de eerste was, dan probeerde ik de beste te zijn.

Supermanagers

Ik heb geen hekel aan managers. Het wordt tijd dat ik iets verder uitweid over managers en ondernemers. Ik spreek daar veel over en heb daar ook veel over geschreven. Maar ik merk dat mensen soms denken dat ik een hekel heb aan managers, en niets is minder waar. Ik heb een enorm respect voor vele topmanagers. Waar ik een beetje een hekel aan heb dan? Aan de managers die geen beslissing durven nemen, de ambtelijke managers. De managers die de lemen laag vormen in elke organisatie. De managers die dus in mijn ogen eigenlijk overbodig zijn. Waarom ontslaan we ze dan niet?

De topmanagers die hun bedrijf onder controle hebben en met ogen-schijnlijk groot gemak complexe organisaties besturen, inspireren me enorm. Mensen als Jan Hommen (Philips, ING), Ad Scheepbouwer (KPN), Peter Bakker (TNT), Ben Verwaayen (BT, Alcatel), Peter Hartman (KLM), Philippe Smit (IMpact Retail) en Dick Sluimers (APG) zijn de topmanagers waar ik het over heb. En dan vergeet ik er nog wel een aantal, die me dat hopelijk niet kwalijk nemen als ze dit lezen. Want ja, ik bedoel ook jou.

Vaak met harde hand en speels gemak leiden zij hun organisaties. Althans, zo lijkt het, maar niets is minder waar. Omdat ik zelf ook verschillende malen op een dergelijke positie heb gezeten, weet ik uit ervaring hoe dat ogenschijnlijke gemak vaak gezichtsbedrog is. Het kostte mij altijd enorm veel moeite om het ritme erin te houden. Het ritme van vergaderingen, opdrachten verstrekken en opvolgen en het managen van mijn teamleden. Het delegeren en het bedanken en complimenteren. Ik ben daar bij lange na niet zo goed in als de mensen die ik hierboven noem. Ik vind mezelf helemaal geen manager, of op zijn minst niet zo'n goede manager. En bij lange na niet zo goed als de supermanagers hierboven. Supermanagers hoeven overigens niet altijd aan de top van een organisatie te staan. Ad Scheepbouwer zou zeker mislukken als er in zijn bedrijf niet honderden andere topmanagers zaten. Aan wie zou hij bovendien taken moeten delegeren?

Ik vind mezelf helemaal geen manager.

Kwestie van koppelen

De kunst zit hem erin om supermanagers te koppelen aan de wat wildere ondernemers. En dan schat ik in dat de meeste organisaties niet erg veel ondernemers aankunnen. Er is dus meer behoefte aan managers dan aan ondernemers. Pas zei iemand tegen mij: "Ja maar Leen, jij bent tenslotte ook maar een creatieve chaoot". Ik wist eigenlijk niet of ik me beledigd of gevleid moest voelen. Een creatieve chaoot. De persoon die die opmerking maakte, is een van Nederlands grootste topmanagers. Dus de opmerking maakte wel indruk. Navraag leerde dat hij het positief bedoelde en dat ook hij vond dat het Nederlandse bedrijfsleven een enorm tekort kent in Raden van Bestuur, Raden van Commissarissen en hoofddirecties aan creatieve ondernemers. Het blijft dus vaak bij besturen alleen, volgens hem. En onderschat dat besturen dus niet, want ik loop het risico dat het uit mijn mond soms denigrerend klinkt. Besturen is essentieel. Taken verdelen, lijnen uitzetten, kosten onder controle houden, vergaderingen voorzitten, af en toe een klant bezoeken, medewerkers inspireren, in de crisistijden bezuinigen.

Pas las ik dat onderzoek had uitgewezen dat de huidige topbestuurders introverter zouden moeten zijn en niet op de voorgrond tredend. Ik denk dat dergelijke onderzoeken behoren tot het zogenaamde prullenbakkendossier, want introvert of extrovert zijn moeten we vooral niet tot de kritische succesfactoren gaan rekenen. De ene bestuurder denkt op een zeepkist te moeten gaan staan, terwijl de andere denkt dat hij of zij dat niet moet doen. Karakters verschillen. Ik zag het bij Origin als vrijwel mijn enige taak de mensen te inspireren, aan te zetten tot grote daden en daarnaast voornamelijk rond te lopen in de markt. Voor alle andere taken die bij een bestuurder horen had ik een team van mensen die daar veel beter in waren. Ik had slechts de zeepkist onder mijn arm.

In de huidige economische crisis bestaat een enorme behoefte aan een goede mix van de supermanagers en superondernemers. Een combinatie die zelden voorkomt overigens. Allereerst is een goede manager er een die zichzelf misbaar wil maken. Die continu bezig is om zijn omgeving dusdanig te trainen en te begeleiden dat hij of zij uiteindelijk niet meer nodig is. Dan loop je in ieder geval niet het risico dat de betreffende manager lange tijd wil blijven zitten. De manager moet zichzelf ook niet belangrijk vinden. Het is misselijkmakend om te zien hoe sommige topmanagers zichzelf soms enorm belangrijk zijn gaan vinden. Ik had ooit een directeur die mij opvolgde, maar vanaf de eerste dag dat hij mijn positie had begon hij zich te gedragen als een "dikke deur". Belangrijk rondlopen, met een mapje onder zijn arm. Alsof hij die dag ineens iemand anders was geworden. Ik had toen wel spijt van mijn keuze. Dramatisch dat mensen zich soms belangrijk gaan vinden vanwege een of andere titel. Dus dat hoort ook niet bij een goede manager. Een goede manager is authentiek, zegt wat hij doet en doet wat hij zegt.

Geduld

Een goede manager inspireert zijn team. Geeft dus energie. En dat kan alleen als hij die energie zelf al heeft. Anders valt er weinig over te

Ik had slechts de zeepkist onder mijn arm.

dragen. Hij moet het dus zelf erg leuk vinden. De manager vindt het leuk en gaat het daarna voor iedereen leuk maken. Want een goede manager hanteert de regel "als mijn mensen het naar hun zin hebben, presteren ze beter". Het hele team heeft het dus naar zijn zin. Goede manager! De manager heeft ook een visie op de toekomst. Eigenlijk doet het er niet zoveel toe of die visie klopt of niet. Zolang er maar een visie is. Klinkt een beetje simpel, niet? Maar het is wel waar, want het is nooit helemaal zeker of een visie wel of niet klopt. Maar het sterke geloof hebben dat jouw visie klopt, helpt enorm om je mensen te stimuleren en inspireren. Ik denk dat een goede manager het leuk vindt om zijn mensen te coachen, ze beter te maken. Zelf ben ik daar iets te ongeduldig voor, maar ik weet wel dat het heel erg belangrijk is. Even een kopje koffie om bij te praten, doet vaak al wonderen. Af en toe de prestaties en mislukkingen doornemen en uitleggen hoe het beter zou kunnen. Goede managers hebben het geduld om die investering in hun mensen te doen. Goede managers zijn consciëntieus, ze werken in een ritme, in een flow. En geven hun mensen dus een soort van zekerheid. Men weet waar men aan toe is met de manager. Grilligheid, vooral als het karakter betreft, is niet aan de orde. Ik noem ze soms wel "tanks". Ze hebben een doel en gaan daarvoor. Niemand kan tussen hen en hun doel komen. Ze gaan dwars door de muur heen, vinden het leuk en nemen hun team mee. Geweldig om te zien.

Maar ik kan dat niet. Ik werk wel graag samen met deze supermanagers, maar soms vraag ik me af of ze wel met mij willen en kunnen samenwerken. Ik ben natuurlijk de chaos-schopper. Altijd op zoek naar nieuwe business en nieuwe markten. In een tempo dat voor de gemiddelde manager niet is bij te benen. Schrijf geen rapporten, maar beweeg gewoon. Vandaar de gepercipieerde chaos. Ook ik ga recht op mijn doel af, door muren heen. Maar ik ga alleen en neem mijn team zelden mee. Verdorie, waar zijn ze gebleven, denk ik vaak als ik mijn team niet meer zie. Als ik eraan denk, wacht ik even op hen. Maar uitleggen wat ik aan het doen ben? Nee, daar neem ik de tijd niet voor. Om over leren en coachen maar niet te spreken. Ik wil dat wel, maar na een paar pogingen strandt dat meestal weer. Werken in een ritme? Bij mij is het rennen of stilstaan.

De ondernemer en de manager. Beiden onmisbaar en daarom is het fijn als het kan samengaan. En er zijn veel organisaties waar dat ook zo is overigens. Maar in de crisistijd zal het veel managers moed kosten om een ondernemer naast zich te accepteren. Maar noodzakelijk is het wel. Zoals ik al vaak heb gezegd ligt de oplossing van de crisis, van elke marktcrisis overigens, buiten. Zoeken naar nieuwe omzetvormen, zoeken naar nieuwe klanten, naar nieuwe markten, nieuwe producten. Afwijken van de bestaande lijnen. Doen wat je voorheen niet voor mogelijk had gehouden. Het postbedrijf gaat in schoonmaak, de bank gaat in fast-food en zo kun je nog duizenden andere achterlijke en gekke combinaties bedenken. Maar de muur moet eruit, je moet out of the

Bij mij is het rennen of stilstaan.

173

box. En dat is iets dat een supermanager over het algemeen niet gaat doen. Althans niet zelf gaat doen. Maar de supermanager ziet wel de noodzaak ervan in. De supermanager denkt niet: "o, dat kan ik zelf ook wel". De supermanager heeft maar een klein ego, maar een groot doel. Het succes van zijn bedrijf is zijn doel, niet het persoonlijke gewin. Dat is een supermanager. Dus een supermanager weet wanneer hij iets wel en iets niet kan. En schakelt snel anderen in. Delegeert aan de juiste personen. In deze tijd van crisis zullen de supermanagers zich snel van de anderen onderscheiden. Nog meer zal deze manager zonder aanzien des persoons werken aan de toekomst.

Soms gaat het manager en ondernemer zijn een beetje samen. Philippe Smit was eerst manager bij PON, daarna een ondernemende manager bij de NS en is nu duidelijk een managende ondernemer bij IMpact Retail. Dat is de grootste elektronica retailer van Nederland. Alhoewel dit een merkwaardige combinatie of overgang lijkt, heeft het sterk te maken met de authenticiteit van de persoon. Niet sturend op positie in een organisatie, maar gericht op lol en plezier om samen met een team prestaties neer te zetten. Misschien ziet hij zichzelf helemaal niet als een manager, maar meer als de inspirator van het team.

Supermanagers zijn de keien. Ze onderscheiden zich van de gemiddelde manager door eigenschappen te vertonen die ik hierboven beschrijf. De gemiddelde managers zijn makkelijk te herkennen en zijn eigenlijk nu al misbaar. Ze zitten bij duizenden op alle niveaus. Proberen zich vaak een beetje verdekt op te stellen, want ze zijn als de dood dat ze hun baan verliezen. Ja, dat is een eigenschap van een slechte manager: bang om zijn of haar baan te verliezen. Want hun baan geeft status en daar houden ze aan vast. Ze vergaderen erg veel, want weten niet wat ze anders zouden moeten doen. Zijn streng en onnodig hard tegen hun medewerkers. Zijn onzeker, hebben geen visie, vandaar. Iedereen kent ze wel, die onnodige managers. Maar het goede nieuws is dat je je van die mensen niets hoeft aan te trekken. Ze zijn er niet, althans zo moet je je maar gaan gedragen. Kunnen ze je dan niet ontslaan? Zeker, maar zelfs dat is niet erg. Hoe komen die slechte managers, want dat zijn er veel meer dan goede en supermanagers, dan op die plaats terecht? Precies, door andere slechte managers. Die graag opscheppen over "hoeveel mensen ze onder zich hebben". Ooit sprak ik een hele goede en leuke manager bij TNT. Die vertelde op elk feestje dat hij honderden mensen onder zich had. Tenslotte zat hij op de twintigste etage van een TNT gebouw. Al de anderen zaten onder hem. Het feit dat mensen grapjes kunnen maken over zichzelf en over hun posities, kunnen relativeren, maakt ze goed.

Heel veel topmensen, supermanagers, hebben vaak een enorm sterk relativeringsvermogen. Zijn humoristisch en kunnen ten tijde van rampspoed toch nog leuk doen. Nemen niet alles maar serieus. Blijven lachen. Kijk om je heen; hoeveel mensen kunnen dat nog? Kun jij dat? Ben jij een supermanager? Voldoe jij aan de bovenstaande eisen? Herken jij je in dit hoofdstuk? Is jouw baas een supermanager of hoef je je van hem of haar niets aan te trekken? Slechte managers laten we vanaf nu gewoon links liggen. De problemen in de markt zijn veel te groot om ons druk te maken over de *loser managers*. Het is tijd dat de supermanagers afscheid gaan nemen van de lemen lagen. Opschonen heet dat. Nu is je kans, de noodzaak is er.

Zekerheidszoekers

Nog even een laatste punt, waar ik eerder wel iets te makkelijk overheen ben gestapt. En dat is de samenwerking tussen supermanagers en rasondernemers. Dat is zo gemakkelijk nog niet. Ik zie vooralsnog in de gemiddelde Raad van Commissarissen van een beursgenoteerd bedrijf geen ondernemers plaatsnemen. Nee, de crisis drijft financiële speci- alisten de Raad in. Risicomijders, want stel je voor dat de commissaris ge-*sued* wordt. Dat moet toch vermeden worden. Dus zoeken RvC's naar zekerheid en niet naar chaos. De kracht die ervoor nodig is om tus- sen de zekerheidszoekers een ondernemer te plaatsen is groot. De moed daarvoor ontbreekt daar vaak, als de noodzaak ervan al wordt ingezien. Het is in mijn ogen onbegrijpelijk dat er zo weinig echte ondernemers in Raden van Advies en Raden van Commissarissen zitten.

En de top van bedrijven. Koppelen de supermanagers zich makkelijk aan rasondernemer? Nee, helaas zie je dat ook weinig. Ik ben ervan overtuigd dat dergelijke combinaties goed zouden kunnen werken, mits beiden elkaar respecteren en vrijheid geven. De manager is de baas, zou ik zeggen. En de ondernemer heeft een vrije rol. Krijgt een team van toppers om zich heen en trekt de markt in. Zolang de supermanager zich realiseert dat de ondernemer chaos creëert en dat over het algemeen business oplevert, kan er niet veel mis gaan. Maar het is moeilijk, deze combinatie, supermoeilijk. Maar ja, de supermanager is niet voor niets super. En zou dus de samenwerking met de ondernemer aan moeten kunnen. Laten we maar eens zien...

De manager is de baas, en de ondernemer heeft een vrije rol.

Er kan niet genoeg toezicht zijn

Zouden we dan echt geloven dat we door meer regels en toezicht-houders kunnen voorkomen dat ons iets overkomt? Zouden we welgemeend denken dat we alles kunnen managen en beheersen? Dat we rampen kunnen voorkomen door meer regels en controle daarop, dat we bedrijven in de lucht kunnen houden terwijl er geen markt voor oplichterij is, dat we als overheid alles onder controle kunnen krijgen? Zouden we dat dan echt geloven? En dat geloven is nog tot daar aan toe. Maar om daarnaast ook nog alles te willen redden ten tijde van een crisis, is toch wel helemaal van de zotte. Om de broek van iedereen te willen ophouden kost heel veel handen... of broekophouders. Kunnen mensen zichzelf niet meer redden of denken we als overheid nu echt alles te moeten regelen? Zodat mensen steeds afhankelijker worden van een systeem en daarop gaan vertrouwen. Zodoende steeds minder alert zijn op hun eigen wereld. Zou het echt zo zijn?

Banen redden?

Laten we even een economisch basisprincipe uit de kast halen. Wel een ingewikkeld principe hoor. Maar vooruit, daar gaat-ie. Als er minder wordt verdiend dan uitgegeven, kan een bedrijf failliet gaan. Althans, als die onbalans tussen verdienen en uitgeven maar lang genoeg duurt. Heel erg vervelend zo'n faillissement, maar niet zoveel aan te doen. Moet de overheid dan gaan ingrijpen? Het antwoord is in beginsel "nee". Ik zou echt niet weten waarom. Als een bank failliet gaat, is er dan een reden te bedenken dat de overheid moet ingrijpen? In het bovenstaande economische principe ook niet, maar er kunnen andere belangen spelen. Kijk, de belangen van de aandeelhouders zijn niet de zorg en zaak van de overheid, maar de zaak van het bedrijf zelf. Daar hoeven we niets aan te doen als overheid. Maar het kan zo zijn dat heel veel mensen hun spaargelden verliezen, waardoor er een economische ramp optreedt. Hoewel ik ook hier nog niet direct ingrijpen noodzakelijk vind, kan ik me voorstellen dat maatschappelijke sentimenten zo hoog opspelen dat de overheid ingrijpt en de spaargelden beschermt.

Als ze maar niet primair de belangen van de aandeelhouders beschermt, want daarvoor is de overheid niet opgesteld. Aandeelhouders in de huidige tijd zijn trouwens toch veel meer in de korte dan de lange termijn geïnteresseerd en de overheid is zeker niet verantwoordelijk voor kortetermijngewin of -verlies van "vreemde" aandeelhouders. Dus een markt die verdampt, waardoor een bedrijf failliet gaat, is niet de zaak van de overheid. Als er door een recessie minder auto's verkocht worden, is dat niet de zaak van de overheid. Jammer, maar als autobedrijven of autodealers in goede tijden niet zo slim zijn geweest een buffer te vormen voor slechtere tijden, dan is dat hun keuze geweest.

Je kunt geen krant openslaan of er wordt gesproken over het redden van de ene marktsector na de andere. Waarom? Waarom dan toch? Om banen te behouden. Banen voor sectoren die hun eigen broek niet meer kunnen ophouden. Gewoon om laten vallen en nieuwe bedrijven op laten komen. Dat klinkt wellicht wel heel erg liberaal en volkomen indruisend tegen het Rijnlandse model, maar ook hier geldt dat zachte heelmeesters stinkende wonden maken.

In een model…

En daar komt dan het beroemde Rijnlandse model voorbij. Toen mijn eerste boek werd gepubliceerd, werd ik door een aantal hoogleraren gecomplimenteerd met mijn praktische beschrijving van het Rijnlandse model. Ooit had ik weleens gehoord over de tegenstelling tussen het Angelsaksische en het Rijnlandse model, maar wat dat nu precies was, wist ik niet. Overigens weten de meeste geleerden dat blijkbaar ook niet, want de kenners en beheerders van het systeem laten van zich horen dat dit Rijnlandse model tegenwoordig wordt misbruikt voor allerlei over-heidsingrijpen, en dat dat niet zo bedoeld is. Even iets over het Rijnlandse model dan. De politieke vader van dat model is de West-Duitse oud-kanselier Ludwig Erhard. Erhard bepleitte destijds een gematigd marktli-beralisme dat regels aanbrengt in het mechanisme van de vrije markt. Er worden aan het kapitalisme dus begrenzingen opgelegd. Maar dat bepleit natuurlijk geen algeheel overheidsingrijpen dat soms zover gaat dat het kan leiden tot onteigening en nationalisatie. Het daar tegenover staande neoliberalisme, dat volgens velen heeft geleid tot de enorme crisis in onze economie, heeft gezorgd voor onbegrensde economische vrijheid en daardoor allerlei uitwassen en hebzucht. De zucht naar meer en snelle winsten heeft geleid tot excessen met een ongekende schade voor ons systeem. Het vertrouwen dat mensen hadden in elkaar en in het systeem heeft een forse deuk gekregen. Dat neoliberalisme is dus voorlopig even uitgespeeld. Is dat voorgoed zo? Nee, natuurlijk niet. Mensen zijn kort van memorie en zodra het vertrouwen weer een beetje terug is zal de balans weer doorslaan. Daarover heb ik geen twijfel. Want hebzucht zit in de mens. Blijkbaar zijn er velen die genoeg niet genoeg vinden en dus altijd meer willen. Daarnaast zijn er nog honderden miljoenen in de wereld die zien hoe welvaart er blijkbaar uitziet en die dat vervolgens ook gaan willen. Dus we zijn nog lang niet uitgegroeid.

Matthieu Weggeman heeft ooit twee prachtige en heel handige schema's ontwikkeld waarin zowel het Angelsaksische als het Rijnlandse model goed staan uitgelegd. En als ik die schema's eens goed bestudeer dan herken ik eigenlijk in beide systemen iets dat mij als ondernemer aanspreekt. Overduidelijk is dat het Rijnlandse model meer gericht is op lange termijn, belangen van klanten en medewerkers, continuïteit, maatschappelijke consensus en collectieve kracht. Dat spreekt mij allemaal enorm aan en ik ben ervan overtuigd dat dat de manier is om een organisatie te leiden. Eigen verantwoordelijkheid van de medewerker en de manager als meewerkend voorman. En dit alles in een open en feminiene cultuur. Tja, zo wil ik een bedrijf graag zien, omdat ik geloof dat dat vervolgens ook leidt tot een beter resultaat. Zowel financieel als inhoudelijk. Zo moet het toch echt. Maar het ondernemende en de beloning die hoort bij succesvol ondernemen uit het Angelsaksische model spreken me weer veel meer aan dan het overdachte en saaie van Rijnland. Het Rijnlandse model voorziet in een behoorlijke bemoeienis van de overheid en ik geloof dat dat veel incentives bij het individu wegneemt en leidt tot een enorme afhankelijkheid. Terwijl een afhankelijke opstelling bij mensen leidt tot ellende. "Het is niet mijn schuld, maar altijd die van anderen of van het systeem".

Van een afstand bekeken ben ik, zeker als het bedrijven betreft, een voorstander van het Rijnlandse model. Maar als je dan naar de rol van de overheid kijkt neig ik naar het Angelsaksische. Schieten we wat op met deze theoretische discussie over diverse modellen van de wereld? Nou nee, op korte termijn niet, maar op de langere termijn zal de keuze voor een van beide leiden tot een verbetering. Het feit dat het Rijnlandse model de laatste tijd veelvuldig ter tafel wordt gebracht, terwijl het de afgelopen tientallen jaren nauwelijks meetelde, geeft aan dat er wel iets aan de hand is. Wij voelen ons toch een beetje belazerd door de enorme vrijheid die marktpartijen genomen hebben en de schade die daarmee berokkend is. Het moet anders is de algemene opinie. Fatsoenlijke bankiers bieden excuses aan voor de fouten die gemaakt zijn, maar die gestimuleerd werden door het Angelsaksische model. Kortetermijnwinst, aandeelhoudersbelang voorop, geld is macht, minimale staatsbemoeienis, macht en heldendom. U herkent het, de euforische toestanden van veel geld en hele snelle winsten waarmee velen de afgrond in gestort zijn. Want het aantrekkelijke van veel en meer heeft velen overgehaald om onverstandige beslissingen te nemen en zich te laten belazeren door de talloze bedriegers en aanbieders van snelle roem. Maar laten we waken voor de onbezonnen en kortetermijnreflex van overdadige controle en overheidsingrijpen. Dat zijn schijnzekerheden die alleen maar zouden leiden tot een vastlopen van het systeem.

Meta-toezicht

Geen enkel zichzelf respecterende marktsector ontbreekt het aan een toezichthouder. We barsten ervan. Nu al komen de discussies op over de controle over die toezichthouders. Kortom, wie houdt toezicht op de toezichthouders? Er moeten zeker meta-toezichthouders komen en ook nog Europese toezichthouders, die vervolgens weer samenwerken met Aziatische en Amerikaanse toezichthouders die vervolgens weer strak gemonitord moeten worden door een andere toezichthouder. Als we dan uiteindelijk allemaal bij een of andere toezichthouder werken, dan houden we een klein mannetje of vrouwtje over die het werk mag doen. Want we vertrouwen helemaal niemand meer en we zijn ervan overtuigd dat toezicht de enige methode is om problemen te vermijden. Die toenemende zucht naar regels en toezicht op de regels is op zich wel begrijpelijk gezien de ellende die veroorzaakt is door het ogenschijnlijke gebrek aan toezicht. Het tijdschrift Management Scope beschrijft de agenda van de Boardroom voor 2009. En daar zie je ook de effecten van toezicht door een strengere *governance*. De Raad van Commissarissen gaat eindelijk haar verantwoordelijkheid nemen en beweegt dichter toe naar het besturen van een organisatie. Ook daar speelt dus een toenemende controle, want de commissarissen zijn toch in de ogen van de buitenwereld de toezichthouders. Wat doet die Raad van Bestuur daar toch. Het zal toch niet waar zijn dat ze zich verrijken. Effect van deze controle bij leiders die niet sterk in hun schoenen staan (en dat zijn er toch verrassend veel in de huidige crisis) is een tuttige braafheid waardoor elk ondernemerschap de kop wordt ingeslagen.

Want de effecten van een toenemende controle en een toenemende hoeveelheid toezichthouders zijn werkelijk desastreus voor creativiteit en ondernemerschap. Allereerst het wantrouwen dat dit systeem uitstraalt. De mens is slecht totdat het tegendeel bewezen is. Alsof dat wordt opgelost door toenemende regels. Toen een directeur van een Gronings voetbalstadion onlangs zei dat hij geleerd had van de fouten van een stadionbrand (veroorzaakt door toiletrollen) en maatregelen had genomen, bleef de interviewende journalist maar doorhameren op de vraag of de betreffende directeur wel zijn verantwoordelijkheid zou gaan nemen. De journalist bedoelde natuurlijk dat er iets spectaculairs zou gebeuren, namelijk dat de directeur ontslag zou nemen omdat er iets fout gegaan was. Maar zo zijn we niet getrouwd. We gaan voor de lange termijn en we willen dat mensen fouten durven maken en daarvan leren. Want als je wilt dat er geen fouten meer worden gemaakt moeten we echt stoppen met bewegen en stoppen met ondernemen. Ondernemers maken elke dag vele fouten, maar herstellen die vaak zo snel dat ze niet of nauwelijks zichtbaar zijn. En bovendien doen ze meer goed dan fout, zodat het per saldo goed afloopt. Uitgaan van het goede in de mens is langetermijngericht en dus Rijnlands, zou ik zeggen. Strakker toezicht door overheid en de door haar ingestelde toezichthouders wordt bovendien omringd door een geheel nieuw fenomeen, de *compliance officers*. Dat is een ingewikkeld woord, maar het staat in feite voor de politieagenten die ervoor moeten zorgen dat mensen zich houden aan de regels. *To comply* betekent "voldoen aan". Grote bedrijfsmatige schandalen zoals bij Enron en in Nederland bij Ahold hebben ertoe geleid dat er wetten zijn uitgevaardigd. En om te controleren of bedrijven zich wel aan die wetten houden is het vak van *compliance officer* bedacht. Een omvangrijk vakgebied, want u begrijpt dat deze "voldoe-beambten" eigenlijk, als je toch niemand vertrouwt, ook weer gecontroleerd moeten worden door accountants.

Verstikking

Creativiteit betekent chaos en ondernemerschap betekent dat er heel vaak van alles mis gaat. Dat zijn toch echt, of je het wilt of niet, eigenschappen van creativiteit en ondernemerschap. De ontwikkeling van meer regels, wetten, toezicht, compliance en andere vormen zijn dus de grootste bedreiging van onze wereld. Is dat niet een beetje zwaar aangezet, Leen? Nee, absoluut niet. Want je moet weten dat de meeste bestuurders, met alle respect voor hun topbestuurderscapaciteiten, geen kaas hebben gegeten van creativiteit en ondernemerschap. Vaak nog nooit iets ondernomen hebben, dus eigenlijk zelfs niet weten waar ze het over hebben.

Ik ben dus diep bezorgd. Ik ben echt diep bezorgd over de toenemende tendens en wens de wereld te willen beheersen. Er mag niks misgaan en bij alles dat misgaat, maken we gelijk regels, die moeten voorkomen dat het in de toekomst ooit nog eens zo misgaat. Maar omdat we weten dat het leven niet te beheersen valt is het een zekerheid dat er morgen weer iets anders gebeurt dat we nog niet voorzien hadden. Dus hup, weer een nieuwe regel. En morgen weer een, en overmorgen weer. Bij elke regel een toezichthouder. En zo maar door. Als we zo doorgaan, staan we binnenkort stijf van de regels en toezichthouders. Met de daarbij behorende zekerheid dat er dan in ieder geval niet meer ondernomen wordt en creativiteit geen ruimte krijgt. En dat zou dan het einde zijn, want zonder die twee belangrijke zaken is redding onmogelijk en stopt de wereld. Dit dilemma van zekerheid aan de ene kant en creativiteit en ondernemerschap aan de andere, is in mijn optiek het belangrijkste probleem dat opgelost moet worden. Waarbij duidelijk mag zijn dat het mijn mening is dat we nu reeds een verstikkende sfeer in veel bedrijven hebben. Want als je anarchisme predikt krijg je in het meest gunstige geval creativiteit. En zonder creativiteit en chaos geen ondernemerschap. O wee!

Als we zo doorgaan, staan we binnenkort stijf van de regels en toezichthouders.

Wees even ongenuanceerd

Het is ook zo
dat ik graag
ongenuanceerde
uitlatingen doe.

Tijdens mijn lezingen krijg ik vaak te horen dat ik me wat ongenuanceerd opstel. Of uitdruk. En dat is dan een terechte opmerking, want het is ook zo dat ik graag ongenuanceerde uitlatingen doe. Om diverse redenen overigens. Allereerst is het zo dat lezingen die volledig correct en genuanceerd zijn zo eeeeenórm slaapverwekkend zijn. Als een spreker probeert de gulden middenweg te bewandelen (en de zaal het daar eigenlijk hartgrondig mee eens is) valt er voor de luisteraar weinig meer te beleven. Eventjes door deze lezing heen slapen, denkt de luisteraar dan en suft langzaam weg. Daar ben je als spreker dan mooi klaar mee, want een zaal vol slapers geeft geen energie.

Daarnaast is ongenuanceerdheid hard nodig in een wereld die bol staat van brave dienders. Wil je fundamenteel iets bereiken in een organisatie, dan moet je soms vereenvoudigen. Ik sprak met de baas van een grote financiële instelling, die daar ad interim zat. Hij vond het zijn grote taak om te gaan vereenvoudigen en daardoor was hij soms wat ongenuanceerd, volgens zichzelf. Ongenuanceerd zijn en duidelijke doelen afspreken heeft wel iets met elkaar te maken. We gaan recht op ons doel af en daar kan geen misverstand over bestaan, maar beschadigen we dan niet allerlei andere, tussenliggende zaken? Genuanceerde doelen zijn vaak veel moeilijker. Ik ben ook erg van de simpele lijnen. Omdat die al naar gelang ze uitgevoerd worden, automatisch moeilijker en complexer worden. Mensen zijn door de leeuwen en beren die ze nu eenmaal opwerpen heel erg goed in staat om zelfs de meest eenvoudige doelen complex te maken. Laat je daartoe niet verleiden, maar probeer vast te houden aan simpelheid.

Lijstje doelen

Doelen stellen is voor de meeste mensen overigens zo makkelijk nog niet. Zo las ik pas in het boek "Gebruik je Hersens" van Jan-Willem van den Brandhof dat het heel erg nuttig is om je doelen eens duidelijk voor jezelf op papier te zetten. Dat helpt enorm. Met veel plezier en bewondering las ik de 127 waardevolle doelen die de Amerikaan John Goddard op vijftienjarige leeftijd opschreef. Ze waren zelfs keurig geordend in allerlei categorieën zoals Visit ..., of Swim in ..., of Accomplish ... Prachtig om te zien hoe Goddard als 65-jarige 106 doelen kon afstrepen. En het waren voorwaar geen eenvoudige doelen. Ik noem er een paar ter illustratie:

- beklimmen van zeker zestien hoge bergen zoals de Mount Everest (daar was hij overigens nog niet aan toegekomen),
- bestuur een duikboot,
- maak een parachutesprong,
- leer polo spelen,
- leer Frans, Spaans en Arabisch,
- bouw je eigen telescoop.

En zo gaat de lijst door met allerlei relatief verrassende, uitdagende en zelfs schijnbaar onmogelijke doelen. Zoals het bezoeken van de Maan, hetgeen ook nog niet gebeurd is bij John Goddard, maar wie weet? Opvallend bij dit soort lijsten, die veel bekende mensen hebben gemaakt, is dat ze tijdens de opstelling ervan niet denken of iets wel of niet realistisch is. De lijst bevat vaak rijp en groen door elkaar, zonder na te denken over de mogelijkheden of onmogelijkheden. Het zijn in die zin ongenuanceerde lijsten, maar wel duidelijk en inspirerend. Doe dat zelf ook maar eens, zo'n lijst opstellen. Je zult merken dat het in eerste instantie moeilijk is om los te komen van de genuanceerdheid over de haalbaarheid. Op mijn lijst van doelen staan ook een paar rare moeilijke zaken, zoals:

- managementboek van het jaar in de Verenigde Staten,
- gast bij Oprah Winfrey,
- gesprek met 44e president van de Verenigde Staten, Barack Obama,
- een marathon lopen (ik ben een zeer ongeoefende, iets te zware renner),
- roman schrijven.

Om maar enkele schijnbaar onmogelijke of tenminste moeilijke doelen aan te geven.

Doelen en dromen kunnen nogal eens door elkaar heen lopen. Laten we ons hier niet verliezen in een definitiediscussie over de termen. Maar zorg ervoor dat onze doelen duidelijk worden, of het nou dromen zijn of niet. En streef het grootste en beste na, doe nooit concessies.

Bochtje afsnijden

Rijp en groen door elkaar, zonder na te denken over de mogelijkheden of onmogelijkheden.

Ongenuanceerdheid, heerlijk om dat een beetje in te voeren in je eigen organisatie. Ondernemers zijn vaak in de ogen van niet-ondernemers erg ongenuanceerd. Fijn is dat. Duidelijk doel, duidelijke manieren om die te bereiken, zogenaamd geen twijfels maar recht op het doel af. Niet gehinderd door alle informatie en desinformatie die ons omgeeft. Want ja, we moeten de problemen toch van alle kanten bekijken. Hoeveel kanten zijn er dan? Dat is het probleem van veel te veel informatie. Heel lang geleden schreef Johann Wolfgang von Goethe al het volgende: "De moderne tijd (!) geeft een valse vorm van zekerheid door de grote hoeveelheid beschikbare informatie. Waar het echter om gaat is hoe we die informatie leren beheersen."

Een ongenuanceerde uitspraak die kan helpen binnen een bedrijf is de volgende. "Het beste idee is het idee dat onmiddellijk uitgevoerd kan worden." Jeetje, dat is wel erg kort door de bocht. Het helpt ons omdat we dan gaan bewegen, iets waar we vaak eigenlijk niet zoveel behoefte aan hebben. Maar een idee dat zo goed is dat het onmiddellijk uitgevoerd kan worden, zal dus ook meteen in de praktijk gebracht moeten worden. En dan wordt het leuk, want dan moeten we echt gaan. Een andere ongenuanceerde uitspraak is "de klant gaat altijd voor". Vooral omdat het meestal niet zo is, is deze regel wel erg goed. Meestal wordt het belang van de klant wel met de mond beleden, maar niet of zelden in de praktijk gebracht. Want het kan betekenen dat je tegen de directievoorzitter moet zeggen: "Morgen hebben we weliswaar een afspraak over het budget, maar onze grootste klant wil me spreken en dat laat ik dus voorgaan." Moet je eens proberen. Ik heb gezien dat mensen hierdoor ontslagen werden...

Buiten gaat altijd voor binnen.

Een andere ongenuanceerde uitspraak is "Buiten gaat altijd voor binnen", omzet gaat altijd voor kosten. Met name omdat kosten zo makkelijk te managen zijn en mensen liefst voor de weg van de minste weerstand kiezen is dit een pijnlijke. En hoe vaak hoorde ik niet: "Ja maar Leen, we mogen de kosten natuurlijk niet vergeten!" Natuurlijk niet, maar dat onderdeel doe je erbij, doe je ernaast, want je richt al je aandacht op het moeilijke onderdeel. "Financiële instellingen zijn geen echte bedrijven", is ook redelijk ongenuanceerd. Na jarenlang met geld van anderen een schijnwereld te hebben opgebouwd, wordt het nu ineens menens. Kosten stijgen en omzet daalt, net zoals bij echte bedrijven. Tranen met tuiten huilend rennen ze naar Moeder Overheid die vervolgens bij moet springen. De directievoorzitter van een grote verzekeraar verklapte mij ooit eens het totale gebrek aan innovatiekracht in de financiële sector. "Als onze kosten omhoog gaan, bedenken we niet hoe we kunnen besparen", zo zei hij, "maar rekenen we deze hogere kosten één op één door aan de klant." Nogal een ontboezeming, die momenteel door vele duizenden bedrijven zo gevoeld wordt omdat banken bezig zijn hun hogere kosten massaal aan de klanten door te rekenen, contract of niet.

Nog een laatste ongenuanceerde uitspraak. "Elke beweging is goed, of het nou omhoog of omlaag is, want aan stilstand is niks te verdienen." Geeft aan hoe ondernemers denken over bewegingen in de economie. Ach, ongenuanceerde uitspraken zijn heerlijk. Eenvoudig en begrijpelijk voor bijna iedereen. Zo zijn er nog duizenden ongenuanceerde uitspraken op te sommen. De een nog leuker dan de ander. Stel je voor dat je in bijeenkomsten van directie, medewerkers, ondernemingsraad of wat dan ook een moment of agendapunt inruimt voor ongenuanceerdheid. Zou dat niet een goed idee zijn. Leuk bovendien en voordat je het weet helpt het ook in de vaart der volkeren.

Half uurtje per dag

We gaan even terug naar de ongenuanceerde doelen die eigenlijk iedereen voor zichzelf eens zou moeten opschrijven. Want "failing to plan is planning to fail". In het boek van Van den Brandhof staat het proces van doelen stellen uitgebreid beschreven en aangezien het mij inspireerde om mijn doelen op papier te gaan zetten, denk ik dat het jou ook zal helpen. Lees maar eens na. Je begint met het opstellen van een uitgebreide lijst. Nogmaals, denk daarbij nooit in beperkingen. Wees dus eigenlijk ongenuanceerd. Denk niet dat een doel niet op de lijst moet omdat het toch niet kan. Dat komt later wel. Toen Goddard zijn lijst maakte, vijftien jaar jong was, schreef hij erop dat hij de maan wilde betreden. Volgens mij had destijds Kennedy nog niet gezegd dat er een zogenaamd *space program* zou gaan komen. Wat een doel, wat een droom. Nou, dat kan dus niet zullen velen destijds gezegd hebben. Maar het was zijn eigen lijst, het waren zijn eigen dromen en doelen. Het hulpmiddel hierbij is dat je je probeert voor te stellen hoe je leven in de toekomst zich zal ontwikkelen. En maak de doelen moeilijk haalbaar. Maak ze uitdagend. Bij Origin kreeg ik ooit een foto van een medewerker met het onderschrift "Droom je dromen, droom groots". En zo is het precies. Streef naar het hoogste haalbare, want zoals Disney zei: "Al onze dromen kunnen bewaarheid worden, als we maar de moed hebben om ze na te streven".

Nadat je de lijst hebt opgesteld is het belangrijk om enige prioriteit aan te geven in je doelen. Doelen waarmee je onmiddellijk begint en doelen die wat langer kunnen wachten. Tot slot maak je een plan per doel waarbij je doel omschrijft in positieve zin, alsof het al bereikt is. In het boek 'Gebruik je Hersens' staat dit hele proces veel uitgebreider behandeld met veel meer voorbeelden en detail. Het is zeker de moeite waard om dit erbij te nemen als je op deze manier enige ongenuanceerdheid in je leven wilt brengen. Want je ziet dat hoe beter je je doelen gaat omschrijven, hoe gedetailleerder en dus genuanceerder je wordt. Maar als je die allerhoogste, ongenuanceerde doelen zelfs al niet durft te stellen zal het van de uitwerking nooit gaan komen. Dus een half uurtje ongenuanceerd gedrag per dag kan helemaal geen kwaad.

> Hoe beter je je doelen gaat omschrijven, hoe gedetailleerder en dus genuanceerder je wordt.

Hoe kom ik aan geld?

Geld is belangrijk, maar er zijn andere factoren die veel meer op de voorgrond treden. En na die afweging komt het geld ook wel weer. Ik ken van dichtbij een verhaal om dat te illustreren. Na drie maanden van onderhandelen met een uitgever en een bank die het bedrijf MKB Servicedesk wilden kopen, besloot eigenaar/ondernemer Willem Overbosch het niet te doen. Het voelde niet goed en de deal had te veel onzekere factoren. Deze ondernemer wilde zelf verantwoordelijk zijn voor zijn daden en geen verantwoording afleggen aan een grootaandeelhouder. De behoefte aan zelfstandigheid was juist de reden dat hij een paar jaar geleden het avontuur van ondernemen was begonnen.

Maar met deze beslissing om niet te gaan verkopen, realiseerde hij zich dat er in die maanden van onderhandeling iets was misgegaan. Zijn omzet was ingestort en zijn zakelijke kredieten bijna verbruikt. Hij had nog maar anderhalve maand geld om rekeningen en personeel te betalen. Kijkend naar de debiteuren, zag hij dat er veel kleine posten open stonden die nog geïnd moesten worden, maar dat ging het gat niet dichten. Ook aan de kant van de nieuwe klanten was de pijplijn leeg. Kortom, geen nieuwe omzet, slechte cashflowpositie en teveel kosten. Paniek!

Overbosch schaamde zich een beetje dat hij het zover had laten komen. Als ondernemer had hij zich behoorlijk beziggehouden met die onderhandelingen en daardoor te weinig tijd besteed aan de dagelijkse bedrijfsvoering. Een veel voorkomend fenomeen overigens. Nu zat hij in een benarde positie, wie moest hij bellen? Hoe kwam hij aan geld? Van zijn familie wil hij het niet lenen en van vrienden ook niet. De bedragen waren te groot en het was zijn eigen verantwoordelijkheid en probleem, niet dat van hen. Zijn coach en strategisch aandeelhouder leek een goede eerstehulplijn. Die heeft altijd goede ideeën en weet wel hoe hij aan geld kan komen. Hij belde op: "Door die onderhandelingen heb ik mijzelf een beetje in de problemen gebracht. Er komt op korte

Ik zou wat gaan doen waar je op korte termijn wel geld mee verdient!

termijn gewoon te weinig cash binnen om uit deze positie te komen? Wat moet ik doen?" Waarop zijn coach antwoordde: "Tja, dat is vervelend. Ik zou wat gaan doen waar je op korte termijn wel geld mee verdient!" "Bedankt, aan jou heb ik echt wat..."

Toch zette dit meteen aan tot nadenken. Iets gaan doen waar je op korte termijn wel geld mee verdient. Verdiende hij met zijn huidige model dan niet genoeg? Wat deed hij verkeerd? Waar komt het geld eigenlijk vandaan? Hoe snel staat dat geld op zijn bankrekening? Waar geeft hij nou al dat geld aan uit? Kortom, die ene zin triggerde meteen een relevant en cruciaal proces. Willem ging nadenken over zijn huidige situatie. Was zijn bedrijf ten dode opgeschreven of kon hij dit overleven? Hij dacht terug aan Tony Montana in Scarface: *"Do you know what is coming to you Chico? The world Chico, and everything that is in it."* Er was natuurlijk maar een antwoord: "Focus op kansen en gaan, gaan, gaan." Snel met een goede oplossing komen voor zijn omzet en daarmee liquiditeit. Zijn zakenpartners gewoon vertellen hoe het ervoor staat en betalingen naar voren halen. Ten slotte met een goed verhaal naar zijn accountmanager bij de bank en tijdelijke verruiming van zijn krediet vragen.

In welk bos loop ik?
Wanneer je het gevoel hebt dat alles een grote bende is dan moet je even de helikopter in om te zien in welk bos je eigenlijk aan het lopen bent, zei een vriend eens tegen mij. Goed punt. Laten we dat maar even doen voor het geval Overbosch.

Core business? Het beantwoorden van vragen van ondernemers in het midden- en kleinbedrijf met een netwerk van partners.
Belangrijkste productiemiddel? Zijn website www.mkbservicedesk.nl.
Waar komt de omzet vandaan? Ze verdienen aan de commissie (leadfees) van netwerkpartners. Daarnaast ontvangen ze inkomsten uit abonnementen voor het beantwoorden van vragen.
Genoeg omzet? Nee, blijkbaar niet. Het commissiemodel heeft een lange adem nodig, met een groot volume om daar genoeg mee te kunnen verdienen. Meer vragen beantwoorden betekent meer personeel, dus dat was op korte termijn ook geen goede optie. Het ging er juist om tijdelijke contracten van personeel niet te verlengen en terug te gaan naar een kleiner team, meer focus. Overbosch dacht na over de manier waarop hij zijn team als ondernemer aanstuurde en probeerde mensen ook mee te laten werken in het grotere geheel. Werken aan zijn eigen competenties dus! Het was beter om minder vragen te hebben, maar er wel aan te verdienen. Daarnaast zou hij moeten investeren in marketing om dat vliegwiel aan de gang te krijgen en dat was nu even geen optie. Nog anderhalve maand geld...
Winst? Nee, dat al helemaal niet. Hij blijkt inefficiënt te werken en zijn belangrijkste asset (de website) niet goed te exploiteren. Wacht eens even... 50.000 bezoekers, meer dan 100.000 pageviews. Is dat veel? Waarom wilde die partij hem nou eigenlijk overnemen? Ze hebben

een unieke samenwerking met MKB-Nederland, de brancheorganisatie voor ondernemend Nederland en bereiken heel veel kleine ondernemers; de doelgroep.

Concurrenten? Hoeveel bereik hebben die? Wat doen zij met hun website? Waarom hebben zij wel veel advertenties (banners) op hun website staan en hij niet? Zij verdienen dus wel geld omdat adverteerders hun doelgroep willen bereiken via hun website.

Van crisis naar kans

Creative destruction; oftewel laten we het roer eens helemaal omgooien en het anders gaan doen. Jammer van dat ideologische model en de site zonder knipperende banners. Natuurlijk wel vasthouden aan de visie achter het platform: het beantwoorden van ondernemersvragen. *Desperate times call for desperate measures.* Wat kost het om advertenties op zijn site te plaatsen? Helemaal niets, hij moet alleen iemand hebben die adverteerders heeft en die snel kan leveren. Qua verdienmodel de focus verleggen van de ondernemer naar de adverteerder, die de ondernemer die vragen stelt wil bereiken. Doelstelling meer bezoekers op de website trekken en advertenties verkopen en er komt meer geld binnen, zonder extra kosten.

Het toeval wilde dat er net op dat moment een jonge, ambitieuze online advertisingclub belde die wel banners voor de MKB Servicedesk wilde gaan verkopen. Prima, deal. Laat die omzet maar komen. Naast de omzet uit bannering hebben bestaande partners hem ook wat liquiditeit gegeven door contracten eerder te sluiten en meteen te betalen. Naar de bank met een plan van aanpak en de cashflow prognose. Kortetermijnkrediet vragen om de anderhalve maand nog wat te verleggen en dan komen we er bovenop. Nog geen maand later waren er weer volop kansen en durfde hij zelfs even stoom af te gaan blazen met zijn gezin in Zuid-Frankrijk...

Precies een jaar later is het crisis in Nederland. De meest gestelde vraag op de website van MKB Servicedesk is: "Hoe kom ik aan geld?" Waar zijn die banken nu voor ondernemers? Nergens! Die zitten op de centen die ze van Wouter Bos hebben gekregen. Banken zijn kritischer geworden en met een beetje verhaal kom je er niet meer. In sommige branches is het nog moeilijker om aan omzet, laat staan, krediet te komen. Net zoals bij Willem geen reden om bij de pakken neer te zitten. De crisis biedt kansen. Dan moet je natuurlijk niet binnen blijven zitten of achter je winkelruit wachten totdat die klanten naar binnen komen. Ga het internet op en trek ze naar binnen via de andere weg.

Dan moet je natuurlijk niet binnen blijven zitten wachten totdat die klanten naar binnen komen.

Het is makkelijker het aanbod aan een bestaande klant te verbreden dan een nieuwe klant te vinden. Onderzoek dus de mogelijkheden tot cross-selling en up-selling. Probeer klanten te verleiden tot het aanschaffen van accessoires. Of kijk of je hen duurdere alternatieven kunt verkopen. Onderzoek wat een webshop voor jouw producten en/of diensten kan betekenen. Stratenmakers en slagers komen tegenwoordig via internet aan hun opdrachten. Op die manier kun je meer werk binnenhalen. Zelfs voor de detail- en groothandel zie ik de webshop als een uitgelezen manier om het klantenbereik flink te vergroten. Je kunt dit zelfs makkelijk samen met een paar partners doen. Alle transacties zijn zo goed meetbaar dat er niet snel meningsverschillen zullen ontstaan. En een eenvoudige webshop heb je al voor een paar honderd euro per jaar.

Beat the corporates. Dit klinkt misschien wel heel eenvoudig. Willem vertelde dat hij onlangs bij een grote verzekeraar op bezoek was om te praten over een online strategie die ze samen konden opzetten om meer klanten binnen te halen. Gaandeweg het verhaal over hoe Google werkt ziet hij een paar mensen wat glazig gaan kijken. Begrippen als pagerank en positie op Google werden vreselijk door de war gehaald, Google Analytics als analysetool en conversie van bezoekers waren hen onbekend. Ongelofelijk soms hoe ver grote bedrijven nog achter liggen op dit gebied. Ze moeten zich schamen. Corporate websites worden vaak voor verschrikkelijk veel geld ontwikkeld en zien er dan heel gelikt uit. Maar als de mensen die die sites verzinnen nog niet het minste idee hebben hoe het gedrag van bezoekers is, dan, geloof mij, kun je als klein bedrijf nog wel even scoren op het internet. Lees je een beetje in, volg een cursus, praat met wat deskundige mensen, vraag advies en ga ervoor!

Nu doen!

De crisis is een goed moment om aan geld te komen door:
- je bedrijf en de bedrijfsvoering goed door te lichten;
- het financiële over- en inzicht naar je toe te trekken;
- je bestaande partners en klanten beter te gebruiken;
- je bedrijf, producten en/of diensten online aan te bieden;
- slim te blijven investeren en innoveren.

Er zijn veel kansen, maar zorg er vooral voor dat je slim blijft investeren en innoveren. Want wie nu stil gaat zitten, ontneemt zijn bedrijf de kans op toekomstige omzet en dus de kans op winst. Als je deze kredietcrisis overleeft, weet je in ieder geval zeker dat je bedrijf alleen maar sterker en groter kan worden en dus nog meer omzet kan behalen.

Zorg er vooral voor dat je slim blijft investeren en innoveren.

Keurmerk Leuke Werkplek?

Klanten die
binnen zijn, laten
we niet meer
gaan.

Wekelijks vertel ik aan groepen van allerlei pluimage hoe belangrijk het is om de werkplek, de organisatie, het bedrijf, tot een leuke plek te maken. En ik vertel er dan ook bij dat iedereen dat weliswaar belangrijk vindt, maar dat er verder vervolgens niets mee gedaan wordt. Men glimlacht of lacht zelfs, dus men herkent wat ik zeg. Wel degelijk wordt door iedereen herkend en erkend dat het waar is dat het belangrijk is om een leuk bedrijf te hebben. Maar waarom niemand er vervolgens iets mee doet is me een raadsel.

Wat is eigenlijk een leuke organisatie? Is dat een bedrijf waar het elke dag feest is? In zekere zin wel. Het is in ieder geval een plek waar je graag heen wilt en waar je je energie kwijt kunt. Je voelt je er op je gemak en hebt het naar je zin in het werk en op het werk. Daarom heb je er net iets meer voor over dan iemand die tegen zijn of haar zin aan het werk is en er de kantjes van afloopt, zoals dat heet. Er zijn veel organisaties waar een sfeer heerst van "morgen is er weer een dag". In zekere zin heeft dat ook wel iets goed in zich, want zo werk je niet over de kop en kun je zaken relativeren, maar aan de andere kant zorgt het ook voor minder betrokken medewerkers. Als een klant om een minuut voor vijf nog de winkel binnen wil, zal een kleine ondernemer snel de deur opendoen, maar bij een grote supermarkt is de deur dan potdicht. Ik bezocht pas een winkel in tweedehands bouwmaterialen die op zaterdag open was tot vier uur 's middags. Ik kwam aan om drie uur, maar was om vier uur nog lang niet klaar. Sterker nog, ik had het gevoel dat ik nog wel tot vijf uur bezig kon zijn. De eigenaar van het bedrijf gaf aan dat het geen enkel probleem was en dat ik kon blijven totdat ik klaar was. Klanten die binnen zijn, laten we niet meer gaan, zo lachte hij. Dat is dus normaal voor iemand met een eigen bedrijf. Maar bij de supermarkt was ik er al lang uitgezet. Omdat de mensen wettelijk maar mogen werken tot sluitingstijd en er eigenlijk ook geen enkel belang bij hebben om langer te blijven. Het is hun geld niet en het is hun zaak niet. Tot zover de betrokkenheid.

Medewerkers en meer

Stel, je hebt een eigen zaak, waarin alleen jij werkzaam bent. Als je de hele dag niets doet en geen klanten hebt, dan verdien je niets en heb je dus geen inkomen. En dat is vervelend, want je hebt wel kosten. Bovendien ben je je eigen bedrijf waarschijnlijk vanuit een zekere ambitie begonnen met een droom. Eigenlijk ken ik geen mensen met een eigen bedrijf die niet heel hard werken. Werken vanuit de ambitie hun droom waar te maken. En met een streven om toch minstens de kosten te kunnen dekken. Dat is namelijk leuk! Het is leuk om te zien hoe je eigen droom langzaam maar zeker gestalte krijgt en dat het lukt. Over het algemeen werken mensen met een eenmanszaak dus bikkelhard. En als het een beetje lukt, verdienen ze meer dan wat ze kosten en maken ze dus winst. Als ze het heel erg goed doen, maken ze heel erg veel winst en willen ze gaan groeien. Dan komt er soms een nieuwe medewerker bij. Dan ben je met zijn tweeën. Dat is nog te overzien. Het is niet zo moeilijk om die tweede medewerker deelgenoot te maken van je droom en om die medewerker te laten genieten van het succes. Sterker nog, die medewerker zit vaak zo dicht op bedrijf dat ook de tegenvallers gedeeld kunnen worden. Het delen van successen en mislukkingen is een belangrijk element in de betrokkenheid van mensen bij hun bedrijf, blijkbaar. Het succes duurt voort en je blijft groeien. Nog meer medewerkers, meer vestigingen en meer landen wellicht. De oprichter en ondernemer blijft met dezelfde passie werken en probeert dat over te dragen op al zijn medewerkers. Want door hun betrokkenheid loopt zijn bedrijf toch wel beter. Door enthousiast rond te lopen, medewerkers te vertellen wat er allemaal speelt, winsten en verliezen te delen en enthousiasme uit te stralen ontstaat er een groep mensen die gezamenlijk bezig is een droom te verwezenlijken. Veel mensen kennen dat gevoel wel, want het hoort niet per se bij een nieuw bedrijf, maar kan ook horen bij een nieuwe afdeling of bij de introductie van een nieuw product. Je ziet dan soms dat hele afdelingen of hele bedrijven in een flow raken en enorm goed presteren.

Even terug naar de startende ondernemer met zijn groeiende bedrijf. Stel dat die ondernemer op een gegeven moment de organisatie verlaat, om welke reden dan ook. Vaak komt er dan een manager, de nieuwe directeur, voor in de plaats die moet zorgen dat alles verder goed verloopt. Die uiteraard veel minder betrokken is. En die gaat sturen op efficiency en effectiviteit. Zoals hij dat geleerd heeft. Al snel zie je dan de betrokkenheid omslaan in gewoon werken. Langzaam maar zeker dooft de vlam van het enthousiasme en verdwijnt de bijbehorende energie. Jammer.

Langzaam maar zeker dooft de vlam.

Betrokken

Waarom vertel ik dit verhaal van de starter? Omdat elk bedrijf ooit gestart is. En dus elk bedrijf ooit in een stadium van energie, flow, passie en betrokkenheid heeft verkeerd. Elk bedrijf zonder uitzondering is ooit leuk geweest. Neem nou bijvoorbeeld de multinational Philips. Toen dat bedrijf werd opgericht was het reuze spannend. Meneer Philips had een droom en samen met zijn broer begon hij die waar te maken. Die droom had te maken met licht. De hele wereld moest verlicht worden. Hij straalde van het enthousiasme en zijn broer ook. En ook zij begonnen ooit alleen, of misschien met zijn tweeën. De droom was succesvol en er begon langzaam een bedrijf te ontstaan. Er was ook daar ooit een eerste medewerker. Die aangestoken werd door het enthousiasme van meneer Philips. En er kwam een tweede... en een derde. En nu zijn er tienduizenden medewerkers. Die eerste medewerker van meneer Philips stond zo dicht bij het bedrijf dat hij zeer betrokken was bij het slagen en/of falen. Bij de successen en de mislukkingen. En die medewerker reageerde daarop. Hij was enthousiast. Een ding is zeker: als die eerste medewerker die betrokkenheid niet zou hebben gehad, dan had meneer Philips hem zeker niet aangenomen. Ken ik meneer Philips dan, zou u zich kunnen afvragen. Nee natuurlijk, maar ik ken wel een startende ondernemer door en door en meneer Philips was een startende ondernemer... helemaal in het begin. Een startende ondernemer vindt het fijn en belangrijk dat zijn medewerkers even hard werken als hij zelf. Ook al weet hij diep in zijn hart dat hij dat eigenlijk niet kan verwachten. Zelf ben ik wel vaker teleurgesteld geraakt als ik merkte dat mijn medewerkers mijn passie voor het bedrijf niet deelden. En er dus niet dag en nacht mee bezig waren. Maar ook ik wist dat ik dat eigenlijk niet kon verwachten. Maar wat ik dan toch ten minste wel wilde is dat men enthousiast werd van het werk en het bedrijf. Waarom? Omdat dat altijd leidde tot betere resultaten.

Weer even terug naar het begin, want daar ligt een belangrijke aanwijzing. De energie die nodig is om succesvol te zijn komt altijd uit de mensen. In eerste instantie uit de oprichter, want zonder hem of haar is er geen bedrijf. Maar omdat de oprichter het vaak niet alleen kan zal hij zijn energie en werkvreugde moeten overbrengen op anderen. Voor een startende ondernemer is dat een van de belangrijkste sleutels van succes. Het overbrengen van de passie op zijn medewerkers. Zodat die op een zelfde wijze als hij werken aan het succes. Zo normaal als dit gevonden wordt door ondernemers en starters, zo *soft* en onduidelijk komt dit vaak over op managers van bestaande organisaties. Omdat ik wel twintig keer als starter gefunctioneerd heb, zit het in mijn genen om mijn medewerkers te passioneren en enthousiasmeren. Dat is het eerste dat ik doe en ik heb een extra zintuig ontwikkeld voor het ontdekken van het ontbreken van die passie. Dus waar ik ook ben, ik voel onmiddellijk of mensen het in een organisatie naar hun zin hebben of niet. Verdorie nog an toe; de helft van alle medewerkers in Nederland vindt zijn werk niet leuk! Stelletje sukkels, die managers die aan die vijftig procent leiding geven. Hebben die dat zintuig dan niet? Nee, ik zou bijna durven stellen dat de meeste managers niet een natuurlijk ontwikkeld zintuig hebben dat aangeeft of hun medewerkers het naar hun zin hebben. En dus graag doen wat ze moeten doen. En dus graag iets beter hun best doen. En dus iets beter presteren. En dus betere producten opleveren. En dus meer winst maken.

Hoe gezellig...

In het vaandel

Neem de financiële crisis. Heel erg veel mensen die werken in slecht presterende organisaties raken daarvan in de put en worden depressief. En presteren dus slechter. Waardoor de organisatie het nog slechter gaat doen. Wat je ook doet om uit een crisis te komen; ga eerst naar je medewerkers en kijk hoe die zich voelen. En leg daar het begin van de verbetering. Want die medewerkers zijn de verbetering, als je tenminste mijn verhaal van de startende ondernemers gelooft. De eerste stap om uit welke crisis dan ook te komen is gelegen in de medewerkers. En dat los je niet op door in een e-mail te melden dat je dat weet of met een kort toespraakje. Nee, dat kost je als manager wellicht meer dan de helft van je tijd. Niet erg, want daar ligt de sleutel tot nieuw succes.

Ga eerst naar je medewerkers en kijk hoe die zich voelen.

Hoeveel bedrijven zijn dan leuk? Nou, weinig. Heel erg weinig organisaties herkennen dat het bovenstaande voor hen geldt. Heel weinig bedrijven weten nog dat ook zij ooit begonnen zijn als eenmanszaak. Terwijl ze weten dat dat voor elk bedrijf geldt. Heel weinig bedrijven hebben de fundamentele wet, die in het begin ook bij hen verantwoordelijk was voor het succes, nog hoog in het vaandel staan. En daarmee bedoel ik niet dat er in de *mission statement* van het bedrijf staat dat er veel belang wordt gehecht aan tevreden medewerkers, maar bedoel ik dat er ook veel aan gedaan wordt. En dat een manager dus het grootste deel van zijn of haar tijd daarmee bezig is.

We gaan werken aan een keurmerk. Een keurmerk Leuke Werkplek. Organisaties die dat keurmerk niet dragen zijn niet leuk om voor te werken. Vastgesteld door de medewerkers en niet door de directie. Overigens heeft die directie wel direct invloed op het ontstaan van dat keurmerk. Medewerkers mogen anoniem stemmen. Ik zou toch wel heel erg benieuwd zijn welke organisaties dan leuk worden gevonden en welke niet. Hoewel dit keurmerk in eerste instantie meer lijkt op een aardige gimmick, is het toch meer dan dat en gaat het veel dieper dan een oppervlakkige stemming door de medewerkers. Want stel je toch eens voor dat jouw organisatie GEEN leuke werkplek is. En stel je toch eens voor dat dat gecommuniceerd wordt. Een ding is duidelijk, talent zal aan jouw deur voorbijgaan. Misschien tijdens een crisisperiode even niet, maar zodra die voorbij is onmiddellijk weer wel. Daarnaast is het zo dat jongeren in toenemende mate belang hechten aan een leuke werkplek. En daarbij komt geld op de tweede plaats. Wat overigens altijd zo is natuurlijk. Geld is nooit de ultieme motivator voor werken geweest, maar speelt wel een belangrijke rol. Gedemotiveerd en gefrustreerd werken met een superhoog salaris houden maar weinigen lang vol. Zo'n keurmerk zal gaan bepalen waar de beste mensen gaan werken. En het keurmerk zal invloed gaan krijgen op het resultaat van de organisatie. Moeten we hier een wetenschappelijk onderzoek gaan wijden aan de criteria? Dat kan, maar is niet per se noodzakelijk. Vraag aan alle medewerkers of ze het werk dat ze doen leuk vinden. Daar kan iedereen vast nog wel wat vragen bij bedenken, zoals:
- betrekt je manager je bij zijn werk?
- vind je jouw organisatie transparant, weet je wat er speelt?
- ken je de successen en mislukkingen van je bedrijf?
- geniet je van je collega's?
- voel je passie en energie als je naar je werk gaat?
- vind je het soms jammer om weer naar huis te moeten gaan?

En zo kan ik nog wel wat meer vragen bedenken die allemaal te maken hebben met het heerlijke gevoel dat startende bedrijven nog zo goed kennen. Dat heerlijke gevoel dat zorgt voor gedeelde passie en energie. Dat heerlijke gevoel dat ervoor zorgt dat mensen zich deel voelen van een team in flow. Dat heerlijke gevoel dat zorgt voor een gezamenlijk streven, gedeelde successen en mislukkingen. Het samen doen. En dat alles leidt tot betere resultaten. We hebben het hier dus over een van de meest basale elementen van elk bedrijf. Een van de meest basale elementen dus van succesvol managen. Zo basaal dat je er eigenlijk altijd mee bezig moet zijn. Het verdringt alle andere zaken. Als ik jou was, zou ik niet wachten op dat keurmerk, maar het gewoon zelf gaan invoeren. Keurmerk Leuke Werkplek. Het is niet moeilijk, maar het vergt veel tijd en aandacht. En zo'n bordje heb je zo laten maken en naast de voordeur bevestigd.

Geld is nooit de ultieme motivator voor werken geweest.

Als ik jou was, zou ik niet wachten op dat keurmerk.

Het Phoenix Programma

De Phoenix (ook wel: Fenix) is een mythologische vogel en uit de verhalen die erover gaan is het een heilige vuurvogel. Hij leefde 550, 1461 of 12594 jaren lang, afhankelijk van de bron. De Phoenix is een mannelijke vogel met een prachtige gouden en rode verentooi. Aan het einde van zijn leven bouwt de Phoenix een nest van twijgen en takken die hij vervolgens in brand steekt. De vogel en het nest branden hevig en wat resteert is as. En uit deze as herrijst een nieuwe, jonge Phoenix. De Phoenix is populair geworden in allerlei vroegchristelijke verhalen als het symbool van wederopstanding, onsterfelijkheid en leven na de dood. De Phoenix staat niet voor niets afgebeeld in de vlaggen van de steden Atlanta (afgebrand in de Amerikaanse Burgeroorlog) en San Francisco (verwoest door aardbeving en brand in 1906) om beider wedergeboorte te symboliseren.

De crisis van 2008 en het daaropvolgende jaar slaat hard toe. Bedrijven raken aan de rand van de afgrond, ontslagen volgen, vele bedrijven gaan ten onder. Grote paniek heerst onder vele leiders van bedrijven, duizenden managers hebben geen idee meer wat hen te doen staat. Kostenbesparing lijkt de enige uitweg. Maar er is een andere weg. De weg die bedrijven helpt om uit de as te herrijzen. Om zich te wapenen tegen de crisis, maar om zich tegelijkertijd klaar te maken voor de tijd die komt na de crisis, de nieuwe economische orde.

De crisis begint en niemand weet hoe lang die gaat duren. De algemene reactie is het onmiddellijk doorvoeren van kleine bezuinigingen. Omdat niet bekend is hoe lang het gaat duren, wordt vooralsnog niet veel bezuinigd. Elke organisatie staakt zijn groei en brengt de kosten omlaag. Alle externe krachten eruit, massaontslagen, productie stoppen of vertragen, arbeidstijdverkorting, inkoop van grondstoffen staken, mensen thuis laten zitten en kantoren sluiten, marketingkosten omlaag brengen, advertentiekosten afbouwen, bonussen intrekken en waar mogelijk salarisstijgingen terugdraaien of stoppen. Geen inflatiecorrectie meer, inleveren van leaseauto's en intrekken van allerlei emolumenten. Het geeft op de keper beschouwd wel een veilig gevoel. Lekker zuinig zo. Liefst zouden we de kosten helemaal tot nul terugbrengen. Dan stiekem de deur sluiten van het bedrijf. Hèhè, eindelijk geen stress meer.

Het is een teken van deze tijd dat onzekerheden moeten worden uitgebannen. En deze crisis is het summum van onzekerheid. Staat in geen enkel boekje duidelijk beschreven en werd niet netjes aangekondigd. Werd tijdens studie en cursussen niet behandeld. En dat in een tijd dat elk spatje ijs op de snelweg tot een verkeersalarm leidt. Waarin elke storm uitgebreid wordt aangekondigd en waarin allerlei regels ervoor moeten zorgen dat elke spanning uit ons leven verdwijnt en elke onzekerheid vervaagt als sneeuw voor de zon. Dachten we net dat we alles onder controle hadden. Zelfs toiletrollen in het stadion van FC Groningen kunnen niet meer tot een brand leiden. We hebben overal een regel en een procedure voor. Breekt daar verdorie een crisis uit, waarvan helemaal niemand weet hoe dat zal gaan aflopen. Als kippen zonder kop rennen deskundigen af en aan naar radio en tv om hun meestal ongefundeerde 'deskundige' meningen af te raffelen. Het einde van het kapitalisme is in zicht, alle banken worden genationaliseerd, geld verdwijnt en we moeten het voortaan met schelpen doen, de EU verdwijnt om over de Verenigde Staten nog maar te zwijgen. Die zijn er echt aan. Paniek. We zijn weer helemaal op onszelf aangewezen. Dat was nou net niet de bedoeling.

Sterker eruit

Je hebt natuurlijk slimme en suffe managers. De sufferds dachten net dat hun sturing had geleid tot grote economische welvaart. Maar ze leren nu dat ze het schip door de storm moeten leiden. Als een boot door een golf moet om te keren, moet je gas geven. En niet uit paniek afremmen. Het lijkt een natuurwet dat je snelheid nodig hebt om te manoeuvreren. Stilstand betekent dat manoeuvreren uitgesloten is. De sufferds die in paniek midden in de storm het schip tot stilstand brengen, zijn overgeleverd aan de grillen van de golven. En dat zijn er nogal wat, tot stilstand komende schepen met snotterende kapiteins die met hun badmuts diep over hun oren getrokken in een hoekje van de kajuit het einde van de storm afwachten. Ik heb er geen respect voor.

Maar aan de andere kant, nu worden de mannen van de knaapjes gescheiden, zoals dat heet. Pas nu en echt niet eerder zal blijken wie de echte visionaire leiders zijn. Het Phoenix Programma is ontwikkeld om bedrijven te helpen met enige visie door de crisis heen te komen en er bovendien sterker uit te komen dan ze erin gingen. Het Phoenix Programma gaat ervan uit dat elk bedrijf zelf zijn kosten kan besparen. Dat een organisatie nauwelijks behoefte heeft aan begeleiding om te bezuinigen. Maar dit Programma loopt wel graag de totale lijst van besparingen door. Om te bekijken en te bewaken dat er niet met de kaasschaafmethode wordt gewerkt. Dus echte interne kosten moeten fors omlaag, wellicht zelfs op grote schaal ontslagen, liever werktijdverkorting of vrijwillige tijdelijke salarisverlagingen. Maar het vet dat in de afgelopen tientallen jaren is opgebouwd moet eruit. Dat is het goede nieuws van de crisis, van elke crisis overigens. Veel teveel overhead, veel te hoge bonussen, te snel gestegen salarissen, te grote auto's... eigenlijk alles waar 'te' voor staat, zei mijn moeder altijd.

Maar de kostenbesparingen laten alle externe kosten, zoals ik ze noem, onaangetast. Sterker nog, sommige externe kosten worden verhoogd. Ja, het zal niet waar zijn zeg. Het Phoenix Programma staat voor drastische verlaging van de kosten van intern gerichte zaken en een kostenverhoging voor extern gerichte zaken. Want de uitdaging van het Phoenix Programma ligt extern, zoals eigenlijk altijd de oplossing van alle bedrijfsproblemen buiten ligt en niet binnen. Dat is tevens de verklaring voor de paniek van zo vele managers; die hebben geen enkel idee wat zich buiten afspeelt. Moet ik dat 'buiten' nog even definiëren? Met

Als een boot door een golf moet om te keren, moet je gas geven.

buiten bedoel ik de markt, de klant, de omzet, de producten, de verkoop
en alle andere zaken die geld opleveren en waarvan het voortbestaan
van elk bedrijf afhankelijk is. Buiten is moeilijk, buiten is eng, maar
buiten is ook leuk. Daar zitten de boze klanten die nu massaal stoppen
met kopen, daar zitten concurrenten die hun prijzen verlagen, daar zitten
de boze banken die geen krediet meer verstrekken. Snel de deuren dicht
zodat we niks meer met 'buiten' te maken hebben.

Het Phoenix Programma richt zich op drie zaken:
• de Klant (verwennen, aandacht geven, aanraken en uitleg geven),
• de Medewerker (klanten-taskforces, ondernemers tiger teams,
  productvernieuwing),
• het Netwerk (vrienden, kopen van elkaar, resources delen).

Het Phoenix Programma vereist enige moed, want het stuurt mensen op
pad in een onbekende wereld, op onbekend terrein, maar daar zoeken
we dan maar de juiste mensen bij. Harder kosten besparen is nodig, om
Phoenix te financieren. Want het kost geld. En dat halen we binnen weg.
We schuiven dus fondsen van binnen naar buiten, zoals we eigenlijk al
veel eerder hadden moeten doen. Dat boven op de besparingen die we
al moeten uitvoeren zorgt voor extra pijn. Openheid is hier een sleutelwoord. Zonder volledige openheid geen Phoenix Programma. Uitleg
over wat we waarom doen is noodzakelijk om draagvlak te krijgen bij
de medewerkers en de ondernemingsraden. Maar die zijn gelukkig
gericht op de langere termijn. Ieder mens is bereid iets in te leveren als
hem of haar dat op termijn iets beters oplevert.

Het bedrijf, de hele organisatie, gaat gezamenlijk een strijd aan. We gaan
het samen doen, in volledige openheid. Dat brengt een eerste pijler van
Plezier (Geelhoed e.a., zie pagina 143) in het volle licht: fit. Samen met
een team aan een doel werken. Ieder krijgt daarin een taak die bij hem
of haar past en dat brengt de tweede pijler van plezier: flow. En het heeft

betekenis voor de economie en ons voortbestaan: faith. Het zal toch niet waar zijn dat we met het bestrijden van de crisis een organisatie van een suf bedrijf in een bedrijf met plezier kunnen veranderen? Het zal niet de eerste keer zijn dat een gezamenlijke vijand (de crisis en het faillissement) een heel bedrijf in een flow kan brengen. Net zoals dat gaat bij sportteams.

Openheid, iedereen mag meedoen, zorgen voor een totaal andere werksfeer. Een totaal andere werksfeer dan de geest van bedruktheid, onrust, ellende, passiviteit en paniek die nu in vele duizenden organisaties rondwaart. Dat op zich is al de eerste verbetering. Het goed en rustig uitleggen dat de organisatie mee gaat doen aan het Phoenix Programma en wat dat dan vervolgens voor iedereen gaat betekenen vergroot onmiddellijk de kansen om de crisis te boven te komen.

Erbij horen

Phoenix richt zich op Klant, Medewerker en Netwerk. Daarnaast is er een topteam van financiële experts bezig om de kosten veel meer te verlagen dan aanvankelijk de bedoeling was, om zodoende fondsen van binnen naar buiten te kunnen overbrengen. Een niet onbelangrijk onderdeel.

De Klant. De *life line*, het allerbelangrijkste dat er is. De enige reden dat ons bedrijf bestaat is die klant. Die allerbeste lieve klant, waar we soms ook zo'n hekel aan hebben door die eindeloze klachten. Maar die altijd maar weer al onze kosten draagt, onze salarissen betaalt, onze auto's en bonussen, onze zakenreizen en staven, lunches, diners en maîtresses. Tja, dat zet je aan het denken, nietwaar. Toch altijd gedacht dat jij dat allemaal zelf deed. Maar nee, zonder de klant heb en ben je niets. De klant is heilig, de klant is God. En hij heeft nog altijd gelijk ook. *Never forget that!* Dat gaan we nu eerst maar eens allemaal aan onze klant vertellen. We gaan in hoog tempo dichter naar onze klant toe bewegen. We gaan veel meer aandacht geven dan we voorheen misschien al wel deden. Ik ken een groot bedrijf dat stelselmatig al vele jaren ontkent dat het de klachten van zijn klanten slecht behandelt. Ook die moeten nu overdreven de andere kant op gaan bewegen. Geld gaan uitgeven aan super-klachtenafhandelaars. Geen kortingen geven, nee! Maar geld investeren in programma's waardoor die klant denkt: WOW. Ik dacht dat er een crisis was. Maar zelfs ten tijde van een crisis gaat mijn leverancier meer aandacht aan mij besteden. Daar wil ik bij horen. Dat vergeet ik niet. Nooit niet. Klanten helpen om ze te laten betalen. Geen kortingen, want dat is nooit de juiste weg voorwaarts. Maar indien nodig andere betalingscondities. We gaan de klanten helpen, in alle opzichten. We bewegen naar de klant toe en gaan daar meer geld aan uitgeven. Geld, dat we weghalen door interne bezuinigingen. En onze beste en grootste klanten gaan we meenemen op reis, daar gaan we een persoonlijke band mee opbouwen. En dat leggen we aan onze medewerkers uit. Want openheid is de sleutel in het Phoenix

We gaan in hoog tempo dichter naar onze klant toe bewegen.

Programma. Openheid, openheid, openheid. Ik zeg het nog maar even een paar extra keren, zodat je het nooit meer vergeet. Want zolang er openheid is snappen mensen beter wat je aan het doen bent. Hoeven het daar niet altijd mee eens te zijn, als ze het maar begrijpen. Dus met je beste klanten op reis gaan ten tijde van een crisis is GOED. Goed voor de klant, goed voor jouw relatie met die klanten, goed voor jouw bedrijf en dus goed voor je medewerkers. Capisce? Zo, dat staat op papier. Dit raakt me emotioneel omdat ik zoveel zogenaamd stoere managers juist die kosten zie besparen waardoor hun bedrijf naar de Filistijnen gaat. "Nee, we kunnen in deze tijd toch niet meer met onze klanten op stap, want dat zou niemand begrijpen." Loser die je bent, wees stoer en leg uit dat het van levensbelang voor iedereen in je organisatie is dat je nou net met je grootste klanten de banden heel strak aantrekt. Ten tijde van crisis handje vast. Handje vast met je klanten en met je collega's. Alle klanten krijgen extra aandacht, we gaan ze verwennen, we gaan onze beste en grootste klanten persoonlijk aanraken en leggen dat uit aan iedereen. En wie gaat dat dan allemaal wel niet doen?

Meedoen

De Medewerker, de sleutel om uit de crisis te komen. Die gaat dit allemaal doen. Het is nu of nooit en daarom moeten we een iets andere verdeling van onze organisatie gaan maken. We moeten iets gaan doen dat we nog nooit zo gedaan hebben. We moeten ons gaan gedragen zoals we ons nog nooit gedragen hebben. Het gaat hier over survival, overleving. Het is erop of eronder. Als die sfeer niet heerst, creëer hem dan. In de meeste bedrijven heerst in de verste verte nog geen sfeer van urgentie, een *sense of urgency*. Daar kabbelt het allemaal gewoon door. Bonussen bij banken worden toch ook nog steeds gewoon uitgekeerd, salarissen gewoon uitbetaald? Of niet dan? En dat moet verdorie ook anders! Als je wilt dat jouw organisatie als team, als een blok, gaat werken aan het overleven van de crisis dan moet je ervoor zorgen dat er heel snel een team ontstaat. Als een schip dreigt te vergaan of een gebouw dreigt af te branden, wens je dat iedereen meewerkt om te overleven. En word je ook kwaad als de helft maar wat ligt te snurken of als toeschouwer langs de lijn staat. Ook hier geldt weer een belangrijk sleutelwoord: openheid. En iedereen mag meedoen, moet meedoen. Niet alleen de directie, want die kunnen het echt niet alleen. Dit is te groot voor een directie of managementteam om alleen op te lossen. Dus we gaan het gevecht met z'n allen aan. We splitsen het bedrijf in ondernemers en niet-ondernemers. De ondernemers worden de bedenkers van de acties richting markt en zij voeren de troepen aan. Wees blij als je een paar ondernemers hebt, maar haal ze anders binnen. Want dit gaat van dik hout zaagt men planken. De straatvechters heb je nu even nodig. En ondernemers zijn niet per se de managers van weleer. Houd daar rekening mee. De ondernemers vormen teams, de zogenaamde tiger-teams, en die gaan aan de slag met de klanten. Naast bestaande klanten krijgen ze volledige vrijheid om extra omzet te genereren. Extra omzet? Betekent dat dat we moeten groeien? Niet per se, maar het zou zomaar eens kunnen dat de resources die we hebben ook op andere manieren geld kunnen opleveren. Als je een productiehal hebt die stil ligt, dan mag die hal worden gebruikt door iedereen die daarvoor wil betalen. Feesten en partijen, jawel. Als er geen vraag is naar monteurs, mogen die door aannemers worden ingezet op bouwprojecten. Bedenk het maar, wat kunnen we verdienen met alles wat we hebben. Want stilstand is achteruitgang. Wordt iets chaotischer, maar wel leuk! We bedenken ter plekke nieuwe producten en diensten, gebruik makend van wat we al hebben. Dus onmiddellijk inzetbaar.

Alles wat ik stel over de Klant, moet worden uitgevoerd door de medewerker, in klanten-taskforces. De Medewerkers mogen ook bedenken dat hun eigen kostenstructuur tijdelijk omlaag gaat, met extra hoge bonussen afhankelijk van successen en inhalen van de salarisverlaging zodra dat weer kan. Elke medewerker wordt een volwaardig onderdeel in het bestrijden van de crisis. Allemaal dus!

Buiten de muren

En dan het Netwerk. Weet je nog wat dat is? Dat zijn je vrienden en vriendinnen buiten. Die jij altijd geholpen hebt en die bereid zijn om jou nu te helpen. En als jij dat altijd verwaarloosd hebt zijn er wellicht collega's die dat niet gedaan hebben. Iedere Medewerker heeft een netwerk, groot of klein. Bestaande uit familie en vrienden, zakenrelaties en klanten. Het is nu tijd om dat netwerk volledig te gaan activeren. Het Netwerk is ook buiten en dat komt goed uit, want daar zijn we inmiddels al bijna met ons hele bedrijf aan het werk. We gaan een programma ontwikkelen om ons netwerk in kaart te brengen. Wie kent wie en wat zouden we gedaan kunnen krijgen? Waar hebben we wat aan? Er bestaan in Nederland een aantal krachtige zakelijke netwerken. En die heb je nu net nodig. Dat netwerk gaan we intensiever benutten. We zetten sessies op waarbij we met elkaar filosoferen over hoe we elkaars resources kunnen gebruiken, hoe we bij elkaar kunnen kopen, hoe we elkaar op allerlei mogelijk manieren kunnen helpen. En we gaan niet zeggen: "In deze tijden trek ik mij terug binnen de veilige muren van mijn bedrijf, dus ik kan me de kosten van een netwerk niet meer permitteren." Want binnen de muren van je bedrijf is niks te halen, maar het netwerk zorgt voor je overleving. Daar gaan we dus in investeren, qua tijd en qua geld.

Het Phoenix Programma werkt met Alle Medewerkers en in een Netwerk aan de Klant. Lekker buiten. Dat een crisis zo leuk kan zijn…

Wie kent wie en wat zouden we gedaan kunnen krijgen?

Samen naar de pindakaas

Als je een callcenter belt heb je een gesprek van mens tot script.

In het Phoenix Programma wordt de klant centraal gesteld. Aan hem of haar moet je al je aandacht gaan besteden. Of het nu wel of niet direct wat oplevert. Logisch toch, zeker als je omzet nodig hebt, nu of in de toekomst. Logisch wel, maar bijna onmogelijk. Zeker als je over grote en middelgrote bedrijven praat. Want o wee, wat kost het daar een moeite om aan klanten te denken. Ik sprak ooit een lid van de Raad van Bestuur van een groot bedrijf die stellig was in zijn mening over klanten. "Er is geen ander binnen dit bedrijf die de klant zo centraal stelt als ik", zo merkte hij op. En daar bleef het dan vervolgens bij. Geen klant die er ooit wat van gemerkt heeft. Geen prijs gewonnen wat betreft klantvriendelijkheid. Nee, het tegenovergestelde gebeurde. Door permanente en continue bezuinigingen kwam de klant steeds verder van het bedrijf af te staan. Het werd voor de klant, door inzet van duizenden callcentermedewerkers, zo goed als onmogelijk om nog ooit een normaal gesprek van mens tot mens te hebben. Want zoals u weet, als je een callcenter belt heb je een gesprek van mens tot script. Want callcenter-agents werken met een script met vaste vragen en vaste antwoorden. Het fenomeen callcenters is een van de ergste dingen die de gemiddelde consument overkomen is. In klantenscenario's spelen callcenters eigenlijk geen enkele rol, of het moet een negatieve rol zijn.

Praat met een klant

Ik dwaal af, want ik had het over die directeur die de klant centraal stelde… en er vervolgens nooit meer eentje sprak. Want klanten, dat waren pas echt engerds! Altijd lastige vragen en lastige opmerkingen. Op bezoek gaan bij klanten was er al helemaal niet bij. Kost tijd, is vervelend en levert niks op. Overigens, dezelfde directeur had callcenters laten uitgroeien tot een alles overwoekerend fenomeen. Na enkele jaren kwamen er eerst duizenden en later tienduizenden klachten binnen over het functioneren van die callcenters. Waarom? Omdat klanten weer gewoon met medewerkers van het bedrijf wilden praten. Maar die waren wegbezuinigd, want we hebben hier te maken met een heel erg efficiënte directeur. En die tienduizenden klachten dan? "Ach, incidenten."

Is het anders als je in een consumentenmarkt zit, in vergelijking met een zogenaamde business-to-businessmarkt? Nee! Natuurlijk zijn er hele grote verschillen, maar het gevoel dat je je klanten wilt geven is exact hetzelfde. Of je nou een Mercedes wilt verkopen of een consultantsdienst, bij beide klanten speelt intimiteit een belangrijke rol. Customer intimacy, is het gevleugelde woord daarvoor. Maar het is wel een beetje eng hoor, die klantenintimiteit. Zeker voor mensen die niet zo van klanten houden. Het is natuurlijk politiek incorrect als je zegt dat je niets met klanten te maken wilt hebben, maar in feite moet je iedere medewerker van een bedrijf doordringen dat er maar 1 ding is, en dat is de klant.

De beste Albert Heijn van Nederland staat in Den Dolder, zegt men. Waarom? Niet alleen omdat het assortiment er overweldigend is. Dat is belangrijk, maar bij lange na niet het belangrijkst. Het meest belangrijke is dat men in die betreffende winkel de klant altijd op de eerste plaats zet. Altijd, maar dan ook altijd vriendelijk behandelt. Als je een medewerker, die toevallig vakken staat te vullen, een vraag stelt zoals "waar staat hier de pindakaas", dan stopt die medewerker onmiddellijk met vullen, kijkt je aan en loopt dan vervolgens met je mee naar de pindakaas. Altijd gaat het zo, ga maar eens proberen. Geweldig, wat een klantvriendelijkheid. De winkel is groot, maar je voelt op zo'n moment dat alle aandacht naar jou uitgaat. Alle medewerkers zijn daarin getraind, dat is wel duidelijk. Elke medewerker weet dat de klant ALTIJD voor gaat, want die klant betaalt hun salaris. Dat is dus hier bij consumentenartikelen.

Het bedrijf van de bovenstaande directeur, die altijd klanten centraal stelde, had ook bedacht dat alle directeuren elk drie klanten moesten gaan bezoeken. Gewoon voor een gesprek, niks bijzonders. Ze kregen geen verkoopopdracht mee, nee, het was gewoon voor de gezelligheid. Na drie maanden had 20% van alle directeuren de afspraken gepland.

Makkelijk zat, gewoon de telefoon pakken en bellen.

Makkelijk zat, gewoon de telefoon pakken en bellen. Maar de andere 80% van de directeuren hadden nog geen tijd gehad. Te druk met allerlei managementgeneuzel, denk ik. Na een half jaar had 50% van alle directeuren de afspraken gemaakt en daar bleef het bij. Misschien steeg het nog stiekem naar 60%, maar de rest had toch echt geen tijd of geen zin in klanten. Daarmee mislukte het klanten-centraal-stellenproject. Een grof schandaal was dit, in mijn ogen althans. Drie klanten bellen, inderdaad wel een enorme opgave. Zeker als je je secretaresse ermee opzadelt. Wat? Hoezo? Secretaresse laten bellen? Ja, want daar lag de eerste fout en ligt de eerste fout. Want directeuren hebben secretaresses, en die moeten altijd bellen. Wat de slimme directeuren bedenken is dat een klant natuurlijk leuker en spontaner reageert, en dat een afspraak dus veel makkelijker te maken is, als je zelf belt. En niet je secretaresse laat bellen.

Een trainer moest een cursus geven over klantgericht denken en handelen. Cursus goed gevuld. Op de eerste ochtend zaten de cursisten keurig in de klas. De trainer kwam binnen met onder zijn armen grote lijsten. "Goedemorgen beste cursisten. Klantgericht denken en handelen. Laten we beginnen met het allemaal bellen van onze klanten om afspraken te plannen. Ik heb van iedereen de klantenlijst en telefoonnummers bij me. Aan de slag!" Cursisten met stomheid geslagen. Bellen, zij? Daar hadden ze toch secretaresses voor? Sommigen cursisten waren zo kwaad dat ze weg wilden lopen. Maar ze moesten allemaal bellen en er kwam niemand onderuit. Pas nadat iedereen drie klanten gesproken had begon de daadwerkelijke cursus. Leuk hè?

De dialoog

Met klanten op pad gaan is overigens niet zo makkelijk. Zeker in tijden van een crisis niet. Want klanten vinden het vaak ongepast om in te gaan op prachtige uitnodigingen voor concerten, sky boxes bij voetbal of tripjes naar het buitenland. Laat staan een bezoek aan een golfbaan. Maar aan de andere kant, als je een paar dagen met een goede klant apart kunt zijn dan levert dat bijna altijd veel op. Hoe ga je er dan voor zorgen dat die klant er het nut van inziet? De oplossing daarvoor is tamelijk simpel. Maak gebruik van *business dialogues*. Centraal staan ontmoetingen tussen twee klanten, of teams van twee klanten. Ja, dat doen wij ook vaak, hoor ik u al denken. Toch niet zo moeilijk, kopje koffie en praten maar. Gezellig kennismaken. Als het zo simpel was, had ik er geen aparte naam voor hoeven te bedenken, maar had ik het gewoon "koffiedrinken" genoemd of "lekker beppen over niks". Maar in dat geval mag je van geluk spreken als het wat oplevert. Waar ik het bij business dialogues over heb, gaat veel dieper en levert dus bijna altijd dingen op die je van tevoren niet bedenkt.

Nodig desnoods tien verschillende klanten uit en koppel ze om en om getweeën aan elkaar. Maar de sleutel tot het succes ligt in de voorbereiding. Elke deelnemer wordt van tevoren geïnterviewd. Met vragen als "Wie is…" en, "Wat inspireert…", en "Wat zijn de ambities van…", leeftijd, partner, kinderen, hobby's, boeken en muziek. Gelardeerd met foto's, liefst uit de privéomgeving en niet van die oersaaie bedrijfsfoto's, in uniform en achter een bureau. Sommige mensen willen niet dat deze vragen gesteld worden, omdat je dan hun intimiteitsgrens doorbreekt. Ik heb dat woord zelf maar even bedacht, maar het geeft goed weer wat er vaak gebeurt. Mensen vinden dat je met dat soort vragen erg dicht bij ze komt. De meesten overigens niet, die vinden het wel spannend om daarover te praten. Eerlijk gezegd vinden de meesten het zelfs leuk. Nadat ik vele honderden voorbereidende gesprekken heb gedaan om business dialogues tot een succes te maken, durf ik wel te stellen dat bijna iedereen het uiteindelijk leuk vindt. En dat bijna iedereen ook wel een min of meer interessant verhaal te vertellen heeft. Het is aandoenlijk om soms te zien dat mensen zich verexcuseren omdat hun verhaal wel niet interessant zal zijn. En daarna het meest prachtige en ontroerende verhaal vertellen. Prachtig.

Voedingsbodem

Je koppelt mensen aan elkaar met behulp van hun persoonlijke verhaal. Hun persoonlijke ambities en hun persoonlijke inspiraties. En daar ligt een link die veel dieper gaat en er soms gewoon in hakt, zoals dat heet. Mensen worden geraakt en dat is tijdens een gewoon kopje koffie ook wel mogelijk, maar tamelijk zeldzaam. Wat je hier doet is door de goede

Je koppelt mensen aan elkaar met behulp van hun persoonlijke verhaal.

voorbereiding een voedingsbodem scheppen op basis waarvan mensen op een heel ander niveau met elkaar in gesprek gaan. De aanknopingspunten kunnen van alles zijn. "Hé, heb jij ook in Rotterdam gestudeerd?" of "Een leven met een gehandicapt kind is erg lastig" of "Ja, mijn hobby is ook wijn verzamelen". Maar de zakelijke aanknopingspunten zijn ook niet van de lucht, en leveren vaak direct business op. "Wat, proberen jullie ook de MKB-markt te benaderen? Hoe doen jullie dat en kunnen we dat niet samen doen?" of "Zo, jullie gaan dus nieuwbouw plegen. Goh, wij leggen elektrische installaties aan, kunnen we niet eens praten?" of "Ik zie dat jouw medewerkers vrijwillig salarisverlaging hebben aangeboden om de crisis te bestrijden, hoe is je dat gelukt?" Het kan van alles zijn, maar de gesprekken gaan onmiddellijk ergens over. En de gesprekken gaan over iets heel anders dan welke producten of diensten ik in de aanbieding heb. Want daar willen mensen het toch meestal niet over hebben. Business dialogues, die een diepgang bereiken die ongekend is, hebben behoefte aan tijd en rust. Het gaat dus niet zomaar even op kantoor. En de plek is ook heel erg belangrijk. Diepgang, plek en rust. Vanaf het moment dat ik een open haard op mijn kamer heb laten installeren is zakendoen een stuk leuker en makkelijker geworden. Mensen komen graag naar mij toe en lijken tot rust te komen, zo zittend voor de open haard. Wordt daar dan niet hard gewerkt? Veel harder, zou ik wel durven stellen.

Naar het strand

Maar niet iedereen heeft een open haard, dus het is niet altijd makkelijk om de klant op kantoor uit te nodigen. Realiseer je je dat diepgang, de plek en rust belangrijk zijn? Denk daar eens even over na. Ga met de klant op pad. Neem hem of haar mee naar een bijzondere plek, in binnen- of buitenland. Ik maakte ooit mee dat ik werd uitgenodigd om een boswandeling te gaan maken. Een strandwandeling heb ik ook al meegemaakt. Of een bijeenkomst in een strandtent. Dat waren altijd memorabele bijeenkomsten. Die ergens over gingen en die ik nooit vergeten ben. Dat moet je ook hebben, of niet? Toegegeven, het kostte me soms moeite om me ertoe te zetten naar het strand te rijden en daar anderhalf of twee uur een gesprek te voeren. Dat is toch niet efficiënt, dacht ik dan vaak. Maar als ik het eenmaal deed dan was het altijd de moeite waard.

Ga met de klant op pad.

Bijzondere plekken zijn makkelijker te vinden dan je denkt. En zijn bijna altijd goedkoper dan je denkt. Ik heb zelfs mijn kantoor weleens verhuurd aan mensen die daar bij de open haard een klant wilden spreken. Zeker in een business-to-businessomgeving loont het altijd de moeite om de elementen diepgang, plek en rust inhoud te geven. Levert altijd veel meer geld en voldoening op dan het "schieten met hagel", zoals dat zo mooi heet. Is dat ook zo voor de massale consument? Het antwoord is ja, zoals het Albert Heijn-voorbeeld laat zien. Het hoeft niet altijd fysiek te zijn, dat geven van aandacht. Klanten moeten altijd het gevoel hebben dat je met ze op pad wilt, dat ze belangrijk zijn, dat je ze aandacht geeft. En dat geldt voor bijna alles en bijna alle sectoren.

Herrijzen in 7 stappen

Ik ben helemaal niet van de stappen en dwingende structuren, maar ik denk dat we hier toch maar een poging moeten doen om enige structuur aan te brengen. Al was het alleen maar om te vermijden dat er niets gebeurt. Het Phoenix Programma legt een fundament voor verandering. We bouwen aan de nieuwe cultuur en stellen concrete verbeterprogramma's op.

Er komt geen selectieprocedure. We verwachten mensen uit alle disciplines, lagen en functies. Wij gaan niet de ondernemers aanwijzen, deze komen vanzelf bovendrijven. We merken wel bij wie we energie losmaken, wie nieuwe ideeën hebben, veranderingen voorstellen en zich als vrijwilliger opstellen om initiatieven te starten. De zeven Phoenix-stappen in ''t Is groen' zijn:

1) Buik eraf

De vervetting heeft in veel organisaties geleid tot verborgen kosten. Die mentaliteit kan niet meer. De gevolgen ook niet. De mentaliteit pakken we gaandeweg aan. We beginnen eerst in kaart te brengen waar verborgen kosten zitten. Hoe kosten samenhangen zodat we kunnen inschatten waar snel kosten van binnen naar buiten kunnen worden gebracht. Ook gaan we kosten koppelen aan activiteiten. Niet tot in detail maar zodanig dat we voldoende overzicht hebben om te kunnen beslissen. Dit doen we door met de juiste mensen in speciale sessies waar we *à la minute* de stappen van de huidige processen visualiseren en koppelen aan de kosten van de activiteiten. Alle input wordt direct gevisualiseerd en met elkaar gefinetuned. Zo kunnen we snel zien waar we stappen eruit kunnen halen of slim kunnen combineren. En wat dit in grote lijnen oplevert. Of dat we misschien wel complete processen kunnen stoppen of outsourcen. Vervolgens vragen we wie welk project wil trekken, ongeacht functie of status. Wel komen er harde deadlines op afgesproken output, niet de input. De tijden van inputsturing zijn voorbij.

Alle input wordt direct gevisualiseerd en met elkaar gefinetuned.

2) Fruit van de grond

In deze bijeenkomsten analyseren we bij welke klanten we op dit moment de meeste marge verdienen, waar het grote potentieel zit, hoe we slimme combinaties van *cross selling* kunnen inzetten. Ofwel waar het fruit op de grond ligt te rotten omdat niemand het oppakt. Hiervoor stellen we direct (nieuwe) *tiger teams* op die door slimmer samen te werken beter en meer kunnen verkopen op de korte termijn. Deze teams worden getraind en uitgerust met *state of the art sales tools* die niet afhankelijk zijn van het stramme regiem van de ICT infrastructuur. Niet meer het CRM als controlesysteem van de salesmanager, maar in dienst van de accountmanager. De accountmanager gaat ondernemen samen met andere accountmanagers en de salesmanager. De salesmanager als controller wordt afgeschaft. Hij gaat gewoon meedoen en laten zien hoe het moet. Accountstrategieën en de processtappen naar de grote deals gaan we met het hele team visualiseren. Zodoende kunnen we meer als team gaan samenwerken en de concurrentie te slim af zijn door overzicht en inzicht.

3) Laaghangend fruit pakken

Stel ook een *hitlist* op van klanten die we een-op-een in de watten gaan leggen. Als die klant ideeën heeft voor nieuwe producten en diensten, moet je die direct onderzoeken op haalbaarheid om snel te kunnen gaan leveren. Dus direct stoppen met de klanten te zien als een homogene massa maar juist op het niveau van individuele beslissers behoeften kennen, invullen en daardoor binden. Dit doen we via *Client Loyalty-sessies* die ook tot doel hebben snel feedback aan klanten te geven, ze mee te krijgen en natuurlijk om het netwerk stap voor stap in de juiste richting te vergroten. Welke netwerken hebben we en hoe kunnen we ze verder uitbouwen? Hoe kunnen we onze klanten verbinden met voor hun interessante leden van het netwerk? Dus niet 'wij en het netwerk' maar 'het netwerk voor het netwerk' Het Werkende Netwerk, zoals elders in dit boek beschreven.

4) Change the mindset

Een gevolg van de *fat belly mentality* is dat we lineair denken omdat het altijd volgens de zo bekende vaste patronen goed gewerkt heeft. Nu dus niet meer. Die mindset is dodelijk. We moeten anders gaan denken en anders gaan werken. Onze houding veranderen. Ons hele brein gaan gebruiken. In elke organisatie werken mensen met veel kennis van zaken én creatieve vermogens. Kennis en creatieve ideeën zijn te weinig en te laat zichtbaar voor iedereen in een groep of team. Dat beperkt de snelheid en kwaliteit van oplossingen in ernstige mate. Ideeën zijn onvoldragen, missen draagvlak en begrip, zijn niet creatief genoeg. In het nieuwe werken is alles gericht op kennis delen en kennis vermenigvuldigen. Dat is goed te leren en makkelijk om te doen. Met intuïtieve, breinvriendelijke methoden en technieken. Door zichtbaar te maken wat mensen weten, zaken te verbinden, associatief te denken.

Het visuele aspect is daarbij onmisbaar, omdat mensen nu eenmaal in beelden en samenhang denken. Een visueel schema toont niet alleen de verbindingen, maar laat ook zien waar de witte plekken zitten. Daar kan dan weer verse kennis aan worden toegevoegd. Door denkprocessen visueel te ondersteunen, door speelse denkdisciplines het werk te laten doen, gaan mensen de goede dingen beter doen. Zien nieuwe verbanden. Mensen hebben bovendien meer plezier in hun werk omdat ze veel beter samenwerken. Zo verandert automatisch de houding. Hierdoor gaan individuen meer kansen zien, ondernemen en samenwerken. Teams worden productiever en daardoor zal de hele organisatie aan concurrentiekracht winnen.

5) Samendenken, -werken en -delen

In de herrezen organisatie bepalen samenwerken en samen denken de cultuur. Anders kunnen we niet samen ondernemen. In organisaties is veel waardevolle kennis aanwezig, die nooit benut wordt. Simpelweg omdat de kennis niet wordt vastgelegd, verrijkt en verdeeld. Vaak ook omdat de aansluiting met het totaalplaatje ontbreekt. Wat voor de één een los, betekenisloos puzzelstukje lijkt, kan voor de ander de laatste ontbrekende schakel zijn. In het Phoenix Programma brengen we de stukjes bij elkaar. Samen denken, samen werken, en samen kennis delen. Samen denken is niet vrijblijvend. Organisaties die de kunst van samen denken beheersen, zijn productiever, ondernemender. Ze maken volop gebruik van het aanwezige talent en dagen hun medewerkers impliciet, op een speelse manier, uit om een maximale bijdrage te leveren. De nieuwe inzichten die we samen vinden, moeten in de organisatie verankerd worden en omgezet naar groei. Samen denken is dan vanzelf ook samen leren, samen besparen, samen ondernemen en samen verdienen. Als je organisatie zelf nog over te weinig potentiële denkdoeners en frisdenkers beschikt om nieuwe ideeën te ontwikkelen en vraagstukken tot een oplossing te brengen, dan zijn er altijd ervaren procesbegeleiders beschikbaar.

> Mensen hebben meer plezier in hun werk omdat ze veel beter samenwerken.

6) Thinkfrastructures [1]

De prestaties van bedrijven en andere organisaties zijn steeds minder afhankelijk van machines en productiestraten. Een omgeving die de creativiteit en kennis van mensen maximaal benut, vormt de basis voor een werkelijke voorsprong. Mensen vinden het uiteindelijk leuker en bevredigender om hun hele brein in te zetten en te zien hoe de resultaten van hun breinwerk bijdragen aan het grotere geheel. Maar daarbij kan het nodig zijn oude, ineffectieve gewoontes achter te laten. De denkdoe-discipline bloeit het best op een ondersteunende *think-frastructure*. Bloei leidt tot groei. Nieuwe methoden leiden tot nieuwe ideeën. Goed gereedschap leidt tot beter werk. De juiste thinkfrastructure voedt de continue versterking van denkprocessen.

[1] Thinkfrastructures is een merk van World of Minds

Thinkfrastructures: ondersteuning voor effectief samen denken, samen werken en voor het delen van kennis. Goede ideeën leveren pas waarde op als ze ook gebruikt worden. Thinkfrastructures zijn daarvoor het platform. De belangrijkste thinkfrastructures die snel in gebruik kunnen worden genomen zonder te veel last van rigide ICT-infrastructuur zijn samenwerkingssystemen via inter- of intranet. Denk aan online brainstormsystemen, virtuele kantoren en andere web 2.0 toepassingen. Je ideeën altijd kwijt kunnen op een manier die anderen in staat stelt om ze op het juiste moment te vinden, onafhankelijk van plaats en tijd. Samen kunnen denken wanneer je dat uitkomt. Ook online. De kennis en ideeën van anderen op een eenvoudige, intuïtieve manier kunnen terugvinden. Laat iedereen op elkaars schouders staan...

Goed gereedschap leidt tot beter werk.

7) Ondernemers aller lagen, verenigt u

De ondernemers van de organisatie denken anders en letten op andere zaken. In veel organisaties waar de echte ondernemers zijn vertrokken, wordt alleen nog maar gelet op het omlaag brengen van de kosten en vergroten van de productiviteit. Dat is goed maar lang niet goed genoeg. Maar er is meer nodig: een ondernemershouding. Op alle lagen in de organisaties zitten mensen met speciale kennis en ervaring. Die willen creëren. Zit in hun bloed. Soms zijn ideeën al vertaald naar ontwerpen van producten, patenten of slimme combinaties van diensten en producten. Maar daar waar ze vandaan komen is nog veel meer te halen. In heel veel organisaties worden niet alleen fouten onder het vloerkleed geveegd, maar ook veel goede ideeën. Koppen boven het maaiveld eraf is de *standard operating procedure*. Ondernemers die zien hoe combinaties van bestaande kerncompetenties kunnen leiden tot nieuwe (combinaties) van diensten en producten voelen zich niet gestimuleerd. Denken in termen van "vroeger..." overheerst. Het ondernemersdenken in de Phoenix organisatie kenmerkt zich door een helder besef van wat de kerncompetenties van de onderneming zijn en hoe daar veel meer uitgehaald kan worden. En ook door een natuurlijk vermogen van *sense and response*. De tweede natuur van elke goede ondernemer is het sensen, aanvoelen van de omgeving en daar sneller op responderen dan de concurrentie. Een handige zakenman ziet een gat in de markt en vult dat in. Een rasondernemer weet dat elke *lifecycle* eindig is en je op het juiste moment een nieuwe cycle moet starten. Ondernemen is niet dat ene *lucky shot* maar vooral het goed sturen op alle lifecycles. Nieuwe producten en diensten bedenken op basis van bewegingen in de omgeving en de kerncompetenties van de organisatie. Bestaande producten en diensten goed uitmelken en op tijd stoppen, de slechte eruit gooien en te allen tijde de juiste mix managen. Managers die alleen op kosten en productiviteit sturen, schieten ernstig tekort.

Een rasondernemer weet dat elke *lifecycle* eindig is.

Ondernemers zitten in alle lagen van de organisatie. Het Phoenix Programma spoort ze op, motiveert ze, verbindt ze met de anderen en helpt ze de basis te leggen voor het voortbestaan van de herrezen organisatie.

En weer bedankt

Eind 2006 verscheen mijn eerste boek, dat we 'En nu laat ik mijn baard staan' noemden. Met heel veel moeite en plezier heb ik in de afgelopen jaren mijn baard vaak laten staan. En tot grote teleurstelling van mijn publiek ook regelmatig weer afgeschoren. Tja, wat een baard allemaal niet kan doen. Mensen die het boek leuk vonden, lieten zelfs hun baard ervoor staan. De grappen waren niet van de lucht. Alsof het over een baard ging.

Wat ik me toen niet gerealiseerd had, was het effect dat een dergelijk boek kan hebben op mensen. Hele bedrijven die reorganiseerden op basis van de principes van dat boek, oude schoolvriendjes en -vriendin-netjes die ik weer terugvond, honderden lezingen in alle uithoeken van Nederland en daarbuiten... Maar ook inspiratie voor een nieuw boek. En dus werden weer uren, dagen, maanden besteed aan dit nieuwe boek. Vakanties ingeruild voor werkweken schrijven, schrijven en nog eens schrijven. Naast het runnen van volwaardige bedrijven als Made in Scotland en The Dutch. Waar komt die energie vandaan? Uit passie en inspiratie. Mijn gezin werd weer op de proef gesteld en daar gaat mijn eerste dank naar uit. Omdat ze mij mijn hobby weer lieten uitoefenen.

Waar komt die energie vandaan?

De motor van de economie zijn de ondernemers. De mensen die hun zelfbedachte ideeën uitwerken en gewoon beginnen. Gewoon beginnen is toch makkelijk. Ik zie er het speciale niet van in. En dat van "gewoon doen" is ook maar een open deur, een tegeltjeswijsheid. Als dat zo was, dan hadden al die miljoenen mensen met goede ideeën geen rem-ming om hun gedachten in daden om te zetten. Dan waren de meeste bedrijven veel ondernemender dan dat ze nu zijn. Dan hadden we in Nederland een nog veel bruisender en ondernemender sfeer. Maar zo is het dus helaas niet, de overheid die ondernemerschap propageert (en dat is goed) werpt tegelijkertijd dagelijks meer barrières op die het starten en ondernemen belemmeren (en dat is niet goed). Banken met hun *drive* om mensen te beschermen, gaan daarin zo ver dat zeker starters geen geld meer krijgen. En omwille van het risicomijden wordt de stekker veel te vroeg uit kansrijke, maar worstelende ondernemingen getrokken.

Ik bedank alle ondernemers en ondernemende mensen die mij tijdens mijn optredens telkens weer energie gaven. Ik bedank ook de mensen die er helemaal niets van snappen voor hun kritische vragen en opmer-

Omwille van het risicomijden wordt de stekker veel te vroeg uit kansrijke, maar worstelende ondernemingen getrokken.

kingen, want die hebben mij aan het denken gezet over de remmingen en knelpunten. Die hebben mijn ogen geopend voor mijn verkeerde inschattingen. Twee ondernemende vrienden van mij hebben, elk in een hoofdstuk, meegedacht en meegeschreven aan dit boek. Willem Overbosch en Jerre Lubberts zijn voorbeelden van jonge, bruisende ondernemers die er hun hand niet voor omdraaien om in het weekend even mee te werken aan een boek dat andere ondernemende mensen de helpende hand kan bieden. Als ik dan klaar ben met het oplepelen van een paar honderd pagina's, gaan die naar Bram Donkers. Hij begrijpt mijn verhaal inmiddels zo goed dat hij mijn ruwe materiaal kan omvormen tot een doordacht geheel. Dat hij als kritisch journalist het verhaal vervolgens ook aardig vindt, vat ik op als een compliment.

De volgende in ons team is mijn goede vriend Dirk Jasper. De enige die ik ken die een concept kan bedenken en dat vervolgens razendsnel vorm kan geven tot iets dat je echt raakt. Hij doet de vormgeving zo succesvol dat er na het uitkomen van mijn vorige boek al snel tientallen *rip-offs* van dat boek opdoken. Maar natuurlijk niet met zoveel passie en originaliteit gemaakt. ''t Is groen' moest weer helemaal anders worden, zoals te zien is. Het Barnyard-team van Dirk leverde weer veel toegevoegde waarde en daarvoor bedank ik ook Frans, Marcel, Maarten, Peter, Hans, Jethro en Diana.

En weer bedankt aan de organisaties die de eerste druk van dit boek mogelijk maakten. Wat een inspanning was dat, zeg. Door de economische crisis hadden veel bedrijven echt heel veel moeite met een budget van een paar duizend euro voor een boek dat hen, hun medewerkers en klanten uit de put kan helpen. Want er moet bezuinigd worden. Dat is de mantra en de oplossing… dus niet.

Mijn dank gaat uit naar de organisaties die vooruit durven kijken. Organisaties als Canon, Dolmans Groep, Berk Accountants en Belastingadviseurs, IMpact Retail, Business Opportunity School, Kroon Vastgoed, Ontwikkelingbedrijf Noord Holland Noord, bouwbedrijf Slavenburg BV, ABZ, Apple, Royal Schouten Group, Kenneth Smit Training, Reggeborgh, Syntens, Schouten Zekerheid, Van Lanschot Bankiers en XS4ALL. Met mensen als Martin, Berthil, Hans, Yvonne, Silvester, Philippe, Eric, Evert, Nanno, Peter, Ton, Rens, Kenneth, Eric, Henry, Piet, Albert, John en Theo. Zij durven te bewegen! Durvers, ondernemers, doeners, bewegers, creators, creatievelingen, energiekelingen, optimisten, opportunisten, blije eikels. Kortom, alle mensen die vinden dat het Licht op Groen staat. Ga zo door!

Literatuur

How to make millions with
your ideas
Dan S. Kennedy
PLUME

Een werkweek van 4 uur
Timothy Ferriss
Forumboekerij

The Google Story
David A. Vise
PAN

De weg naar FLOW
Mihaly Csikszentmihalyi
Boom

Creativiteit
Mihaly Csikszentmihalyi
Boom

Plezier&Prestatie
Geelhoed, van der Loo,
Samhoud
Academic Service

Gras onder mijn voeten
Bruno-Paul De Roeck
De Toorts

Het grote boek van de
creativiteit
George Parker
Archipel

The magic of thinking big
David J. Schwartz
Pocket Books

Small Giants
Bo Burlingham
Portfolio

Birth of the Chaordic Age
Dee Hock
BK

Inspiration
Dr. Wayne W. Dyer
Hay House

Leadership Challenge
Kouzes&Posner
Jossey-Bass

Imperium
Richard Harris
Arrow Books

Wie weet of het waar is?
Joost Steins Bisschop
Het Financieele Dagblad

Tiggelaar trakteert
Ben Tiggelaar
Prentice Hall

De zeven spirituele wetten van
success
Deepak Chopra
Becht

En nu laat ik mijn baard staan
Leen Zevenbergen
Business Contact

The rise of the creative class
Richard Florida
Basic Books

Gebruik je hersens
Jan-Willem van den Brandhof
Brainstudio

Organisatie en Management
Nick van Dam, Jos Marcus
Wolters Noordhoff

Oh, wat zijn we creatief!
Peter ten Hoopen & Marleen
Janssen Groesbeek
Business Contact

Outliers, The Story of Success
Malcolm Gladwell
Allen Lane

Corporate Stories
Astrid Schutte – Theo
Hendriks
Kluwer

De Publieke Zaak
Pepijn van Dijk & Mickey
Huibregtsen
Business Contact

Screw it, let's do it. Lessons
in life.
Richard Branson
Virgin Books

The creative habit
Twyla Tharp
Simon & Schuster paperbacks

Turbulente Tijden
Uitgave van de Rabobank

Pepijns Geheim
Eckhart Tolle
Ankh Hermes Uitgeverij

Sprankelende Stilte
Brigitte van Baaren
Asoka

De matrix van de ziel
Karin en Bob Hooper
Servire

Geld speelt geen rol
Marten Toonder
De Bezige Bij

Zenobia
Emmens & Kephart
Academic Service

Blue Ocean Strategy
Kim & Mauborgne
Harvard Business School
Press